事業者必携

◆入門図解◆
最新 中小企業のための**会社法務の法律常識と実務ポイント**

弁護士 森 公任／弁護士 森元 みのり 監修

三修社

本書に関するお問い合わせについて

　本書の記述の正誤、内容に関するお問い合わせは、お手数ですが、小社あてに郵便・ファックス・メールでお願いします。お電話でのお問い合わせはお受けしておりません。内容によっては、ご質問をお受けしてから回答をご送付するまでに1週間から2週間程度を要する場合があります。

　なお、本書でとりあげていない事項や個別の案件についてのご相談、監修者紹介の可否については回答をさせていただくことができません。あらかじめご了承ください。

はじめに

　企業のコンプライアンス（法令順守）の必要性が叫ばれて久しいにもかかわらず、新聞やニュースでは、日々企業の不祥事を取り上げています。企業のずさんな経営体制が消費者の健康に影響を及ぼす場合もあれば、企業の過酷な労働環境の中で、過労死する労働者も少なくありません。不祥事に対する補償問題や、労働法制の整備をはじめ、企業にとって法的な知識は、必要不可欠なものになっています。

　本書は、法的紛争処理・予防法務・戦略法務など様々な業務を担うことが要求される、企業の法務部門の担当者をおもな対象として、法務に関連する法律全体について網羅的に取り上げた実務入門書です。

　PART 1 では、法務部に求められる仕事や金融商品取引法、IPO対策についてとりあげています。PART 2 では、会社法の規定を中心に、取締役などの役員の責任、株主総会のしくみと運営方法、合併・事業譲渡などの事業再編、倒産制度について取り上げました。PART 3 では、雇用契約について、労働時間や賃金などの労働条件の他、セクハラ・パワハラなどの安全衛生管理について解説しました。2018年 7 月に成立した「働き方改革関連法」にも対応しています。PART 4 では、契約書の作成方法や、一般消費者との間法律関係を規定する消費者契約法や独占禁止法、下請法、景品表示法について解説しました。PART 5 では、取引先との契約に関して、問題になる債権管理の知識や執行や保全といった法律を解説しています。2020年 4 月施行予定の改正民法（債権法）の内容にも対応しています。

　この他、PART 6 、7 では、企業不祥事や法令違反、個人情報保護法、不正競争防止法、知的財産権などの法律についても、全体像がつかめるようになっています。

　本書をご活用いただくことで、企業の法務に関わる皆様のお役に立つことができれば幸いです。

監修者　弁護士　森　公任　弁護士　森元　みのり

目　次

はじめに

PART 1　企業法務の仕事の基本

1	企業法務について知っておこう	8
2	法務部はどんな仕事をするのか	13
3	紛争処理法務について知っておこう	17
4	予防法務について知っておこう	20
	相談　株式会社の機関	26
5	戦略法務について知っておこう	27
6	IPOについて知っておこう	30
7	金融商品取引法について知っておこう	33
	相談　インサイダー取引	36

PART 2　会社の組織と法務

1	取締役の負う義務と会社に対する責任はどんなものなのか	38
2	役員等の第三者に対する責任について知っておこう	44
3	株主総会のしくみと開催手続きについて知っておこう	46
4	株主総会の運営と議決権について知っておこう	51
5	計算書類の承認と総会後の事務について知っておこう	54
6	登記のしくみと手続きについて知っておこう	58
7	株主代表訴訟・解任の訴え・違法行為差止めについて知っておこう	62
8	事業再編のしくみについて知っておこう	65
9	合併のしくみについて知っておこう	67
10	事業譲渡のしくみについて知っておこう	71
11	会社分割のしくみについて知っておこう	73
	相談　会社分割と債権者保護規定	76
12	倒産制度のしくみについて知っておこう	77
13	民事再生手続きについて知っておこう	82
14	破産手続きについて知っておこう	85
15	解散・清算手続きについて知っておこう	88

PART 3　雇用と法務

1　法定労働時間のルールと働き方改革について知っておこう　　92
2　変形労働時間制について知っておこう　　95
3　フレックスタイム制について知っておこう　　98
　　相談　事業場外みなし労働時間制　　100
4　裁量労働制について知っておこう　　102
　　相談　特定高度専門業務・成果型労働制　　104
5　割増賃金について知っておこう　　106
　　相談　三六協定　　108
6　配置転換と出向について知っておこう　　109
　　相談　在籍出向と転籍出向　　112
　　相談　懲戒処分　　114
7　解雇について知っておこう　　116
8　退職勧奨や解雇をめぐるトラブルについて知っておこう　　119
9　メンタルヘルス対策と休職の取扱いについて知っておこう　　121
10　セクハラ・パワハラと会社の責任について知っておこう　　124
11　安全衛生管理について知っておこう　　129
12　残業代不払い訴訟と対策について知っておこう　　132
13　労働組合への対応の仕方について知っておこう　　135

PART 4　契約・商取引と法務

1　契約書の役割と語句の使い方について知っておこう　　138
2　契約書に必ず書くことをおさえておこう　　144
　　相談　合意管轄　　148
3　契約内容に関わる重要条項について知っておこう　　149
4　契約条項作成にあたって知っておくべきルールがある　　153
　　相談　解除の種類と手付　　156
5　契約書で問題が起こりやすい箇所とはどんなところなのか　　157
6　印鑑の押し方や印紙税について知っておこう　　160
　　相談　印紙税　　162

7	公正証書で契約書を強化する	163
	相 談 公正証書	165
8	電子商取引と電子契約について知っておこう	167
9	消費者保護に関わる法律について知っておこう	170
10	独占禁止法について知っておこう	177
	相 談 独占禁止法と罰則	180
11	下請法について知っておこう	182
12	景品表示法のしくみについて知っておこう	187

PART 5　債権管理・執行・保全と法務

1	トラブル防止のために気をつけること	192
	相 談 弁護士費用	195
2	債権の管理をして債権回収に備える	196
3	訴訟・執行・保全手続きについて知っておこう	202

PART 6　不正や事故への対応と法務

1	企業不祥事についての認識をもとう	210
	相 談 内部告発が起きた場合	215
2	法令違反にどんなものがあるのか	217
3	不正が起こった場合にどう対処するか	221
4	製造物責任法について知っておこう	225
5	リコールはどのような場合に行われるのか	227
6	個人情報保護法について知っておこう	231
7	不正競争防止法について知っておこう	238
8	暴力団対策法について知っておこう	240
Column　不正競争防止法で保護される営業秘密		244

PART 7　知的財産権と法務

1	知的財産権について知っておこう	246
2	コンテンツビジネスと知的財産権侵害への対処方法	253
	相 談 内容証明郵便の書き方・出し方	255

PART 1

企業法務の仕事の基本

1 企業法務について知っておこう

企業法務は事業活動に関わる法律上の諸問題を取り扱う業務

なぜ企業法務は大切なのか

今日、大手といわれている企業のほとんど、また中堅と呼ばれる多くの企業では、企業法務関連の専門のセクションを設置しています。名称は、法務部、法務室、法務本部、法規部など様々ですが、契約書審査や、訴訟をはじめとする紛争処理、コンプライアンス（法令遵守）体制の確立などを、企業の中核として推し進める存在となっているといっても過言ではないでしょう。中小企業でも、法務部を置く会社も増えていますし、組織的にそこまでいかなくても、たとえば総務部門の中に、法務グループ、法務課などを設け、法務業務に専念できる者を配置することが多く見られるようになってきました。企業法務を担うビジネスパーソンの数は年々増えているといわれています。

企業法務を担う部門が重要視されるようになってきたのには、理由があります。もし、法務部（法務担当者）がなかったとしたらどうなるかを考えてみるとよくわかります。

取引先から契約書の締結を求められた場合に、契約書の審査を行う部門がない場合を想像してみてください。相手方から提示された契約書の案について、対案を出したり、修正を求めたりすることができるでしょうか。相手方有利のまま、いや、そのことにさえ気づかないまま、契約書にハンコを押すことになるのが関の山です。後日、相手方と重大な紛争が起きて、相手方有利に結ばれた契約書のせいで、会社が大きな損害を被ることも少なくないといえます。

たとえば取引先と法律的な争いになった場合はどうでしょうか。訴訟に慣れていないため、紛争が起きてから弁護士を探し始めたため、迅速な対応が要求される紛争に1歩も2歩も出遅れ、敗訴や不利な和解を強いられることもよく聞く話です。

また、社内のコンプライアンス体制が構築されていなかったため、経営者や従業員による不正行為を防止できず、さらに企業そのものが独占禁止法違反などの違法行為に走るこ

ともまれではありません。そのために企業イメージを大きく損ねる事態を招くというケースが、現在でも頻発しています。

　前述したようなリスクをできるだけ抑えるためには、企業法務を担当する専門の部門を置くことが企業経営上当然と考えられる時代になったといってよいでしょう。もっとも、企業の中には弁護士（または弁護士法人）との間で顧問契約を締結している企業も少なくありません。顧問弁護士が担う役割は、法務部門と類似しています。それでもなお、自社の組織・運営に詳しい従業員で構成する法務部門を設置する必要性は高いと考えられています。

企業法務とは

　企業法務とは、「企業の事業活動に関わる法律上の諸問題を取り扱う業務の全般」であると一般的には定義付けられています。企業は事業活動の局面ごとに、様々な法律（命令・規則なども含む）の適用を受け、それを守ることが要求されます。

　たとえば、①会社の設立及び会社組織などに関してであれば商法・会社法、②取引に関係したものであれば民法・商法、③取引先の倒産などに関しては倒産法制、④人事・労務については労働法制、⑤国際活動を行えば外国の法律や条約などが絡んでくることになります。

　企業のあらゆる事業活動は法律と密接不可分の関係にあります。また、業種によっては、この他に、知的財産法制、消費者保護法制、環境法制（各種のリサイクル法など、環境を保護・維持し、改善することを目的

PART
1

企業法務の仕事の基本

企業法務の体制が整っている場合といない場合の違い

	法務部がある場合	影響	法務部がない場合	影響
契約書の作成	契約の前に対案を出し修正が可能	自社に有利	相手企業有利の契約の可能性あり	相手企業：有利 自社　　：不利
法的な争い	迅速な対応が可能		争いに慣れていないため後手になる	
内部の不正行為	事前にコンプライアンス体制の構築	防止できる	対策が打てない	防止できず、企業イメージを損ねる

9

とする法律を中心とした制度）、独占禁止法、さらに各種の業法なども関わってくることがあります。

このように、企業の事業活動が関わる法律の分野はきわめて幅広く多岐にわたっています。企業法務は、企業内において、企業活動のあらゆる分野や多くの部門に関与し、多様な法律事務処理を行うという活動内容を内に含んでいるといえるでしょう。まさに、企業法務を担う法務セクションは、企業経営上、非常に重要な役割を負っているのです。

どんな部門があるのか

法務部門の全社的な位置付けについては、大きく2つの考え方があります。1つは、企業の経営トップが重要な案件について法律的な判断ができるようにするため、社長直轄にするか、あるいは経営企画や社長室などの部門に組み入れるという考え方です。もう1つは、法務部門の業務が、総務部や財務部・経理部などと共通する部分も多いので、業務効率を考慮して、管理部門としてまとめて、会社経営の中枢に据えるという考え方です。

どちらにしても、企業の経営トップが、重要な案件に対して、的確な法的判断・対応ができる体制作りを行うべきであるという考え方に基づいたものです。これらは一種の理想形ですので、現実的には過渡的ともいえる、様々な位置付けが行われているのも事実です。

法務の仕事は、いくつかの視点から分類することができます。

機能的な面から分類すると、①紛争処理法務（15ページ）、②予防法務（15ページ）、③戦略法務（16ページ）に区分することができます。機能面からの分類については、それぞれのページで説明します。

企業法務を事業活動の側面から分析すると、「企業の事業活動に関わる法律上の諸問題を取り扱う業務の全般」を指すことになります。ただし、企業法務のすべてを法務部が担うかどうかについても、大きく分けると2つの考え方があります。

法務部にすべての法務業務を一元的に集中させて、効率的なセクション運営を図っていくというのがひとつの考え方です。

一方、法務部に法務業務を集中させるのではなく、取り扱う法務の課題によっては、その課題に特化して専門的に対応できる法務担当部門を設け、分散化しようとする考え方が

あります。この場合に、どのような部門が法務部から切り出されるのかを次に見ていきましょう。名称は企業によって様々ですが、一般的に採用されている名称で話を進めます。

① **知的財産部**

以前は特許部などと呼ばれることが多かった部です。特許権・商標権・著作権など知的財産権の調査及び登録や、その管理を専門に行います。

② **コンプライアンス推進室**

内部統制システム（24ページ）の構築を担当し、コンプライアンス体制の全般に関わる業務を推進する役割を担っています。

③ **独占禁止法・下請法事務局**

独占禁止法や下請法に違反することがないように、社内体制の構築や社員教育を中心的に実施します。

④ **社内ホットライン**

セクハラやパワハラをはじめ人権問題や企業内における不正問題などに対応し、問題が拡散したり、深刻化しないうちに解決しようとする内部通報制度を運営します。

⑤ **個人情報事務局**

個人情報の漏えいなどが起こらないように業務フローを見直し、社員教育を行う一方、個人情報に関する公的な認証を獲得・維持することが大事な任務となっています。

⑥ **業法管理事務局**

企業が属する業界には、多くの場合、その業種の事業活動を規制する

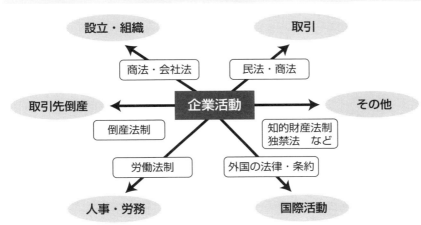

企業法務の重要性

法律が存在します。営業停止などの行政処分を受けないように、また許認可を維持できるように社内体制を整える活動を日常的に行います。

その他、株主総会運営や株主管理などを行う総務部、労務・労働問題や社内規程策定などを担当する人事部なども、大きな意味では法務部門としての業務を行っているといえるでしょう。

どんなことをするのか

契約上の事故や取引における事故、また消費者とのトラブルなどの法律上の課題が発生した場合、その課題の重要度・緊急性に応じた行動がとれるよう、あらかじめ基準を定めておくべきだといえます。法務部員としては、案件が起こった場合には、直ちにその課題がどのレベルのものかを判断できるようになれば一人前だといわれています。一般的には、次の3段階が考えられます。

① **法務部内（社内）ですべて処理できるもの**

法務部としての経験や知見を積み重ねていけば、課題の7割から8割程度は、社内の他部門と協働することによる場合も含め、法務部自らの力で課題解決ができるようになるものです。

② **外部の専門家のアドバイスを求めるもの**

これまでに経験したことのないような案件の場合、また複雑で課題解決の道が複数あり、攻めるべきか守るべきかなど、判断が難しい場合などは、専門家の意見・助言をもらい、誤った決定をすることのないように取り組んでいかなければなりせん。

③ **外部の専門家に問題の処理を依頼するもの**

トラブルの相手方との難しい交渉や裁判の代理人は、弁護士に委任することになります。また、不動産の登記や商業登記、特許権や商標権の登録・管理など少しのミスも許されない業務は、外部の専門家（司法書士や弁理士など）に依頼した方がリスクは少ないといえます。

なお、非上場企業の場合、事業拡大の一環として株式公開、いわゆるIPO（Initial Public Offering、自社の株式を証券取引所に上場させること）をめざすことがあります。上場の際には証券取引所の審査基準や必要な社内体制の構築など、クリアすべき問題があり、法務部も重要な役割を果たすことになります。

2 法務部はどんな仕事をするのか

リーガル・リスクを極小化することをめざす

どんな役割があるのか

法務部の役割を簡潔にいえば、企業におけるリーガル・リスク（法律あるいは法的紛争が原因となって企業が損害や不利益を被る危険性のこと）の極小化をめざして活動することだといってよいでしょう。

まず、①紛争が起きた場合、自社が被る損害を極力小さくするために、交渉・仲裁・裁判などによって解決に向けた対応に尽力するのが法務部の仕事です。また、②そうした紛争の事後的な処理を回避するために、紛争の発生を未然に防ぐことも法務部の重要な役割です。そして、③会社の重要な判断に法的側面から積極的に支援することも法務部には期待されています。

上記①〜③の３つは、言い換えるとそれぞれ、①紛争処理法務（15ページ）、②予防法務（15ページ）、③戦略法務（16ページ）ということになり、法務部の役割を機能面から３つに分類したものです。

それぞれの機能の重要性に優劣があるわけではありません。

法務部の仕事を、機能面とは別の角度、たとえば活動の側面から見た場合はどうなるのでしょうか。

法務部の活動の中でも、一番基本的かつ重要で労力と時間を費やすのは、契約書の審査・作成です。契約書は、法的側面だけにとどまらない、あらゆるリスクを想定し、吟味・精査した上で締結することが求められるからです。また、法務部員の育成のためには、契約書の審査・作成という実務を通して、取引に関わるリスクや法律についての理解を深めてもらう必要があります。その意味でも、契約書の審査・作成は法務部の中心的な業務といえます。

また、法務部は、企業活動の上で重要な役割を果たす事業戦略について、法的観点から検証を図る部署でもあります。事業戦略には、合併や企業買収、業務提携や資本提携、新会社の設立といった会社とその利害関係人に大きな影響を及ぼす事案が多く含まれているため、法的検証が

13

求められることになるのです。

そして、企業防衛についての対策や支援を行うといった役割も担います。企業防衛の具体的な例としては、**企業倫理遵守プログラム**（21ページ）が挙げられます。これは**コンプライアンス・プログラム**とも呼ばれるもので、法務部はその策定と実施への支援などを行います。

さらに、トラブル発生時には、訴訟に対して率先して対応することはもちろん、法的な面から助言を行ったり内容を調査するのも法務部の役割です。日常的に、企業内の他部門からの法律相談・トラブル相談を受けるのも法務部の大事な活動のひとつです。営業や企画セクションなどからの相談には、企業にとって将来大きなトラブルとなり得るリスクが潜在していることもまれではありません。持ち込まれる案件の1つひとつ、丁寧に対応することが、リスクの芽を早い段階で摘むことになります。その積み重ねが、法務部門への信頼を大きくすることになります。

その他、労務管理・労働問題関係や知的財産権関係の仕事、弁護士などの専門家との協力など、法務部の業務範囲は多岐にわたります。

どんな仕事をするのか

このように、法務部の仕事は、契約書の審査・作成から始まって、経営者への法的アドバイスやトラブル対応など、法的な判断が必要となるものすべてが絡むといってよいほど

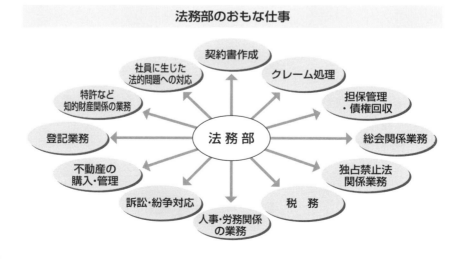

法務部のおもな仕事

です。前述したように、機能の面から分類すると、紛争処理法務、予防法務、戦略法務の３つの機能に分かれます。複雑多岐にわたる法務部の仕事を理解する上では、この機能面からの整理が一般的にはわかりやすいといわれていますので、ここで概括しておきましょう。

① 紛争処理法務

何らかの紛争が生じたときにどのように対応するかを定めておいたり、実際に対応する場合に法的知識を駆使して支援を行うことです。

たとえば、相手方から苦情が寄せられた場合や、相手方から訴訟を起こされた場合、反対に相手方へ訴訟を起こす場合、さらに社員の不祥事が刑事事件に発展した場合などです。ここでの「相手方」としては、消費者、取引先、地域住民などが考えられます。また、自社に法律に違反する事態が起きた場合やその疑いがある場合は、まず事実確認を行うなど的確な初動対応が要求されます。

② 予防法務

契約書の審査や作成、法律・トラブル相談、事業計画への法的な審査、コンプライアンス・プログラムの策定と実施、内部統制システムの構築の支援などです。

また、多くの場合、労働問題や株主総会対策関連、知的財産権関連の

紛争処理・予防・戦略法務の業務内容

法務部

紛争処理法務
・紛争への対応の取決め
・紛争時の支援
・自社の法律違反等への対応

予防法務
・契約書の審査や作成
・法律・トラブル相談
・事業計画への法的な審査
・コンプライアンス・プログラムの策定と実施
・内部統制システムの構築の支援

戦略法務
・新規事業分野への進出への助言
・自社の事業再編・事業再構築への助言

業務も取り扱います。さらに、全社員に対して法令遵守に関する教育を行うことも法務部の重要な役割です。

③　戦略法務

企業の事業戦略についての法的支援、立法への様々な働きかけが含まれます。特に、新規事業分野への進出や自社の事業再編・事業再構築の検討などを行う際に、法的な観点から適切な助言ができる法務部の存在は欠かせないものとなっています。

調査管理業務・文書管理業務

前述したことに加え、法務部には地味ですが欠かすことのできないベースとなる業務があります。

1つは「調査管理業務」であり、もう1つが「文書管理業務」です。

①　調査管理業務

企業法務を十分に遂行するためには、企業活動に関わる法律や規制について常に調査を行い、最新の情報を押さえておかなければなりません。法律・命令・規則・条例などはもちろん、判例についても、いち早くその内容を入手する必要があります。そのためには、法務部員は常にアンテナを立て、企業法務関連の雑誌や書籍などに目を通すことに加え、顧問弁護士などとの密なコミュニケー

ションを心がけなければなりません。

また、リーガル・リスクの管理を行う法務部としては、自社のリスク環境を常に把握しておく必要があります。そのためには、他部門、特に社長室や経営企画室など経営の中枢にある部門と連携しながら、調査し情報収集にあたることが重要だといえます。

②　文書管理業務

契約書の原本を適正に保存管理することはもちろんのこと、法律で保存を義務付けられている取締役会・株主総会の議事録や、各種の許認可（事業を行うために必要な国や地方公共団体から付与される許可や認可などの総称のこと）を証明する許可証などの文書の保存管理を行うことも、法務部の大切な役割です。これらは、紛争が発生した場合に、重要な証拠として活用される可能性が高いからです。したがって、重要な法務関連文書は、法務部が一元的に集中管理することが望ましいといえます。もし、すべてを法務部が直接管理しない場合であっても、保管部署に対して、文書の保存管理を委嘱する形を取るなどして、文書の適正な保存管理を指導することが法務の役割であるといってよいでしょう。

3 紛争処理法務について知っておこう

紛争によって生じる損害を最小限に抑える

苦情処理に対する支援

　企業に対する苦情は、多岐にわたります。中には理不尽なものや根拠がないものもありますが、正当な苦情や商品・サービスの向上につながる苦情も多く含まれています。本来的には、クレーム対応というと、何らかの苦情等を主張してきた相手方と交渉、つまり、話し合いによって解決を図ろうとする姿勢が一般的です。話し合いによって円満に問題が解決すれば問題ありませんが、中には悪質なクレームをつけてくる相手方がいる場合も考えられ、必ずしも社内のみで解決することが難しい場合も少なくありません。そのような場合には、法的な手段を用いて、クレームを処理する必要が出てくることもあります。

　法務部は、企業に寄せられる苦情に目を配り、特に重大な問題となりそうなものについては、積極的に関わる必要があります。

　法務部が対応できるようにするためには、苦情がすぐに法務部に報告される体制を構築しておく必要があります。

　特に、クレームに対して確実に対応するためには、場当たり的な対応をするのではなく、様々なクレームが生じること、担当者の力量も異なることをふまえた上で、企業として、誰が対応しても一定の水準を保つことができる、という体制を作ることが重要です。

債権の管理をする

　企業が日常的に行っている営業取引で生じる債権を管理する業務を債権管理といいます。債権管理の内容で最も重要なものは、取引限度の査定です。査定は定期的に行うようにし、限度を超えた取引をしないように徹底する必要があります。

　具体的には、取引を開始する場合、契約を締結する前に、必ず取引限度額（与信限度額）を設定しておく必要があります。取引限度額の設定については、期限と金額双方の面から設定することが不可欠です。特に新

PART 1 企業法務の仕事の基本

17

規取引先は信用度が未知数なため慎重に設定する必要があります。

なお、平成29年に成立した民法改正は、おもに「第3編 債権」に関する規定の改正に主力が置かれています。そのため、債権管理にも多くの影響が生じることが予想されます。

各種訴訟への対応

企業が事業活動を行っていく上で、紛争が起きるのは避けられないといえます。紛争を解決するには、話し合い（交渉）による手段と、訴訟などの法的手段があります。紛争が生じたときの解決手段を契約書などで明示している場合は、仲裁という手段がとられることもあります。法務部は、紛争が生じた場合にどのような手段をとるべきかを助言したり、率先して対応していくことになります。そして、とるべき手段の判断基準のひとつとして、費用対効果の面からの判断が考えられます。

日本の場合、諸外国と比べると交渉によって解決されることが多いようですが、紛争の内容によっては訴訟が必要となる場合があります。

企業の事業活動が商取引をメインとしているため、企業において最も典型的な紛争は、商取引に関わる一般民事事件だといえます。取引の相手方が、契約書に明記された義務を守らない場合や、権利や法的立場について争ってくるようなケースです。たとえば、売買代金請求、保証債務履行請求、損害賠償請求などがあります。企業の存続の観点からは、通常はこうした一般民事事件を抱えていることの影響は限定的だといえますが、事件の規模によっては企業の存続を揺るがすような事態に発展しかねない場合もありますので、その点に留意した対応が望まれます。

こうした一般民事事件に対処するためには、商取引に関する法律である民法、商行為法（企業活動としての法律行為に関する規定を置く商法第2編「商行為」のこと）の知識は必須であり、また裁判に関する法律である民事訴訟法についての基礎的な理解が求められます。

一方、商取引以外の場面で、紛争となるのは、自社が法令違反行為を行ったり、その疑いをかけられたりした場合などです。

たとえば、カルテル（事業者間で商品の価格やその生産・販売数量を調整するための協定を締結すること）や談合（競争入札の際に入札者同士の話し合いによって落札者を決

めること）などによる独占禁止法違反の疑いで公正取引委員会の立入り調査を受けたり、著作権や特許権・商標権侵害で訴えられたりといったことも起こりえます。秘密情報や個人情報を漏えいすれば、法的な責任を追及されることになりかねません。また、経営トップの善管注意義務違反を問われ、株主代表訴訟が提起されることもありえます。

こうした紛争の中で細心の注意を払わなければならないのは、食品偽装事件などを起こして、消費者の生命・健康や財産に直接的な被害を及ぼした場合などです。消費者やマスメディアからすさまじい非難が浴びせられることになるからです。過去には事後的な対応を誤って、解散に追い込まれた企業もあります。企業の存続に決定的な影響を与えかねな

い紛争・事件については、解決に向けた最大限のスピードと的確な対応が要求されます。そのためには、事件が起こる前の平常時から、不祥事に対応できる体制を作り上げておく必要があるといえます。

訴訟で紛争を解決する場合には、弁護士を代理人（訴訟代理人）に選任することになります。一般民事事件の場合は、顧問弁護士に委任するのが一般的でしょう。また、社内弁護士が代理人となることも考えられます。代理人は、自社の内情をよく知っている弁護士であることも大事な条件のひとつといえるからです。

ただし、法令違反事件への対応の場合は、顧問弁護士を含め、その分野に精通し、経験豊富な弁護士を選定するのが望ましいでしょう。

紛争処理法務の業務内容

紛争処理法務		
苦情処理支援	**債権管理支援**	**各種訴訟への対応**
・苦情（クレーム）対応への積極的関与 ・法務部に苦情が上がる体制作り	・取引限度額の査定 ・債権の回収 ・債権の保全 ・契約書の立案 ・契約書のチェック	・訴訟対応 ・裁判外交渉 ・仲裁対応 ・株主総会対策 ・マスコミ対応 ・不祥事対応　　など

4 予防法務について知っておこう

紛争や違法行為の発生を未然に防ぐ

どんなことをするのか

紛争処理法務が、すでに起こってしまった紛争（トラブル）に対処することであるのに対し、予防法務とは、紛争などの法的問題が生じるリスクを未然に防ごうとするものです。

紛争が発生してしまえば、そこにかかるヒト・モノ・カネなど、紛争への対応には多大なコストがかかることになります。また、対応に力を尽くしたにもかかわらず、望ましい結果が得られない場合も少なくありません。法律に違反したとして厳しいペナルティを受けたり、企業ブランドの著しい低下を招き、企業存続の危機に至る可能性もあります。

そのため、事前の方策を講じることにより、紛争を未然に防止できるのであれば、費用対効果から見てもきわめて有用だといえるでしょう。

多くの場合、紛争処理法務から始まったものが、次に予防法務の充実に力を入れるようになってきたのが、法務部門の歴史だというのもうなずける話です。

一方、予防法務にいくら力を注いだからといって、事件・紛争発生のリスクがなくなるものでもありませんので、紛争処理法務も重要であることに変わりはありません。しかし、リーガル・リスクを極小化するという法務部の役割を考えた場合、予防法務が法務部門の業務の中でも重要な地位を占めることも確かです。

予防法務には、コンプライアンスに関わるもの、契約法務、知的財産権に関するもの、内部統制システムに関わるものなどがあります。

また、日常的な企業内の各部署からの法律相談も、違法行為やリスクを生じさせないための、予防法務としての大事な仕事だといえます。さらに、従業員や経営層に対する法律情報の発信や、教育・啓蒙活動も予防法務の一部ということができるでしょう。

コンプライアンスとは

コンプライアンスとは、企業活動における法令遵守のことです。個人

であっても会社であっても、法律を守って行動しなければならないのは当然です。ところが、粉飾決算、贈収賄、総会屋への利益供与、測定値や品質の偽装など、会社の不祥事が後を絶ちません。

法令を遵守しない不健全な会社は、そのような状態がいったん発覚すると、一気に社会的信頼を失い、利益をあげることも難しくなります。株主や会社債権者など、会社を取り巻く多くの関係者に対して深刻な損害を与えかねません。また、違法行為を主導した取締役や従業員は、刑事上または民事上の重い責任を負わされることもあります。

会社が法令を遵守することは国際的な信頼を得るという点でも重要ですから、コンプライアンスは国際競争力を維持・強化する上でも欠かせないものといえます。

コンプライアンス・プログラムとは

会社が守るべき法律は、数多くあります。会社法をはじめ、独占禁止法(177ページ)、不正競争防止法(238ページ)、金融商品取引法（33ページ）、労働基準法（93ページ）、消費者契約法(170ページ)、著作権法(252ページ）など数えあげればきりがありません。重要なことは、このような法律をただ知っているというだけではなく、それを遵守する体制を作り、情報を開示し、従業員などに周知徹底させるということです。

そのためには各企業でのコンプライアンス・プログラムの策定が大切です。コンプライアンス・プログラムとは、企業が健全に経営を行うために自主的に策定・実施するプログ

PART
1

企業法務の仕事の基本

コンプライアンスの意義

コンプライアンス ＝ 法令遵守

↓

社会的信頼・国際的信頼を得ることができる

↓

会社の業績拡大

↓

利益の増加、国際競争力の維持・強化につながる

ラムのことで、企業倫理遵守プログラムとも呼ばれます。コンプライアンスは、たとえば、製造業では独占禁止法遵守プログラム、金融業では金融検査マニュアルに沿ったコンプライアンス・プログラムなど、その企業が属する業界にあった形式で運用されますが、おもに、次の項目から成り立っています。

・経営トップによる法令遵守の基本方針の表明
・法令遵守を推進する上での行動基準の作成と配布
・企業倫理担当役員の任命
・法令遵守についての社員教育・啓発と相談窓口の設置
・法令遵守の状況の監査
・違反時の対応と再発防止策

▌契約法務や知的財産関係の仕事

予防法務の要となるのは、契約法務です。契約書には、取引の内容や争いが起きた場合の解決手段が明示されます。企業に大きな影響を与えますから、法務部は契約書の作成・審査の支援を行います。また、各部署に対して契約書の取り交わしを促すことも大切です。

契約書の取り交わしにあたり、契約書のドラフト（草案）を作成するのが自社であったり、また相手方であったりする場合の両方が考えられます。自社がドラフトを作成する場合には、まず自社が有利になるよう考慮しながら契約書案を作成するべきでしょう。それに対して、相手方が反論なり疑問を呈してきたときに初めて、文言の修正に応じるということでよいでしょう。逆に、相手方からドラフトが提示された場合は、自社にとってどこが不利になるかを充分に検討・吟味し、自社に不利ではない、少なくともお互いに公平な文言の逆提案をする必要があります。

こうした駆け引きをしつつ、契約の内容や条件を確認しながら、契約書の各条項の文言を固めていくことになります。このような交渉は、契約自由の原則に基づくものですから、自社に徹底的に有利な案を提示することも可能ですが、相手方を欺くようなこと、相手方の弱みに付け込むようなことは、長期的に見れば、企業としての信頼性を失う原因になりかねませんから慎むべきでしょう。

もちろん、優越的地位の濫用（178ページ）にあたる行為や、下請会社に不当な要求を行うことは、独占禁止法や下請法に違反するので、決して行ってはいけません。

また、自社の権利をめぐるトラブルを防ぐ上で重要になるのが知的財産権関係の業務です。人間の知的創造活動によって生み出されたものは、著作権法や産業財産権（特許権・実用新案権・意匠権・商標権）に関する法律で保護されています。

製品に関する新しい発明・実用新案・意匠（デザイン）を生み出したり、新しく商品のネーミングを考えた場合、特許権・実用新案権・意匠権や商標権について、第三者が先行して出願・登録しているかどうかを事前に調査する必要があります。この場合は、外部の専門家である弁理士に調査を依頼するか、協働で調査を進めることになります。

また、新たにテレビCM・新聞広告や店頭POPを作る際には、そこに使われている音楽や写真・映像・イラストやキャッチフレーズなどが、第三者の著作権を侵害していないかを事前に確認しておく必要があります。著作権侵害が発覚し、テレビCMが放映中止に追い込まれたりすると、莫大な損害を被ることになるので慎重な事前調査が必要になります。

一般に多くの法務部が特許権・商標権・著作権などに関連する業務に直接携わっています。会社によって

は、法務部とは別に知的財産部が設置されているケースもありますが、この場合であっても、特許権・商標権・著作権などに関する契約交渉や、これらに関する訴訟については法務部も協力するのが通常です。

労務管理・労働問題関連や総会対策の仕事

労働者とのトラブルを防ぐために、大切なのが労務管理です。会社の規模にもよりますが、法務部が労務管理・労働問題に関わる仕事を担当することもあります。

労務管理とは、会社組織の機能性を高めるため、優秀な社員の確保や、労働環境を維持管理する仕事です。具体的には、就業規則の見直しや社会保険関連の業務、雇用・退職に関する業務を行います。労務管理に関連している法律は数多くあるので、労務管理に関係した労働問題に対応する場合、労働基準法をはじめとする法律を熟知し、法改正に留意して適切に対応していく必要があります。

就業規則は、単に作成義務があるということにとどまらず、会社経営にも大きな影響を与えます。企業が円滑に運営されていくためには、社

内で様々なルールが必要になりますが、中でも就業規則は社員全体に適用される非常に重要な職場のルールであるため、あいまいな規定などがあると会社側の不備が指摘されることにもなりかねません。

また、就業規則をきちんと整備し、勤怠管理なども確実に行っていれば、会社側はそれを根拠に自身の正当性を主張することができます。つまり、就業規則は、労使間のトラブルを未然に防ぎ、会社の正当な立場を主張する、いわば「会社を守る」意味でも重要な役割を果たしているといえます。不明確な条項や、経営状況の変化に伴って不適切なものになった条項については、人事部や労務部などとも連携しながら就業規則の変更手続きを行うことが必要です。

また、自社の株主総会が適正に行われるようにするため、総会屋などの妨害に遭わないようにするため、総会運営について法的な視点からアドバイスをすることもあります。

内部統制システムとは

内部統制システムとは、会社の業務の適正を確保するために必要な機構（システム）のことです。ある目的を達成しようとして行動するとき、その障害となるリスクを想定し、それに対応できる体制を作りあげることが必要です。

特に大企業の場合、虚偽記載やインサイダー取引などの違法行為が社会に与える影響が大きいので、ある程度の規模をもつ会社では、内部統制システムを作りあげることが必要となってきます。会社法上、大会社（最終事業年度にかかる貸借対照表上の資本金の額が5億円以上または負債総額が200億円以上の株式会社のこと）では、内部統制システムの構築が義務付けられています。取締役会設置会社の場合は、取締役会で決定し、取締役会を設置しない場合は、取締役の過半数で決定しなければなりません。

会社法上、取締役・執行役は会社に対して善管注意義務や忠実義務を負います。善管注意義務とは、取締役が業務遂行にあたり取締役として通常期待される程度の注意をすべきとする義務です。忠実義務とは、取締役が法令や定款の定めを遵守して会社のために忠実に職務を執行しなければならないとする義務です。これらの義務から派生する義務として、旧商法の下でも判例・学説上、取締役には、他の取締役の職務執行の監

視義務や、内部統制システムの構築義務があるとされてきました。会社法上も、これらの義務が明確に規定されています。

内部統制システムには、会社法に基づくものと、金融商品取引法に基づくものとがあります。内部統制システムを構築した場合の具体的なメリットとして、どのようなものがあるのかを見ていきましょう。

会社法に基づく内部統制システムを構築した場合には、以下のようなメリットがあります。

・内部統制システムの構築により不祥事を抑止できる

・法令違反などの不祥事が発生しても、内部統制システムの構築に適正に尽力していれば、取締役が株主代表訴訟などで善管注意義務違反を問われることを抑止できる

また、金融商品取引法に基づく内部統制システムの構築には、以下のような事項がメリットとして挙げられます。

・投資家から財務報告などが適正に行われているとの評価を受けやすい
・株式や社債の発行における格付けによい影響が期待できる
・上場を維持していける

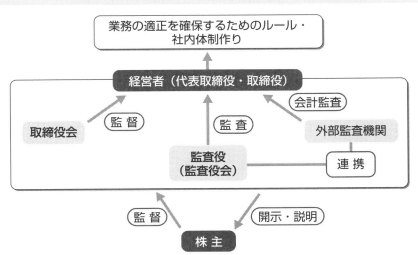

内部統制システム（監査役設置会社の場合）

相談 株式会社の機関

Case 株式会社にはどのような種類の機関があり、会社法上の義務として、必ず設置しなければならない機関などはあるのでしょうか。

回答 会社の行為や意思決定をする人や組織を会社の機関といいます。会社法は、株式会社の機関として、①株主総会、②取締役・取締役会、③代表取締役・執行役、④監査役・監査役会、⑤監査等委員会、⑥指名委員会等、⑦会計監査人、⑧会計参与に関する規定を置いています。会社は、権限を様々な機関に分割することにより、それぞれの機関がお互いに監視できるシステムを整える必要があります。原則として、どのような機関を設けるのかは、会社の自由に任せられています。機関に関する規定の特徴は、会社の規模や性質（大会社かそれ以外の会社か、公開会社か非公開会社か）に応じて、機関の設置を義務付けるかどうかを決めていることです。なお、取締役・監査役・会計参与は会社法上の「役員」として扱われます。一般用語の「役員」と会社法の「役員」で意味が異なることもあります。会社法上は「役員」に執行役・会計監査人を加えた機関を「役員等」と言うこともあります。また、大会社とは、最終事業年度の貸借対照表上、資本金の額が５億円以上または負債総額が200億円以上の株式会社のことです。

　会社法上、すべての株式会社には、株主総会と取締役を置くことが義務付けられています。その他については、特に大会社や公開会社の場合には、設置を強制される機関が増えます。大会社や公開会社においては、特に業務の適正を図り、経営に関与しない株主や取引先などを保護する必要性が高いためです。逆に中小規模の会社または非公開会社であれば、かなり自由な機関設計が可能です。また、３つの委員会を設置する会社を指名委員会等設置会社といいます。指名委員会等設置会社とは、業務執行を担う執行役と指名委員会等（指名委員会・監査委員会・報酬委員会）が置かれる会社です。会社の業務執行は執行役が、会社の代表は代表執行役が担当します（代表取締役は選任されません）。

5 戦略法務について知っておこう

会社の方向性を決める判断に法的側面から積極的に支援する

どんなことをするのか

戦略法務とは、企業活動の目的を達成するために、法務部門が法的ルールに関する知見を駆使して、個別の取引や経営トップの経営的な判断に対して、主体的に提案を行うことをいいます。

具体的には、取締役会や経営委員会など企業の高度な経営判断を行う機関や会議に参画し、経営戦略の決定に関与することであったり、経営的な判断を行う際に有利な意思決定の方法について経営トップにアドバイスをすることなどが挙げられます。

また、最近では、自らの企業内における活動にとどまらない戦略法務のあり方も、大手企業を中心に広がりを見せています。たとえば立法や行政に働きかけて、国や自治体が行っている企業に対する規制を緩めようとする動きです。

法令による規制が強化され過ぎると、投資活動や収益の拡大にも支障が生じるようになり、企業は自由に活動できなくなります。こうしたこ

とを避けるために、法制度の改正などを立法・行政に対して積極的に働きかけを行うようになっています。具体的には、政治献金・意見書などの提出やロビー活動といった方法があります。政治献金を行う場合、政治資金規正法や国家公務員倫理法、刑法などの法律に違反しないように注意する必要があります。意見書を提出する場合には、単独で意見書を提出する他、世論を動かしていく方法、業界団体や経済団体を通じて申し入れる方法、国際会議を通じて全世界的な世論を形成する方法が考えられます。

新規事業分野への進出

企業が成長していく過程では、新たな事業に進出する場面も出てきます。新たな分野に進出する場合にトップが判断すべき最初の大きな問題は、新規事業の分野を自力で開拓していくか、既存の力を利用するか、という点です。

体力がある企業であれば自前で新

規事業を立ち上げることも可能ですが、多くの場合はすでにその分野で活動している企業を合併したり買収する方法をとるようです。この場合は法的に複雑な点が多いため、法務部の役割が重要になります。法務部が関わる具体的な業務は、合併・買収をどのような形で行うのかを選択すること、対象となる企業の事前調査を行うこと、実際に買収を行う際の手続を滞りなく行うことなどです。

また、近年、知的財産権に対する適切な対処は、企業にとって大きな影響をもたらします。たとえば、新規事業を展開していく中で、企業が新しい技術を開発し、競業他社より有利な地位を築くために、特許権の取得を希望することも少なくありません。しかし、特許法は、権利者の保護と併せて、有用な技術・発明が広く公開されることにより、社会の財産になり得るという観点からも規定を置いています。つまり、特許権を取得しても永遠の保護が保証されるわけではないのです。そのため、知的財産権の取得に関する知識の他、権利が保護される期間や範囲を適切に理解し、企業の事業展開を支える役割が、法務部には今後ますます期待されているといえます。

さらに、国内において新規事業に着手するだけではなく、企業が海外進出を計画する場合もあります。あくまでも拠点を国内に置き、海外企業との間での輸出入を中心に行う場合もあれば、海外に子会社を置く等、進出の方法も様々です。いずれの場合であれ、現地の法令等を的確に調査・把握すると共に、法的紛争が起こった場合に備えて、法務部内にお

企業内にとどまらない戦略法務の活動

いて国際商取引に関する一般的な知識を蓄えておく必要があります。

事業再編・事業再構築の検討

事業展開のスピードアップ、収益の拡大を実現するために、企業は事業再構築を行うことがあります。どのようなやり方が最適で最善であるかを、会社法制上の手続きをふまえた上で策定することなども法務部に期待されていることです。

たとえば、第二会社や新会社、持株会社の設立による新規部門の立ち上げや、会社分割や事業譲渡による不採算部門を整理といった方法を自らの創意の下で提案できるようになれば、戦略法務の担当者として一人前になったといえるかもしれません。

また、他社との提携や企業買収といった方法での事業展開の見直しを発議することもあるでしょう。これらの事業再編行為はM&A（Mergers and Acquisitions の省略形で合併と企業買収を意味する）と呼ばれることもありますが、大企業だけでなく中小企業でも下図のようにM&Aを活用することがあります。

事業再編や事業再構築を行うためには、法律に精通した法務部の関与は不可欠です。そのため、法務部はこうした事業再構築に関する経営判断について、利害関係に配慮しながら法的支援を行います。

中小企業によるM&Aの活用

中小企業が抱える問題

後継者・人材の不足	事業規模が小さい
M & A の 活 用	M & A の 活 用
会社を丸ごと譲渡する方法（企業買収）や、特定の事業のみを譲渡する方法（事業譲渡）を活用して事業を任せることができる人材を見つける	・合併や企業買収により事業規模を拡大する ・地域の企業同士が合併して事業規模を拡大する

6 IPOについて知っておこう

株式公開には法令順守が重要である

■IPOとは

　株式公開とは、自社の株式を証券取引所に上場させることです。英語の「Initial Public Offering」から、株式公開のことを**IPO**と呼ぶこともあります。上場することで、株式を株式市場で誰もが自由に売買できるようになります。会社が事業を進めていくためには資金が必要であり、その資金調達方法の代表例が上場です。上場するためには、上場する株式市場が定める条件と、投資家に買ってもらうための条件の2種類を充たす必要があります。

　株式市場が定める条件はランク（一部、二部、新興市場）によって違いがあります。ランクが上の方ほど充たすべき条件も厳しくなります。

　一方、上場できても、お金を出してくれる投資家が買ってくれなければ意味がありません。そこで、投資家に買ってもらえるようにするために、会社の情報を正確に開示し、投資先として自社に魅力があることを説明することが大切です。

　上場をする場合には、申請前からその基準を充たすための対策を講じておく必要があります。まず、株式数や株主数を充たす必要があります。また、定款の変更が必要となる場合もあります。たとえば、株式の譲渡制限がなされていると、原則として上場はできません。そのため、株式の譲渡制限に関する定款の規定を廃止するための株主総会決議を行い、定款を変更します。

■法務部門が気をつけること

　株式公開を行っている会社は、法令に反することを行わないように慎重に行動する必要があります。会社における**コンプライアンス**とは、法令などの基本的なルールに従って活動を行うことをいいます。企業の組織のあり方や**企業統治（コーポレートガバナンス）**の基本原理の一つといえるでしょう。法令を遵守しない不健全な会社は、社会的信頼を得ることができず、継続して利益をあげることも難しくなります。株主や会

30

社債権者など、会社を取り巻く多くの人たちに大きな損害を与えかねません。また、違法行為を行った取締役らは、刑事上・民事上の重い責任を負わされることになります。

こうして、会社にはコンプライアンスの実践が強く求められることになります。会社が守るべき法令は、数多くあります。会社法をはじめ、独占禁止法、不正競争防止法、金融商品取引法、労働基準法、消費者契約法、著作権法など数えあげればきりがありません。重要なことは、法令を遵守する体制を作り、必要な情報を開示し、従業員などに周知徹底させるということです。

管理体制を整備する

株式公開をめざすためには、会社の管理体制を整備するなど様々な準備が必要です。綿密な準備をした上で、証券取引所による上場の審査を受けることが必要です。特に、会社の組織についても審査の対象となるため、株式公開を行う会社は、審査に適合するような組織づくりをする必要があります。

まず、取締役会を適切に開催することが必要です。また、重要な財産を処分する場合など、企業に与える影響が大きい事柄については、代表取締役が単独で決定せず、取締役会を経た上で決定することが必要です。

近年注目されているコーポレートガバナンスは、効率的で透明性のある企業運営のことをいいます。そこでは、株主総会・取締役会・監査役会などを通じて、企業を監視することが大切な視点といえます。

まず、意思決定プロセスが明確になっているかをチェックします。たとえば、会社の内規によって会議を経て決定すべきとされている事項があるとしても、実際に会議が開催されてはいないとしたら、組織として健全であるとはいえません。会社の

PART 1 企業法務の仕事の基本

組織や業務運営の見直しポイント

社内規程の周知・遵守が徹底されているかどうか

業務報告・情報の共有がなされているか

見直しポイント

意思決定のプロセスは明確なものになっているか

取締役会は有効に機能しているか

業務の実態に応じて、適宜社内規程を新設・改訂していきます。また、個人的な経営から会社組織としての経営を行うよう、企業の運営方法を変化させる必要があります。

　組織的な会社運営を行う上で最も重要なのは取締役会の存在ですが、取締役会が開催されたとしても、代表取締役の鶴の一声によってすべて決定しているというのでは、取締役会が機能しているとはいえません。取締役会での討議は、実質的に活発に行われる必要があります。また、社外取締役や社外監査役を充実させることも重要です。通常の取締役や監査役などは、会社内部のしがらみにより適切に企業の監視ができない可能性がありますが、社外取締役や社外監査役であれば外部の人間として会社運営に対する客観的な判断が可能になります。

準備には時間がかかる

　株式公開を行う場合には、株式公開を決定してから審査を通るまで通常は3年程度かかります。そのため、スケジュールを立てて、段階的に作業を進めていくことが必要です。

　具体的には、取締役会の中で株式公開の意思決定をします。その上で、プロジェクトチームを発足させ、事業規模を拡大させるために株式の発行や子会社の合併を行います。また、会社の経営管理体制を整備するために、社内規程の見直しや内部監査体制の整備を行います。ある程度の準備が整った段階で上場のための申請書類を作成し、上場審査を受けます。

有価証券報告書や目論見書の作成

　証券取引所による審査が終了すると、株式の公募・売出を行います。株式の公募や売出を行う際には、金融商品取引法に基づき、有価証券報告書を提出する必要があります。

　有価証券報告書には、会社の概況や財務諸表などを記載します。また、有価証券報告書は、ほぼそのまま目論見書となって、株式を購入するかどうかの参考にするため投資家に配布されます。有価証券報告書に虚偽の事実を記載して投資家が損害を被った場合には、会社や役員は損害賠償責任を負います。そのため、有価証券報告書には正確な事実を記載することが必要です。

　なお、株式を公開する場合には、その株式の公開価格を決定する必要があります。

7 金融商品取引法について知っておこう

投資家をより手厚く保護するように改正された

どんな法律なのか

　金融商品取引法は、企業が保有する情報の開示や、金融商品取引業を行う者への規制、金融商品取引所の運営などについて定めています。これにより、有価証券や金融商品の取引の公正さや適切な価格形成を図ることをめざしています。そして、国民経済の健全な発展や投資家の保護を最終的な目的としています。

　端的にいえば金融商品取引法は、投資家の保護を目的として制定された法律です。たとえば、業者が有価証券取引やデリバティブ取引の勧誘を行う際の広告の規制、標識の掲示義務、書面交付義務、不当勧誘行為の禁止、といったルールを定めてい

ます。また、企業の情報開示を強化することで、投資家が判断しやすいようにしています。

　金融商品にはリスクもあります。一般に①価格変動リスク、②金利変動リスク、③為替変動リスク、④流動性リスク、⑤信用リスク、という5種類のリスクがあるといわれています。特に、市場における有価証券の価格が変化し、投資家が損害を受けるおそれがある価格変動リスクは、影響が大きく注意が必要です。

IPOを検討している企業は規制に注意が必要

　金融商品取引法は市場での取引の適正を目的とした法律であるため、

PART
1

企業法務の仕事の基本

金融商品取引法の目的

国民経済の健全な発展		投資家の保護
企業情報の開示	金融商品取引業者に対する規制	金融商品取引所の適切な運営
有価証券や金融商品の公正な取引	有価証券の円滑な流通	金融商品の公正な価格形成

33

一般的には上場している大企業を対象としている法律だといえるでしょう。

ただし、金融商品取引法における金融商品とは、様々なものを含みます。企業が資金を調達する方法としては、株式の発行や社債の発行などがありますが、株式や社債も金融商品取引法上の金融商品に含まれます。したがって、事業規模がそれほど大きくなくても、社債発行を行う企業や市場で株式を発行する企業であれば、金融商品取引法の規制と関わることになります。また、今後自社の株式を証券取引所に上場させる株式公開、いわゆるIPO（Initial Public Offering）を検討している企業も注意が必要といえるでしょう。

金融商品取引法のポイントはどんなことなのか

より厚く投資家を保護するために、

以下のような規制を設けています。

① 内部統制報告書の提出の義務付け（上場企業が対象）

内部統制報告書とは、企業の内部統制が有効に機能しているかどうかを経営者が評価した書類です。内部統制報告書は、監査法人等がチェックするしくみになっていますが、書類を提出しなかった場合や虚偽の報告をした場合に、懲役や罰金刑が科されます。

② TOB（公開買付制度）の規制

TOB（Take Over Bit）とは、特定の企業の株券等を買い取ることを表明して、その企業の株券等を保有する投資家から買うことです。

③ 投資ファンドへの規制

TOBで株式を買うことを規制する理由の１つは、その企業の株式をどの程度保有することになるのかを誰の目から見てもわかるように

公開買付けの流れ

公開買付けの開始公告（公開買付けの開始）	▶▶▶	対象会社による意見表明報告書の提出	▶▶▶	公開買付けの終了	▶▶▶	内閣総理大臣に公開買付報告書を提出する
開始公告の日に公開買付届出書を提出する		公開買付者は意見表明報告書の質問に対して、対質問回答報告書を提出する		公開買付者は応募株主に対して公開買付説明書を交付する		

することにあります。したがって、TOBが規制される取引の条件を広げることで、投資家の保護をはかることができます。

③の投資ファンドの規制の強化については、まず行政が立入検査を行える点が挙げられます。また、一般投資家向けのファンドは登録が必要となっており、機関投資家向けのファンドも届出制とされています。

また、上場企業の株券等を5％を超えて保有するに至った場合には、5営業日以内に大量保有報告書を提出しなければなりません。

④　インサイダー取引への罰則

インサイダー取引を行った者に対する罰則を定めることで、相手方となる投資家への不公正な取引を抑制しようとしています。

金融商品取引法に違反するとどんな制裁を受けるのか

金融商品取引法違反となる行為を行った者に対しては、刑事責任や民事責任が問われます。また、行政処分を受ける可能性もあります。

・刑事責任について

金融商品取引法に違反した場合には、行為の内容に応じた刑事罰が科されます。たとえば、インサイダー取引を行った者に対しては、5年以下の懲役または500万円以下の罰金（両方が併せて科される場合もあり）が科されます。法人の代表者がインサイダー取引を行った場合には、法人に対しても5億円以下の罰金が科されます。また、インサイダー取引で得た財産は没収されます。刑事罰が問題になった場合には、違反者に対して証券取引等監視委員会や検察庁による調査・捜査が入ります。

・民事責任について

金融商品取引法に違反した者は民事責任を負います。たとえば、有価証券届出書に重要な虚偽記載があった場合には、その届出書をもとに有価証券を取得した者は、有価証券届出書を提出した会社に対して損害賠償請求ができます。

・行政処分について

金融商品取引法に違反した者に対しては、金融庁などから行政処分が行われるケースもあります。具体的には、業務改善命令、業務停止命令、登録の取消しなどが行われます。行政処分が行われると、その会社に対して日本証券業協会から処分・勧告が行われることもあります。

相談 インサイダー取引

Case　インサイダー取引はなぜ禁止されているのでしょうか。例外的に禁止されない場合はあるのでしょうか。

・・

回答　**インサイダー取引**とは、投資判断に関する重要な情報が公表される前に、その情報をもとにして有価証券の取引を行うことです。たとえば、A会社が数日後に倒産する見込みが高くなり、A会社の株主が、A会社の株式を売却する行為は、インサイダー取引に該当します。

インサイダー取引は原則として禁止されていますが、重要な事実を知ったことと無関係に行われる取引は、証券市場の公平性を損なわないため、インサイダー取引に関する規定は適用されません。たとえば、新株予約権（株式会社の株式を受けとることができる権利のこと）の行使によって株式を取得する行為は、会社に関する重要事実を知ったこととは無関係に行われるので、インサイダー取引の規定は適用されません。

インサイダー取引が行われていることが疑われる場合、最初に必要なのは事実関係の確認です。その結果、インサイダー取引が行われていたことが明らかになった（またはその嫌疑が強くなった）場合には、検察庁への告発や証券取引等監視委員会への通知を行います。この告発・通知は企業の義務ではありませんが、事実を隠ぺいすると、後に投資家などから強い非難を受けることになりますので、インサイダー取引が行われたことが明らかになった時点でその旨を公表する必要があります。

また、未公表の重要事実を不正に利用することはインサイダー取引になるため、防止策として、企業内に重要事実を管理する責任者を設置するとよいでしょう。責任者は、情報の管理、インサイダー取引規制を受ける情報かどうかの判断、従業員に対するインサイダー取引についての指導などを担当します。なお、企業内で生じた重要事実については、金融商品取引法の手続に従って速やかに公表する体制を作っておくことも重要です。

36

PART 2

会社の組織と法務

1 取締役の負う義務と会社に対する責任はどんなものなのか

会社法で任務懈怠責任などが規定されている

善管注意義務と忠実義務

従業員は会社と雇用契約を結んで仕事をしています。しかし、取締役は従業員と違い、会社と雇用契約を結んで業務を執行しているわけではありません。取締役は株主総会で選ばれますが、これを法律的に見ると、会社のオーナー（実質的所有者）である株主が、業務の執行を取締役に任せているという形になります。このような契約を**委任契約**といい、会社と取締役は委任契約によって結びついていることになります。

取締役は、会社経営の方向性を決める役割を担う存在で、株主から会社の業務執行を任されます。このように取締役は会社経営の最前線に立つわけですから、会社の命運を握る存在といえ、会社の人的・物的資源を最大限に活用するノウハウ、経済的な先見性、自社に優位な条件を引き出す交渉能力など、様々な能力を兼ね備えなければならない存在だといえます。

委任契約は、ある人がある人に対して依頼し（委任）、依頼された人がこれを承諾すること（受任）で成立する契約です。会社が取締役になることを依頼し、それを承諾したのですから、取締役になった以上、委任の趣旨である会社経営のために全力を尽くさなければならない義務が課せられます。法律上、このような受任者の義務を**善管注意義務**と呼んでいます。たとえば、取締役が取引先の財務状況を調べもせずに融資した結果、会社に損害が発生したというケースは、この善管注意義務に違反していたといえます。

また、会社法355条は、「取締役は、法令及び定款並びに株主総会の決議を遵守し、株式会社のため忠実にその職務を行わなければならない」と定めています。これを**忠実義務**と呼んでいます。会社に忠実であることが求められているのですから、たとえば、名目上は「会社のため」といいつつも、実は私腹を肥やす目的で行動したのであれば、それは忠実義務違反となります。忠実義務は善管

注意義務を具体化したものと考えられていますので、忠実義務と善管注意義務は実質的に見て同じものと考えてかまいません。

経営判断と任務懈怠

会社は**所有と経営の分離**が原則とされており、株主は取締役に強大な権限を与えて、会社経営を任せる仕組みをとっているため、取締役は会社・株主の利益のために職務を行わなければなりません。

もっとも、会社経営にはリスクがつきものです。取締役の経営判断が結果的に誤っており、会社のために行ったはずの行為が必ずしも会社の利益に結びつかず、場合によっては会社に損害を与えてしまったということも十分にあり得るのです。そのような場合に、取締役が常に会社に対して責任を負わなければならないとすれば、非常に酷な話です。

そこで、結果的に会社に損害が発生した場合でも、業務執行の意思決定（経営判断）の前提となった事実認識に不注意や誤りがなく、意思決定の過程・内容にも著しい不合理さがなかったといえるときは、取締役の善管注意義務違反（任務懈怠）があったとはいえず、取締役は会社に対する損害賠償責任を問われないとされています。これを**経営判断の原則**といいます。特に「所有と経営の分離」が徹底されている株式会社においては、株主に比べて、取締役や執行役は経営能力に長けています。したがって、株主はもちろん、損害賠償請求の是非を判断する裁判所が、取締役らの行った経営判断に対して、事後的に良し悪しについて判断することは、能力的にも難しいため、経営者側の判断に対する介入は極力避けられるべきだと考えられているということです。

一方、意思決定がなされた当時の状況などから見て、意思決定が著しく不合理であったといえる場合には、任務懈怠があったものとして、取締役が会社に生じた損害を賠償する責任を負うことになります。

会社に対する任務懈怠責任

取締役は、その任務を怠る（善管注意義務違反・忠実義務違反）ことで会社に損害を与えた場合は、一般的な責任として、会社に対する損害賠償責任を負います。これを**任務懈怠責任**といいます。

取締役の業務執行が原因で会社に大きな損害をもたらしてしまった場

合、取締役が任務を怠ったかどうかが問題となります。業務執行に際して取締役に怠慢や不注意がなければ、会社に対する損害賠償責任は問われません。しかし、少し注意していればわかることを見過ごしてしまったようなときは、取締役が会社に対して損害賠償をしなければなりません。

もし会社が任務懈怠責任を追及しない場合、株主代表訴訟という形で株主が任務懈怠責任を追及します。

損害賠償責任を負う場合

その他、個別的な責任の原因や内容は、会社法に具体化されています。会社法が定める取締役の個別的な責任は、以下の通りです。

① **株主の権利行使に関する利益供与の禁止**

会社は、株主の権利行使に関して財産上の利益を供してはならず、これに関与した取締役は、供与した利益相当額を会社に対して連帯して支払う義務を負います。取締役による総会屋（株主の地位を利用して、会社を攻撃したり、擁護したりすることの見返りとして、会社から金銭などを受けとる者）への資金提供などを禁止するものです。

② **競業取引の禁止**

取締役が自己または第三者のために会社の事業の部類に属する取引（競業取引）をするときは、事前に株主総会（取締役会設置会社では取締役会）の承認が必要です。これを**競業避止義務**と呼んでいます。取締役は会社の利益のために行動することを従業員以上に求められていますから、取締役が会社の事業に関わる取引を自分や第三者の利益のためにする場合には、会社の事前承認を得なければならないとしているのです。

事前承認を得ずに競業取引をした場合、その競業取引により取締役や第三者が得た利益の額が会社の損害額として推定され、会社に対して連帯して損害賠償責任を負います。ノウハウや情報を有する取締役が会社の競争相手となって、会社に損害を与えることを防ぐためのものです。

③ **利益相反取引の禁止**

取締役が自分または第三者の利益のために会社と取引することは、会社の利益を犠牲にして自分または第三者の利益を図る可能性があります。

取締役が自己または第三者のために会社と取引する場合（直接取引）、または会社が取締役の債務を保証するなど取締役以外の者との間で会社の利益に相反する取引をする場合（間

接取引）は、株主総会（取締役会設置会社では取締役会）の事前承認が必要です。なお、利益相反取引により会社に損害が発生したときは、会社の事前承認の有無を問わず任務懈怠が推定され、取締役は会社に対して連帯して損害賠償責任を負います。

④ 剰余金の配当規制

分配可能額を超えて、剰余金（企業会計上、会社の自己資本のうち資本金を超える部分のこと）の配当をすることはできず、これに違反した取締役は、配当金相当額を会社に対して賠償する責任を負います。

また、分配可能額を超えていなくても剰余金の配当によって期末に欠損が生じた場合、欠損を生じさせた行為に関する職務を行った取締役は、会社に対してその欠損額を連帯して賠償する責任を負います。剰余金の払い過ぎによる会社財産の流出を防ぐためです。

①～④でとりあげた行為の他、上述のように取締役が法令や定款に違反して任務を怠った場合は、それによって生じた会社の損害を賠償する責任を負います（**任務懈怠責任**）。

ところで、任務を怠った取締役自身が責任を負うのは当然ですが、取締役の行為が取締役会の決議に基づいて行われた場合には、取締役会の決議に賛成した取締役も責任を問われることがあります。つまり、実際に業務を執行していなくても、取締役会決議で賛成したときは、任務を怠ったと推定されます。また、取締

利益相反取引の例

直接取引

甲株式会社 ←─売買─ ¥ 甲社取締役A

間接取引

乙金融会社（債権者）─貸付→ 甲社取締役A（債務者）

保証

甲株式会社

役会決議で反対した取締役も、取締役会の議事録で反対した旨の記録を残しておかないと、賛成したものとして扱われる可能性があります。

取締役の責任は過失責任が原則

取締役は会社に対して任務懈怠責任を負いますが、この責任は過失責任（任務懈怠について故意または過失がなければ責任を負わないこと）が原則です。ただし、利益相反取引（自己取引に限る）または利益供与を行った取締役は、例外的に無過失責任を負います。

取締役の責任の免除・軽減

株主代表訴訟が頻繁に提起されるようになると、逆に「取締役を含む役員等の責任が重すぎるのではないか」という指摘もなされるようになりました。そこで、役員等の責任を免除する制度の他に、一定の条件の下で責任を軽減する制度が設けられています。

① 株主の同意による責任の免除

総株主の同意があれば、取締役を含む役員等の会社に対する損害賠償責任を免除することができます。株主は会社の実質的所有者ですので、株主が全員同意しているのであれば

取締役に損害賠償責任を負わせなくてもよいと考えられているためです。また、違法な剰余金配当による責任も、総株主の同意で分配可能額の範囲に限って免除することができます。

② 株主総会決議による責任の一部免除（軽減）

任務懈怠による役員等の責任については、役員等が職務を行うにつき善意（知らずに）かつ重大な過失がない場合には、株主総会の特別決議（議決権を行使できる株主の議決権の過半数をもつ株主が出席し、出席した株主の議決権の3分の2以上の多数によって行われる決議）により、その責任の一部を免除することができます（責任の一部免除）。

免除されるのは、賠償責任を負うべき額から最低責任限度額を差し引いた額を限度とします。たとえば、代表取締役の場合は6年分の報酬、取締役の場合は4年分の報酬、社外取締役の場合は2年分の報酬が最低責任限度額となり、これを本来の賠償責任額から差し引いて、その差し引いた後の残額を限度として役員の責任を免除することができます。

なお、責任の一部免除の議案を株主総会に提出する場合は、監査役全員の同意がなければなりません。

③ 取締役会決議による責任の一部免除（軽減）

監査役設置会社（取締役が2人以上いる場合に限る）または指名委員会等設置会社などでは、定款に定めることで、取締役会決議で役員等の任務懈怠に基づく責任の一部を免除することもできます（取締役会非設置会社の場合は、責任を負う取締役以外の取締役の過半数で責任の一部免除を決定します）。②と同じく、役員等が職務を行うにつき善意かつ重大な過失がないことが必要です。免除が認められる最低責任限度額も②と同じです。ただ、責任の原因となった事実の内容、役員等の職務の執行状況などを考慮し、特に必要がある場合でなければ、責任の一部免除ができません。

④ 取締役の責任限定契約

取締役（代表取締役等の業務執行取締役は除外します）の任務懈怠責任については、あらかじめその責任を限定する契約（責任限定契約）を会社との間で結ぶことができます。具体的には、取締役が職務を行うにつき善意かつ重大な過失がない場合には、定款で定めた範囲内であらかじめ会社が定めた額と②の最低責任限度額のどちらか高い方を限度として責任を負うとする責任限定契約を、取締役との間で締結できる旨を定款に定めることができるのです。

なお、非業務執行取締役だけでなく、定款に定めることで、監査役・会計参与・会計監査人との間でも責任限定契約を結ぶことができます。また、責任限定契約の対象者については、平成27年5月施行の会社法改正により、非業務執行取締役と社内監査役が加えられました。

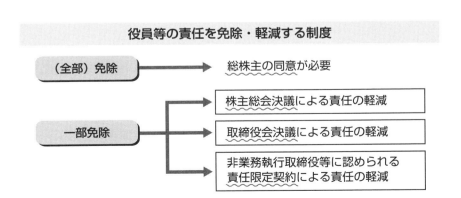

役員等の責任を免除・軽減する制度

2 役員等の第三者に対する責任について知っておこう

直接損害だけでなく間接損害についても責任を負う場合がある

第三者に対する責任とは

役員等（取締役、執行役、監査役、会計参与、会計監査人）の職務行為によって、会社以外の第三者（株主や会社債権者）に損害が発生した場合、役員等は、その第三者に対しても特別の責任を負います。

本来であれば、役員等と第三者との間には直接の契約関係がありませんから、役員等は第三者に対して民法上の不法行為責任を負うだけで済むはずです。

しかし、株式会社は経済社会の中で重要な地位を占めており、その活動は役員等の職務執行に大きく左右されます。役員等の任務懈怠があれば、会社だけでなく、第三者にも多大な損害を与える危険があるのです。そこで、会社法は、第三者を保護するために、役員等が直接第三者に対して損害賠償責任を負う場合があることを認めています。

具体的には、役員等に任務懈怠についての悪意（知りながら）または重過失（重大な不注意）があった場合に、それによって第三者が受けた損害を賠償する責任を負います。第三者に対する加害行為そのものが、故意（わざと）または不注意（過失）によるものでなくても、任務懈怠について悪意または重過失がある場合であれば、役員等の第三者に対する責任が認められるとしたのです。

責任を負うべき損害の範囲は

第三者に損害が発生するケースとしては、まず、役員等の行為によって直接第三者が損害を被る場合（直接損害）があります。

次に、役員等の行為から1次的に会社が損害を受け、その結果として2次的に第三者が損害を受ける場合（間接損害）があります。たとえば、取締役の任務懈怠によって会社が倒産したため、会社に金銭を貸し付けていた人が貸金を回収できなくなった場合が間接損害の例です。第三者を強く保護する必要がありますから、役員等は直接損害だけでなく間接損害についても責任を負います。

なお、役員等が責任を負うことになる「第三者」とは、役員等・会社以外の者という意味です。会社債権者はもちろん、株主も会社そのものではありませんから「第三者」にあたります。会社の従業員も「第三者」に含まれます。

不法行為責任との関係

　不法行為責任は、契約関係にあるかどうかを問わず、違法行為をした加害者が、被害者に対してその損害を賠償するという責任です。これに対して、役員等の第三者に対する責任は、役員等の職務行為について第三者に生じた損害を役員等に賠償させるものです。

　不法行為の場合は、相手方が役員等の加害行為に関する故意又は過失を証明しなければなりませんが、役員等の第三者に対する責任の場合は、役員等の任務懈怠に関する悪意又は重過失を証明すればよいので、被害を受けた第三者から見れば、証明の点では役員等の第三者に対する責任を追及する方が有利だといえます。

役員等（主として取締役）の第三者に対する責任

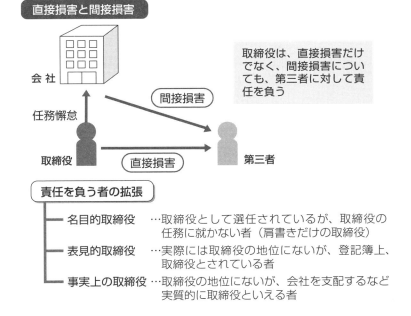

3 株主総会のしくみと開催手続きについて知っておこう

法令や定款を遵守し、開かれた株主総会となるように配慮する

株主総会の開催時期

　株主総会とは、その会社の基本的な方針や重要な事項を決定する非常に重要な機関です。取締役会設置会社の場合には、所有と経営の分離（会社の実質的所有者は株主だが、会社の経営は株主総会で選任された経営の専門家である取締役によって行う体制のこと）の原則が働き、会社の経営については取締役会が意思決定を行い、それ以外の事項で会社の基本的な事柄については株主総会が意思決定を行います。

　各事業年度の終了後一定の時期に招集される株主総会を定時株主総会といいます。たいていの会社は4月1日から翌年3月31日までの1年を事業年度としています。一方、会社は、いつでも臨時株主総会を開催することができます。

　また、会社が内容の異なる2種類以上の株式（種類株式）を発行している種類株式発行会社の場合、種類株主による種類株主総会において、会社法で規定されている事項や定款

で定めてある事項を決議することができます。特に、ある種類の種類株主に損害を与えるおそれのある変更などを行う場合には、その種類の株式の種類株主を構成員とする種類株主総会を開催した上で、特別決議（52ページ）を経なければ、その変更の効力は生じません。

総会の開催を省略できるケース

　株主総会の目的である事項について、取締役や株主が提案をした場合には、株主総会を開催して議題としてとりあげ、決議するのが原則です。しかし、株主総会の目的事項について提案がなされ、その提案について全株主の同意を示す書面や電磁的記録があれば、株主総会の決議がなされたものとみなすことができる旨の制度が用意されています。

　このように、株主総会そのものを開催せずに書面による決議だけですませてしまう方法を**書面決議（みなし株主総会）**といいます。決議が省略され、株主総会決議があったもの

とみなされた場合、みなされた時点で株主総会が終結したものとして扱われます。

株主総会の招集

　取締役会設置会社か否かによって、株主総会の招集手続が異なります。なお、書面か電磁的方法による議決権の行使を認める場合を除き、株主全員の同意によって、招集手続を経ることなく株主総会を開催できるという例外があります。

① 取締役会設置会社の場合

　取締役会設置会社の場合、株主総会の招集を決めるのは取締役会です。株主総会の招集通知は、書面か電磁的方法で、原則として株主総会の開催日の1週間前まで（公開会社の場合には2週間前まで）に発送しなければなりません。電磁的方法とは、たとえば電子メールなどの方法のことです。ただし、電磁的方法によって招集通知を出すには、それぞれの株主の承諾が必要になります。招集通知には、計算書類や事業報告などを添付した上で、株主総会の目的事項を記載しなければなりません。

② 取締役会非設置会社の場合

　取締役会非設置会社の場合、株主総会の招集を決めるのは取締役です。

株主総会の招集通知は、原則として株主総会の開催日の1週間前までに発送しなければなりませんが、定款で1週間以内に短縮することも可能です。招集通知の方法は、書面や電磁的方法だけでなく、口頭や電話による通知も可能です。

　招集通知への記載事項や添付書類も取締役会設置会社とは異なり、特に必要とされる事項はありません。計算書類や事業報告などの添付も不要ですし、株主総会の目的事項も記載する必要はありません。

③ 議題追加権・議案提出権

　株主総会の議題（会議の目的）を追加を請求する権利が議題追加権、議案に関して議案を提出する権利が議案提出権です。たとえば、議題は「取締役選任の件」、議案は「Xを取締役に選任する案」を指します。議題追加権は、取締役会設置会社では少数株主権であるのに対し、取締役会非設置会社では単独株主権です。一方、議案提出権は単独株主権です。

開催のスケジュール

　臨時株主総会の場合には、その決議が必要になる日から遡って、法的に必要な期間を守ってスケジュールを立てることになります。一方、定

PART
2

会社の組織と法務

47

時株主総会の場合には、事業年度末日を基準日として3か月以内に株主総会を開催しなければなりませんから、スケジュールを立てる際には、この期間内に法を守りながら必要な作業を行っていくことになります。

定時株主総会の場合、事業年度末日を基準日として、計算書類など株主総会で必要とされる書類を作成します。招集通知への添付が必要なため、招集通知を発送する時点で、計算書類・事業報告書が取締役会の承認を経ていなければなりません。それ以前に、監査役が計算書類・事業報告書を監査し、監査報告を取締役に提出することになります。

このように、株主総会の準備期間は、様々な機関が関わって協力しながら準備をすることになります。参考までに、非公開会社の株主総会開催の日程モデルを下図で記載します。

想定問答の用意

総会当日に議事をスムーズに進めるためには、当日の議事進行を所要時間と共に考えて、シナリオとして残しておきましょう。

あらかじめ質問されることが想像

株主総会（非公開会社・取締役会設置会社）の日程モデル

日　程	事務日程	法律の定め等
3月31日	事業年度末日 （基準日）	基準日から3か月以内に定期株主総会を開催する必要あり
6月13日	計算書類の備置き	総会日の2週間前までに（会社法442条1項）
6月20日	定時株主総会 招集通知の発送	総会日の1週間前までに（会社法299条1項）
6月27日	議決権行使書提出期限	総会日の前日まで
6月28日	定時株主総会	取締役の選任など
6月29日	①（取締役会による 　代表取締役選任） ②総会議事録を備置	総会議事録の作成が義務付けられている （会社法318条1項）
7月12日	商業登記申請期限 （役員）	決議による定款変更より2週間以内 （会社法915条1項）
9月28日	決議取消の訴えの 提起期限	総会日より3か月以内 （会社法831条1項）

できる事項を洗い出しておき、明確な回答を作成しておくことが重要です。質問した株主だけでなく、出席した株主全体が理解できるようなわかりやすい言葉を使った誠実な回答を作成しましょう。なお、あらかじめ各部門に告知して、問題点や質問されそうな内容をリストアップしてもらい、対策案なども出してもらうようにするとよいでしょう。

想定問答はリハーサル前には完成させておき、リハーサルでは株主役に質問させ、担当役員が実際に回答してみて、弁護士に法的に問題ないかどうかを確認してもらうとよいでしょう。

リハーサルでは、全体の時間配分に注意した上で、それぞれの役割の特徴をおさえるようにしましょう。

役員が準備しておくこと

株主総会の準備段階で役員のすべきことは、担当役員以外は特に具体的なものがあるわけではありません。しかし、一歩引いた位置から全体の進行状況を把握して、当日議事の進行役となる議長がスムーズに職務を行うことができるように支援するなどの行動が期待されます。

議案（議題に対する具体的な提案のこと）の説明や報告、質疑応答に対応する役員は、自分の担当している議案や報告事項について十分に把握し、想定される質問に対する回答も考えておくようにします。他の役員の担当する分野の情報が必要な場

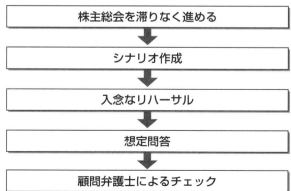

事前準備のまとめ

株主総会を滞りなく進める
↓
シナリオ作成
↓
入念なリハーサル
↓
想定問答
↓
顧問弁護士によるチェック

合には、その役員にあらかじめ確認しておくなど、いつでも連携をとれるようにしておくことも大切です。

担当役員であってもそうではなくても、また担当する範囲外の内容に関しても、その会社の役員である以上は、質問を受けた場合に即答できる程度にしておくのが望ましいことは言うまでもありません。少なくとも株主総会当日までには、全議案・報告事項について一通り目を通しておくべきでしょう。

答弁役員の心得

株主総会において、役員は株主から質問をされた場合には、質問内容について説明する義務を負っています。役員と一言でいっても、それぞれ専門は異なりますし、実際に説明をする際には、役員ごとに説明の範囲も異なります。

説明義務については法律で定められていますが、議長として一番気をつけなければならないのは、法律上説明義務のある質問がなされたときに、適切に回答しないと説明義務違反となり、最悪の場合は株主総会決議取消の訴えを起こされることがあり得るということです。

したがって、議長はどのような質

問にどの役員がどの程度説明をしなければならないのかを頭に入れておくか、会社に顧問弁護士がいる場合には、弁護士の助言を得ておいて、当日各質問に対して適切な役員を指名して説明させるように議事を進行していかなければなりません。

質問内容によって担当する役員を決めておき、可能な限り質問を想定して回答案を考えておくのが理想です。

事前質問とはどんなことか

事前質問とは、株主が、株主総会当日よりも相当の期間前に、特定の事項について会社に対して説明を求めることをいいます。事前質問は会社に対して書面で通知されますが、書面の様式などについては特に法律で規定されていません。

株主が事前に質問をしただけで株主総会当日に質問をしていない場合には、株主総会の場でその質問に対して役員が回答する必要はありません。

ただ、たいていの場合には、「株主総会の当日にこのような質問をしますから、当日に回答してください」という意味で、株主は事前質問をしています。このように、事前質問には株主総会当日の質問内容を会社に知らせる事前通知の意味があります。

4 株主総会の運営と議決権について知っておこう

議事進行、秩序維持、議事整理は議長の権限である

株主総会の運営について

株主総会では、以下のような人たちが総会を運営していきます。

① 議長

株主総会では、議長が選任されます。議長は、議事を進行し、株主総会の秩序維持、議事の整理に努めます。議長は、総会の秩序を乱す者を退場させることもできます。

② 役員

株主総会で株主から特定の事項について説明を求められた場合、役員（取締役、監査役、会計参与、執行役）は、その事項について株主に必要な説明をする義務があります。

③ 検査役

株主総会の決議で、役員等（取締役、会計参与、監査役、監査役会、会計監査人）が株主総会に提出・提供した資料を調査する検査役を選任することができます。また、株主の請求により株主総会が招集された場合には、株主総会の決議で、会社の業務・財産状況を調査する検査役を選任することができます。検査役に

は弁護士などが選任されます。

説明義務とは

取締役は、株主総会当日に株主から特定の事項について説明を求められた場合は、これに応じなければなりません。取締役等が説明しなければならない事項としては、株主総会でとりあげられる報告事項と決議事項があります。

報告事項とは、会社から株主に対して報告しなければならない事項のうち、株主総会の目的事項の範囲内のものです。決議事項とは、株主総会で議案としてとりあげる事項です。最終的に決議事項については、株主総会で株主が賛成か反対かの意思を示すことになります。

取締役等は、報告事項について説明を求められた場合には、株主に内容を理解してもらえるように説明する必要があります。一方、決議事項について説明を求められた場合には、株主が議案について賛成するのかあるいは反対するのかを決定できるよ

51

うに説明する必要があります。

議決権の行使の原則と例外

株主が総会に出席して議決権を行使するのが原則ですが、代理人による議決権の行使や、書面による行使（書面投票制）が認められます。電子メールなどの電磁的方法によって議決権を行使することを定めることもできます。

なお、取締役または株主が総会の目的事項（議題）を提案した場合において、株主全員が書面または電磁的記録（電子メールなど）でその提案に同意したときは、その提案を可決する総会の決議があったものとみなされます。

議決権が認められない場合

各株主は、原則として1株につき1個の議決権をもっています（一株一議決権の原則）。ただ、会社法は様々な理由から、以下の例外を認めています。

① 議決権制限株式

株主の関心も様々であるため、定款の定めにより、株主総会における議決権をまったく与えなかったり、制限することもできます。

② 自己株式

自己株式（株式会社が発行した自らの株式のうち、その会社自身で保有している株式のことで、俗に「金庫株」ともいう）については議決権の行使ができません。

③ 相互保有株式

たとえば、A社がB社の総株主の議決権の4分の1以上の株式を保有する場合、B社は自社が保有するA社の株式について議決権を行使することはできません。A社が、自社の支配が及んでいるB社を通じて、不正な決議を行う危険があるからです。

④ 単元未満株式

会社の株主管理コストの点から、一定数の株式をまとめて1つの単位（一単元）とする単元株制度を採用した場合、一単元に満たない単元未満株式には議決権が認められません。

総会決議に問題があった場合

株主総会の決議は多数決の原則で決められます。決議には、①役員の選任決議など、**普通決議**（議決権を行使できる株主のうち議決権の過半数をもつ株主が出席し、出席した株主の議決権の過半数で決議）で行うもの、②資本金の額の減少、定款の変更、現物配当など、**特別決議**（議決権を行使できる株主のうち議決権

の過半数をもつ株主が出席し、出席した株主の議決権の3分の2以上で決議）で行うもの、③特別決議よりも決議の要件がさらに重くなっている特殊決議で行うものがあります。

③の**特殊決議**で行うものとしては、全部の株式の内容について、株式譲渡に会社の承認を要する旨の定款の定めを設ける場合には、議決権を行使できる株主の半数以上で、かつ当該株主の議決権の3分の2以上の賛成が必要です。

また、非公開会社が剰余金配当・残余財産分配・株主総会の議決権につき株主ごとに異なる取扱いをする旨を定款で定める場合には、総株主の半数以上で、かつ総株主の議決権の4分の3以上の賛成が必要です。

株主総会の決議に関する訴訟は、株主総会決議不存在確認の訴え、株主総会決議無効確認の訴え、株主総会決議取消の訴えの3種類が用意されています。いずれの訴えが提起された場合でも、被告（訴えられた者）は会社となります。

決議に問題があった場合には、その程度に応じて、3種類のうちのいずれかの訴訟が提起されることになりますが、それぞれの訴訟は対象とする問題の性質に違いがあります。

・**株主総会決議不存在確認の訴え**

「不存在」とあるように、株主総会決議が存在していないのに、株主総会決議があったかのような外観が作られている場合に提起されます。株主総会決議の不存在が認められると、株主総会で成立したとされる決議は、そもそも存在していなかったものとして扱われます。

・**株主総会決議無効確認の訴え**

株主総会の決議の内容が法令違反であるような場合に提起されます。法令違反の決議であったと認められると、その決議は無効であることが確認されます。

・**株主総会決議取消の訴え**

3種類の訴えの中で、招集手続や決議方法など比較的問題の程度が軽い場合に利用するのが株主総会決議取消の訴えです。

株主総会決議取消の訴えの対象となる決議は、訴えを起こされる前には一応有効なものとして成立しています。そのすでに有効なものとして成立している決議に問題があるため取り消してほしい、と主張するのが株主総会決議取消の訴えです。この訴えが認められると、有効に成立していた決議が取り消され、その決議は遡って無効なものになります。

PART
2

会社の組織と法務

53

5 計算書類の承認と総会後の事務について知っておこう

会社の資金関係の情報を開示する書類で貸借対照表などがある

計算書類の承認

貸借対照表、損益計算書、株主資本等変動計算書、個別注記表を計算書類といいます。計算書類の金額は1円単位、千円単位、あるいは百万円単位で表示します。

貸借対照表とは、事業年度末（当期末と表現されます）の会社の財政状態を具体的な数値で表した書類です。**損益計算書**は、一定の期間中における会社の経営成績を数値で表した書類です。**株主資本等変動計算書**とは、事業年度中の純資産の変動状況を示す書類です。こうした計算書類を理解するために必要となる重要な事項を注記として記載してまとめた書類を**個別注記表**といいます。

会社は、こうした計算書類と共に事業報告、附属明細書を作成し、会社の財政状態や経営成績を株主に開示しなければなりません。事業報告は、会社の事業の状況を文章で説明したもので、書類を作成する際の基となる情報も会計帳簿に限りません。附属明細書は、計算書類と事業報告

の記載内容を補足する書類です。

取締役会設置会社の場合、監査役や会計監査人による監査を受けた計算書類は、取締役会に提出され、取締役会の承認を得てから定時株主総会に提出されます。定時株主総会での決議の結果、計算書類が承認されればその事業年度の計算書類が確定したことになります。ただし、会計監査人を設置している会社の場合、取締役が計算書類の内容を定時株主総会に報告するだけで、承認を得なくてもよい場合もあります。

決算公告・登記・議事録

貸借対照表などの計算書類を公告することを**決算公告**といいます。株式会社は、定時株主総会が終結したら遅れることなく、決算公告をしなければならないとされています。

決算公告は、官報による公告、日刊新聞紙による公告、電子公告の3つのうち、いずれかの方法をとることが認められています。

株主総会決議で会社の登記事項が

変更された場合には、登記申請（60ページ）が必要です。会社の登記事項を変更した場合、変更したときから2週間以内に変更の登記をしなければなりません。そして、登記申請の際には、株主総会決議があったことを証明する書類として、株主総会議事録を登記申請書に添付します。

株主総会が開催された場合には議事録を作成することになります。議事録の作成期限については、法律上明記されていませんが、株主総会の終了後、すぐに作成する必要があります。たとえば、決議事項により登記の内容が変わる場合には、株主総会決議の日から2週間以内に変更登記を行う必要があります。登記申請書には、株主総会議事録を添付するため、この場合は少なくとも決議の日から2週間以内に議事録を作成すべきことになります。

議事録の記載事項は会社法などで法定されています。株主総会議事録に必ず記載すべき事項は、株主総会の開催日時・場所、株主総会の議事の経過の要領と結果、株主総会に出席した取締役・執行役・会計参与・監査役・会計監査人の氏名や名称などです。また、議事録には作成者の氏名を記載します。

▍議事録の備置義務と閲覧・謄写請求

会社は、作成した議事録を備置する義務があります。この備え置かれた議事録は、株主など一定の者が閲覧・謄写請求ができることになっています。

① 株主総会議事録

株主総会議事録は、株主総会開催の日から10年間、原本を本店（本社）に備え置かなければなりません。また、会社が支店を設置している場合は、その写しを5年間、支店に備え置く必要があります。株主や債権者は、会社の営業時間内であれば、いつでも備え置かれた議事録の閲覧・謄写の請求をすることが可能です。

② 取締役会議事録

取締役会議事録は、取締役会の日から10年間、本店に備え置かなければなりません。監査役設置会社・指名委員会等設置会社・監査等委員会設置会社を除く会社の場合、株主は、その権利を行使するために必要があるときは、会社の営業時間内であれば、いつでも備え置かれた議事録の閲覧・謄写の請求が可能です。監査役設置会社・指名委員会等設置会社・監査等委員会設置会社の場合、株主は、その権利を行使するために必要があるときは、裁判所の許可を得れ

PART 2

会社の組織と法務

ば、議事録の閲覧・謄写の請求が可
能です。

　また、会社の債権者と親会社の株
主は、取締役など役員の責任を追及
するために必要があるときは、裁判
所の許可を得れば、議事録の閲覧・
謄写の請求をすることができます。

③　監査役会議事録

　取締役会議事録と同様、監査役会
の日から10年間、本店に備え置く必
要があります。株主や親会社の株主
がその権利を行使するために必要が
あるとき、または会社の債権者が取
締役など役員の責任を追及するため
に必要があるときは、裁判所の許可
を得れば、議事録の閲覧・謄写の請
求をすることが可能です。

何のために議事録を作成するのか

　株主総会や取締役会の議事内容や
経過を株主総会議事録や取締役会議
事録として書面や電子データに残し
ておかないと、後になって議事の内
容と異なる運営がなされたとしても
そのことを確認するのが困難になり
ます。そのため、会社法は、株主総会・
取締役会といった会議が開催された
ときには、議事録を作成することを
義務付けています。議事録への記載
を義務付けられている事項が会社法

や会社法施行規則で定められており、
記載事項は議事録の種類によって異
なります。

株主総会議事録の法定記載事項

　株主総会議事録に記載すべき法定
記載事項については、会社法施行規
則72条３項各号で具体的に定められ
ています。おもな法定記載事項は次
の通りです。

・株主総会の開催日時・場所
・株主総会の議事の経過の要領と結
　果（報告内容と決議事項）
・株主総会に出席した取締役・執行
　役・会計参与・監査役・会計監査
　人の氏名や名称
・議長がいる場合、議長の氏名
・議事録の作成に関する職務を行っ
　た取締役の氏名

　この他にも、監査役や会計参与な
どの意見があった場合には、その意
見や発言内容の概要も議事録に記載
する必要があります（会社法施行規
則72条３項３号参照）。

　なお、株主総会は議案によって決
議方法が異なります。したがって、
議事録には、議案ごとに必要な決議
要件を充たしていることを明らかに
するために、「満場一致をもって」「出
席株主の３分の２以上の賛成をもっ

て」といった賛成者の割合を示すことが必要になります。

取締役会議事録の法定記載事項

取締役会議事録のおもな法定記載事項は以下の通りです（会社法施行規則101条3項）。
・取締役会の開催日時・場所
・取締役会の議事の経過の要領と結果（報告内容と決議事項）
・取締役会での決議を要する事項について、その事項に特別の利害関係がある取締役がいる場合にはその取締役の氏名
・出席した執行役・会計参与・会計監査人・株主の氏名や名称
・議長がいる場合、議長の氏名

また、取締役・株主・会計参与・監査役・監査委員が一定の意見を述べた場合には、その意見・発言の内容の概要も取締役会議事録に記載する必要があります。

取締役会議事録についても、株主総会と同様「出席取締役の全員一致により」などと決議が有効に成立したことがわかるような記載をするとよいでしょう。また、決議に反対する取締役がいた場合には、その旨を記録に残すため、「○○及び××を除く取締役全員の賛成により」などと記載するとよいでしょう。

なお、取締役会非設置会社については、取締役会がないので当然取締役会議事録を作成する必要はありません。ただし、取締役が複数名いる場合、一般的には「取締役決定書（決議書）」という名称で、議事録と同様の書類が作成されています。

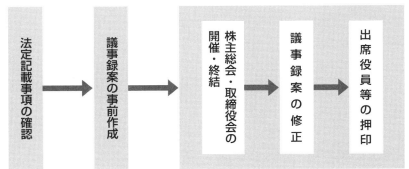

議事録の作成手順

法定記載事項の確認 → 議事録案の事前作成 → 株主総会・取締役会の開催・終結 → 議事録案の修正 → 出席役員等の押印

6 登記のしくみと手続きについて知っておこう

登記事項証明書を活用して取引先の情報を入手する

登記とは何か

登記とは、不動産の権利関係や会社の重要事項について、登記所（法務局）という国の行政機関に備えている登記簿に記載することをいいます。このうち商取引が安全で迅速かつ円滑に行われるために設けられたのが商業登記制度です。つまり、商業登記制度は、会社と取引を行おうとする者が不測の損害を被ることのないように、一定の事項を公開（公示）するためのシステムといえます。

法令に基づき登記手続きがとられている会社は、信用度が高いといえます。取引先の会社が急に破産すること等がないように、取引先の実態を見極める上でも、登記簿が大きな役割を果たします。

登記簿を調べる方法としては、登記事項要約書と登記事項証明書を交付してもらう方法があります。

登記事項要約書とは、登記記録に記録されている事項の摘要（要点）を記載した書面です。ただ、登記事項要約書には登記官による認証文が

ありませんので、一般的な証明書としては使用できません。

登記事項証明書とは、登記記録に記録されている事項の全部又は一部を証する書面です。登記事項証明書には、現在事項証明書、履歴事項証明書、閉鎖事項証明書、代表者事項証明書があります。

区に分かれている

株式会社の登記簿は「商号区」「株式・資本区」など、いくつかの「区」に分かれています。

・商号区

商号区には、商号（会社名）や本店などが記載されています。ここを見れば、どこの何という会社の登記簿かがわかるわけです。

・株式・資本区

発行可能株式総数や発行している株式の種類、資本金の額が記載されています。ここを見れば、その会社の株式の発行状況や資本金額について知ることができます。

・目的区

目的区には会社の目的、つまり会社の事業目的、事業内容が記載されています。ここを見れば、会社の事業目的・内容がわかります。会社の目的は複数記載するのが通常です。

なお、会社の目的は、登記だけでなく、その会社の定款にも定めています。そして、定款に記載されていない事業をその会社の目的にすることはできないため、当面は予定していない事業でも、目的として定款に記載することはあります。

・役員区

取締役、代表取締役、監査役についての記載は役員区にされています。誰が取締役で代表権は誰が持つのかなど、取引を行う際に重要となる事項が役員区に記載されています。

・支店区

支店を設けている会社は支店についても登記を行います。支店区には支店の所在地が記載されています。

・企業担保権区

会社が企業として事業を行うためには資金が必要です。会社が資金を集める方法は様々ですが、株式を発行して出資者を募るのが中心的な方法です。それ以外の資金調達手段としては、社債の発行があります。

企業担保権は影響力が強いので、公正証書によって契約を結んだ上で、登記をしなければ効力が生じません。公正証書とは公証役場で公証人によって作成されて承認された証明力の強い書類です。この企業担保権が記載されているところが企業担保権区です。

・会社状態区とは

たとえば、会社に取締役会などの機関を設置するとします。この場合、取締役会設置会社であることがこの区に記録されており、取締役会設置

登記事項証明書の種類

現在事項証明書	現在の登記事項を記載した証明書
履歴事項証明書	現在有効な登記内容の他に、過去３年間にすでに抹消された事項についても記載されている証明書
閉鎖事項証明書	閉鎖した登記記録に記録した事項に関する証明書
代表者事項証明書	その会社の代表権がある者を記載した証明書

会社であるか否かなどは、会社状態区を見ればわかることになります。また、会社状態区には「存続期間の定め」「解散の事由の定め」といったことも記録されています。

・登記記録区とは

登記事項証明書を見ると、登記記録を起こした事由とその日付が記載されている箇所があります。この部分を登記記録区といいます。具体的には、①登記記録を起こした事由と年月日、②登記記録を閉鎖した事由と年月日、③登記記録を復活した事由と年月日、などが記載されることになります。

登記申請の流れ

登記を申請するには、まず、登記申請書を作成しなければなりません。

また、登記申請書には、原則として、その登記内容を証明するために必要な書類（添付書類）を添えて提出します。たとえば、取締役の変更の登記の場合は、取締役が選任されたことを証明する株主総会議事録などが添付書類となります。申請時には登録免許税を納付する必要があります。登録免許税は現金で納付することもできますが、収入印紙をもって納付するのが一般的です。

登記申請書、添付書類の準備ができた後は、管轄の登記所（法務局）に持参するか、郵送により登記申請します。管轄は会社の本店所在地によって決定します。登記所に持参した場合は、商業登記の申請窓口に登記申請書、添付書類を提出します。登記は受け付けられた順番に処理されますので、他の登記所の管轄内に本店を移転する場合など、複数の登記申請を一度に行う場合は、申請する順番にも気をつけてください。

登記申請をした後に、登記完了予定日（補正日）の確認をしましょう。提出した登記申請書や添付書類などに何らかの不備があれば、登記所から電話がありますが、電話がなかった場合は、原則としてこの登記完了予定日に登記が完了します。登記完了予定日の到来後、登記事項証明書などを取得し、申請した登記が間違いなく行われていることを確認しましょう。添付書類は原本を提出するのが原則ですが、議事録や役員の就任承諾書などの会社で保管すべき重要な書類は、その原本の還付を受けることが可能です。

変更登記を行うこともある

会社は存続する過程で、様々な変

化をしていきます。役員・資本金など、常に変わっていきます。このように会社に変化があった場合、登記が以前のままでは、登記を信頼して取引に入った相手方に思わぬ損害を与えてしまいます。そこで、事実の変化に合わせて変更登記をすることが義務付けられています。

登記の申請期間について

登記の申請期間は会社法で定められています。現在登記されている事項に変更が生じた場合の登記（変更登記）の申請期間は、原則として変更が生じた日から2週間以内です（会社法915条）。

申請期間経過後に登記申請をした場合であっても、登記申請は受理されますが、登記申請を懈怠した（期間内に登記申請をしなかった）ことを理由に100万円以下の過料に処せられることがありますので注意が必要です。

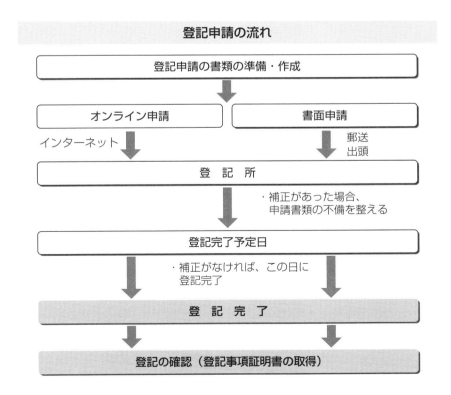

7 株主代表訴訟・解任の訴え・違法行為差止めについて知っておこう

株主や監査役は事前に差止請求をすることができる

株主や監査役などによる違法行為差止請求権

株主による違法行為差止請求が認められるのは、取締役が会社の目的の範囲外の行為や法令・定款に違反する行為をし、またはそのおそれがある場合で、会社に著しい損害が生じるおそれがあるときです。ただし、監査役設置会社・監査等委員会設置会社・指名委員会等設置会社では、著しい損害が生じるおそれではなく「回復することができない損害」が生じるおそれがなければ、差止請求ができません。

また、株主による違法行為差止請求権は、公開会社では6か月前から引き続き株式をもつ株主だけに認められます。一方、非公開会社では6か月の保有期間は不要です。

これに対し、監査役・監査等委員会・監査委員会による違法行為差止請求は、取締役が会社の目的の範囲外の行為や法令・定款に違反する行為をし、またはそのおそれがある場合で、会社に「著しい損害」が生じ

るおそれがある場合に認められます。

解任の訴えとは何か

取締役が不正な行為をしたとき、または法令・定款に違反する重大な事実があったにもかかわらず、その取締役を解任する旨の議案が株主総会で否決された場合、一定の要件を充たす株主は、裁判所に対し取締役の解任を請求する訴えを提起できます。

提訴期間は株主総会の日から30日以内です。公開会社では6か月前から引き続き総株主の議決権（または発行済株式）の3％以上をもっていれば行使できます（非公開会社では6か月の保有期間は不要です）。

株主代表訴訟とは

個々の株主が会社に代わって取締役の責任を追及する訴えが**株主代表訴訟**です。会社法では「責任追及等の訴え」という名称で規定されています（会社法847条）。

株主による責任追及等の訴えの提起が認められるのは、取締役の義務

違反などの違法行為により会社に損害が生じた場合です。ただし、訴える株主側に不正な利益を図る目的や会社に損害を与える目的があるようなケースでは、株主代表訴訟は認められません。

株主は、会社に対して違法行為をした取締役に訴えを提起することを求めたにもかかわらず、60日以内に会社として取締役に対して訴えを提起しない場合に、責任追及等の訴えを提起することになります。

なお、平成27年5月施行の会社法改正で「特定責任追及の訴え」(**多重代表訴訟**とも呼ばれています)が導入され(会社法847条の3)、一定の要件を充たす親会社の株主が、子会社の取締役の責任を追及することが可能となりました。たとえば、株式会社△△ホールディングスがすべての株式を持つ○×株式会社が不祥事を起こした場合、○×株式会社の取締役に善管注意義務違反などがあれば、△△ホールディングスの株主から○×株式会社の取締役等に対し任務懈怠責任を追及できます。

株主から責任追及等の訴えを提起するためには、以下の要件を充たす必要があります。

① **取締役の違法行為**

取締役の善管注意義務違反などの違法行為により、会社に損害が生じた場合であることが必要です。

② **訴えを提起できる株主**

訴えを提起できるのは、原則として6か月前から引き続き株式を保有する株主です。株式数の制限はありません(単独株主権)。

株主代表訴訟(責任追及等の訴え)

③　会社への責任追及の請求

株主から取締役への訴えを求める書面が会社に届きます。その後、60日以内に会社が取締役に訴えを提起しない場合に、株主は責任追及等の訴えを提起できます。

④　不正な利益・加害の目的がない

不正な利益を図る目的や会社に損害を与える目的での株主代表訴訟は認められません。

担保提供命令によって対抗する

株主代表訴訟の被告となった取締役は、株主の訴えが悪意によるものであることを疎明（確からしいといえる程度に明らかにすること）して、訴訟が係属している裁判所に対して、原告に相当の担保の提供（供託所に供託金を預けること）を命じるように請求することができます。株主代表訴訟は嫌がらせ目的などで提起されることもあるため、株主に担保の提供をさせることによって、不当な訴訟を排除するのを目的としています。

裁判所は、取締役の主張するように、請求について事実的・法律的な根拠がないことを株主が知っていたと一応認められると判断した場合には、相当の担保の提供を株主に対して命じます。これを担保提供命令と

いいます。裁判所が担保提供命令をした場合、株主が担保を提供しなければ、株主代表訴訟は却下されます。

株主代表訴訟での早期の和解方法と条件

和解とは、紛争の当事者がお互いの主張を譲歩し合って、紛争を決着させることです。

株主代表訴訟で和解すると、取締役の責任追及の一部ができなくなるというデメリットがありますが、その反面で、訴訟を早期に解決することができるというメリットがあります。訴訟をむやみに長引かせるのは、株主にとっても不利益であり、早期解決を図るために、実際の株主代表訴訟での和解は、取締役の責任を軽減し、または一部免除する結果になるのが通常です。和解には、株主全員の承諾を得る必要はありません。

なお、会社が和解の当事者でない場合は、裁判所は、会社に対して和解の内容を通知して、異議があれば2週間以内に述べるように催告することになっています。会社が異議を述べなかったときは、和解することを承諾したものとみなされます。

8 事業再編のしくみについて知っておこう

代表的な手法は、合併、買収、事業譲渡、会社分割である

どのような手段があるのか

事業再編とは、M&A（合併・買収）や事業譲渡などの手法で、会社の事業を再配置して企業価値を高める行為です。また、会社の組織と形態を変更する会社法上の行為（組織変更・合併・会社分割・株式交換・株式移転）を組織再編といいます。

会社事業の拡大・縮小に伴い、事業再編・組織再編が必要となる場合があります。たとえば、不採算部門から撤退する場合、好調な事業部門に進出して業績を伸ばそうと考える場合などです。

・合併

複数の会社が合体して、１つの会社になることを合併といいます。合併の特徴は、個々の会社が持っていた権利義務（財産や負債など）を全部そのまま（包括的に）合体後の会社に引き継ぐことです。

合併のメリットは、個々の権利義務（財産や負債など）の移転手続きが不要であることです。反対にデメリットは、帳簿には出てこない負債

を引き継ぐおそれがあることです。

・株式取得による買収

相手企業の株式を購入することで、相手企業に対する支配権を獲得します。株式取得による買収のメリットは、手続きが簡単であることです。株式を購入するだけで会社の支配権を取得できるからです。反対にデメリットは、株式の取得に多額の費用がかかることです。

・株式交換による買収

相手企業の発行済み株式を100％取得して、完全子会社化する手法です。株式取得の対価が、原則としてお金ではなく、自社株式である点で、株式取得による買収とは異なります。株式交換による買収のメリットは、買収資金が不要なことです。

・事業譲渡

相手企業が運営している特定の事業を、お金を支払って買い取る方法です。会社を丸ごと取得するのではなく、特定の事業だけを取得する点が特徴です。そのため、事業譲渡は会社組織の変更がなく、組織再編に

PART 2

会社の組織と法務

65

は含まれません。また、株式取得による買収とは異なり、事業譲渡は株式の取引を介在しません。

・会社分割

会社分割とは、会社の事業の全部または一部を別の会社にそのまま引き継がせる手法です。会社分割の特徴は、合併と同様に、事業に関する権利義務（財産や負債など）を包括的に他社が引き継ぐことです。会社分割には、既存の会社に事業を引き継ぐ吸収分割と、新設された会社に事業を引き継ぐ新設分割があります。

そして、事業再編が法令や定款に違反している場合、株主は組織再編無効の訴えを提起して争います。また、平成27年5月施行の会社法改正で、事前救済制度として「組織再編の差止請求」が認められました。なお、株主が事業譲渡が無効と考える場合は、事業譲渡の無効や差止めを請求することになります。

事業再編・組織再編の比較

	事業譲渡	合併		会社分割		株式交換	株式移転
		吸収合併	新設合併	吸収分割	新設分割		
株主総会の特別決議	全部または重要な一部の譲渡、全部の譲受けの場合、必要（簡易再編・略式再編の例外あり）	簡易再編・略式再編の例外あり	簡易再編の例外あり	簡易再編・略式再編の例外あり	簡易再編の例外あり	簡易再編の例外あり	必要
株式買取請求権	あり	あり	あり	あり	あり	あり	あり
債権者保護手続き	なし	あり	あり	あり	あり	一定の場合にあり	一定の場合にあり
効力発生日	契約で定めた日	契約で定めた日	設立登記日	契約で定めた日	設立登記日	契約で定めた日	設立登記日
株主の変動	なし	消滅会社の株主は原則として存続会社の株主となる	消滅会社の株主は原則として新設会社の株主となる	原則としてなし	原則としてなし	完全子会社の株主は完全親会社の株主になる	完全子会社の株主は完全親会社の株主になる

※簡易再編：A社からB社に承継されるのがA社の純資産額の5分の1以下の場合、A社の総会決議が不要
※略式再編：B社の90％以上の株式を有するA社とB社の間の再編の場合、B社の総会決議が不要

9 合併のしくみについて知っておこう

会社法に定められた記載事項を漏らすと、合併が無効になるので注意

PART 2 会社の組織と法務

合併とは

　合併とは、複数の会社が1つの会社になることです。**吸収合併**とは、合併する複数の会社のうち1社が存続して、他の会社を吸収する方式です。**新設合併**とは、合併する複数の会社のすべてが消滅して、新しい会社を作る方式です。合併については吸収合併を利用するのが普通です。

　吸収合併については、簡易合併と略式合併の利用が認められます。簡易合併とは、存続会社が合併対価として交付する株式等の額が純資産額の5分の1以下の場合、存続会社における株主総会決議を省略できる制度です。略式合併とは、D社とE社が吸収合併する際、D社がE社の総株主の議決権の9割以上の株式を保有している場合に、E社の株主総会決議を省略できる制度です。

　合併のメリットとしてまず挙げられるのが事業規模の拡大です。事業の規模が大きくなれば、資金余力が生まれます。そのため、ある事業が赤字でも、他の事業から上がる収益により建て直すことができます。

　また、2つの会社が合併すれば、管理部門にかかる経費や店舗数の削減により、管理部門や事業部門にかかる経費のカットが可能になります。

　一方、企業風土があまりにも異なる会社同士が合併すると経営陣や従業員の間に派閥争いが起こるおそれがあります。また、前述した事業規模の拡大に関しても、すべての事業・店舗が赤字になった場合には、事業の建て直しに必要な資金や労力も多大なものになるというデメリットもあります。合併に関してはメリットとデメリットの比較が重要です。

合併契約書の作成

　会社法には、合併契約書に必ず記載しなければならない事項が定められています。たとえば、株式会社間で吸収合併を行う場合は、以下の事項を合併契約書に必ず記載しなければなりません（会社法749条）。

　略式合併を行う場合や簡易合併を行う場合も必要な事項を契約書に記

載しなければなりません。

① **存続会社と消滅会社の商号と住所**

これは合併当事者を特定するために必須の事項です。

② **存続会社が消滅会社の株主に交付する株式等に関する事項**

たとえば、存続会社の株式を交付する場合は、交付する株式数、存続会社の資本金・準備金の額、割当に関する事項を記載します。

③ **存続会社が消滅会社の新株予約権者に対して、その新株予約権に代わって交付する存続会社の新株予約権等に関する事項**

消滅会社が役員や従業員にストックオプション（新株予約権）を発行している場合に記載する事項です。存続会社は、消滅会社の新株予約権者に対して、自社の新株予約権を代わりに付与できます。その場合には、新株予約権を与える数や、割当に関する事項を記載します。

新設合併と吸収合併

●**新設合併**

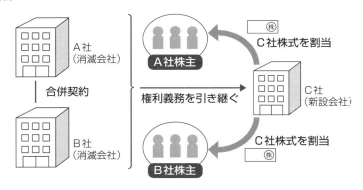

●**吸収合併**

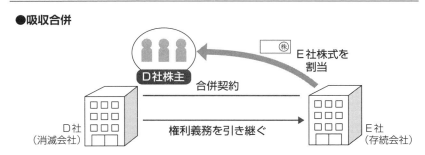

吸収合併の手続きの流れ

① 合併契約の締結
- 存続会社と消滅会社が合併契約を結ぶ
- 合併契約書の記載事項に不備がないようにする

② 事前開示
- 株主や会社債権者のために合併に関する資料を備え置く
- 存続会社と消滅会社の各本店に備え置く

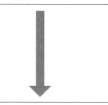

③ 株主総会
- 原則として存続会社、消滅会社双方で株主総会の特別決議が必要
- 簡易合併の場合には存続会社の総会決議を省略できる
- 略式合併の場合には消滅会社又は存続会社の総会決議を省略できる

④ 反対株主の株式買取請求
- 合併に反対する株主は会社に対して公正な価格での株式の買取りを請求できる

⑤ 債権者保護手続き
- 債権者に対する公告を行う
- 存在を知っている債権者には個別の催告が必要

⑥ 登記
- 効力発生日から2週間以内に登記をする
- 吸収合併の場合、存続会社については変更登記を、消滅会社については解散の登記を行う

⑦ 事後開示
- 吸収合併の効力発生後、遅滞なく、事後開示書面を作成し、本店に備え置き、株主と債権者が閲覧できるようにする
- 備え置く期間は、効力発生日から6か月間

④ 合併の効力発生日

吸収合併については、当事会社が合意によって定めた効力発生日に合併の効力が発生します。新設合併とは異なり、登記の日に効力が発生するのではない点に注意が必要です。

▌MBOとは

MBOとは、子会社の経営陣がその子会社の株式を買収することや、会社の事業部門の責任者がその事業部門の経営権を買収することなどをいいます。MBOの特徴は、子会社や事業部門の関係者が買収を行うことです。MBOは、買収の主体が誰であるかによって、従業員による買収であるEBO（エンプロイー・バイアウト）、経営陣と従業員による買収であるMEBO（マネジメント・エンプロイー・バイアウト）などに分類されます。

MBOが役立つ場合として、たとえば、事業部門を切り離して、会社本体を縮小、合理化することがあります。MBOを活用すれば、低コストで迅速に事業部門や子会社を売却できます。また、MBOであれば、従業員や労働組合の理解も得やすいという利点があります。さらに、MBOを行うと子会社の経営陣や従業員が、経営者意識を持って業務に取り組むようになり、モチベーションのアップが期待できます。

▌独占禁止法との関係にも注意する

一定規模以上の会社が合併を行う場合には、独占禁止法の企業結合規制に注意する必要があります。独占禁止法では、一定規模以上の企業同士が合併する場合、公正取引委員会への事前届出が必要とされています。

具体的には、国内売上高合計額が200億円を超える会社と、国内売上高合計額が50億円を超える会社が合併する場合には、事前の届出が必要となります。届出が受理されてから30日間は合併が禁止されます。

この規制に違反すると、公正取引委員会から合併無効の訴えを提起されて（独占禁止法18条）、合併が無効と取り扱われることもありますので、合併のスケジュールには十分に注意しましょう。

また、届出を受けた公正取引委員会は、合併が一定の取引分野の競争を実質的に制限する場合などには、合併を禁止することがあります。

10 事業譲渡のしくみについて知っておこう

譲渡する資産・負債は自由に決められるメリットがある

事業譲渡とは

会社が保有する従業員・工場・設備・仕入先・納入先・金銭など個々の財産は、その財産以上の価値を持ちませんが、会社は、各々の財産を上手く組み合わせて、1つのしくみとして機能させることで利益を生み出しています。この「利益を生み出すしくみ」を「事業」といいます。

事業譲渡とは、会社の事業を他に譲渡（売却など）することです。これに対し、会社そのものを売る場合は、企業譲渡（会社譲渡）または企業売却（会社売却）といいます。

事業譲渡は、①会社を倒産から救う、②会社を清算する、③事業再編をするなどの場合に使われます。

事業譲渡と企業譲渡は似て非なるものです。事業譲渡は会社の経営体制（株主や取締役等）に変化を与えませんが、企業譲渡は株式の売却を伴う会社の経営権・支配権の譲渡を意味しますので、株主が入れ替わり、それに合わせて取締役も交代するという大きな違いがあります。

事業譲渡の形態としては、①手がけている事業を全部譲渡する場合と、②複数ある事業のうち重要な事業を譲渡する場合があり、原則として株主総会の特別決議（52ページ）が必要となります。一方、事業を譲り受けるときも、事業の全部譲受の場合には、原則として株主総会の特別決議が必要となります。

ただし、簡易事業譲渡と略式事業譲渡の場合には、株主総会の特別決議を省略できます。

事業を譲渡した会社（譲渡会社）は、事業譲渡の日から20年間、一定地域内で譲渡した事業と同一の事業を行うことが禁止されます（競業避止義務）。事業譲渡に合わせて商号を引き継ぐこともできます。譲受会社は、会社法上、譲渡会社の債権者に対しても弁済責任を負うこともあるので気をつけなければなりません。

なお、平成27年5月施行の会社法改正で、残存債権者（譲受会社に引き継がれない債務の債権者）を害することを知りながら、その債務を不

PART 2 会社の組織と法務

71

当に免れようとして行う詐害事業譲渡について、その残存債権者を保護する規定が設けられました（会社法23条の2）。

事業譲渡の手続きの流れ

事業譲渡は以下の手続きの流れで行われます。

① **事業譲渡契約の締結**

事業譲渡契約は、財産や設備といった単なる「モノ」の譲渡ではなく、事業そのものを譲渡する契約です。

② **取締役会決議**

会社法上、「重要な財産の処分」「重要な財産の譲受け」については、取締役会の決議が必要です。

③ **株主総会の決議**

事業譲渡が「事業の全部の譲渡」または「事業の重要な一部の譲渡」にあたる場合は、原則として譲渡会社の株主総会の特別決議が必要になります。一方、事業譲受については、他社の事業を全部譲り受ける場合に、原則として譲受会社の株主総会の特別決議が必要になります。

④ **反対株主の株式買取請求**

事業譲渡に反対の株主は、会社に対して株式の買取を請求する権利があります。

⑤ **権利移転の手続き**

事業譲渡の場合は、譲渡する事業に関連した個々の資産について、個別に権利を移転させる手続き（債権譲渡など）が必要です。

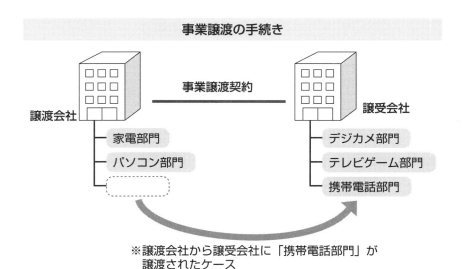

事業譲渡の手続き

※譲渡会社から譲受会社に「携帯電話部門」が譲渡されたケース

11 会社分割のしくみについて知っておこう

吸収分割と新設分割の2つの方法がある

会社分割とは

会社分割とは、1つの会社を2つ以上の会社に分けることです。会社分割には吸収分割と新設分割の2つの方法があります。**吸収分割**とは、会社が切り分けた事業を既存の他の会社に継承させる（引き継がせる）方法です。**新設分割**は、会社が切り分けた事業を新設した会社に継承させる方法です。事業を分割する側の会社を分割会社、事業を継承する会社を承継会社と呼びます。

会社分割を使う場面として、吸収分割の場合は、不採算事業を他社（承継会社）に売却し、他社から受け取る金銭などを用いて自社を建て直す方法としておもに活用されます。

これに対し、新設分割の場合は、自社から不採算事業を切り分け（他社に売却しない）、その事業の再生を図る方法としておもに活用されます。既存の会社を借入金や不良資産だけを持つ会社と優良資産を持つ会社に分割するのです。借入金や不良資産だけを持つ会社が承継会社

に、優良資産を持つ会社が分割会社となり、承継会社の親会社となります。親会社は優良資産を持っていますので、投資や融資による資金を集めやすくなります。一方、子会社は借入金と不良資産しかありませんので、借入金の免除や借入条件の変更を債権者に頼むことになります。親会社は投資や新規融資で集めた資金の一部を子会社の借入の返済に充て、残りを事業資金に回して事業を継続します。子会社に移った債務が一部でも返済されると、既存の債権者も債務の免除や借入条件の変更に応じやすくなると考えられます。

会社の1つの事業を別の会社に移転させる方法として会社分割を利用するメリットとして、会社分割は譲渡対価としての金銭の交付が不要であるという点があります。また、会社分割は債務の承継にあたって、事業譲渡や現物出資と異なり、個々の債権者の承諾を得る必要がなく、現物出資の場合に要求されている検査役の調査も不要です。

会社分割の手続きについて

　会社分割を行うためには、吸収分割の場合は「吸収分割契約書」、新設分割の場合は「新設分割計画書」を作成する必要があります。吸収分割契約書、新設分割計画書の策定後に、利害関係者の承認を得ます。さらに分割会社・承継会社では、会社分割の効力発生日の前日までに、株主総会の特別決議（52ページ）による承認を受けます。株主総会の開催にあたり、それらに関する資料を会社分割の効力発生日まで会社の本店に置き、株主や債権者が閲覧できるようにします。なお、会社分割には簡易分割の制度があります（吸収分割には略式分割もあります）。

　総会決議に反対する株主は、保有する株式を会社に対して買い取るように請求できます。会社分割では債権者の保護も必要です。会社分割によって不利益を被るおそれのある債権者は、異議を申し立てることができます。

　最後に登記を申請します。吸収分割では、分割会社と承継会社の双方について変更登記を申請します。一方、新設分割では、分割会社について変更登記と、新しく設立する会社についての設立登記を申請します。

分割契約書の法定記載事項

　会社分割のうち「吸収分割契約書」の法定記載事項は、以下の通りです（会社法758条）。

① 分割会社および承継会社の商号と住所

② 承継会社が分割会社から承継する資産・債務・雇用などの権利・義務に関する事項

③ 分割により分割会社または承継会社の株式を承継会社に承継させる場合はそれに関する事項

④ 承継の対価として株式・金銭等を支払う場合はそれに関する事項

⑤ 承継会社が分割会社の新株予約権の新株予約権者に対して、その新株予約権に代わる承継会社の新株予約権を交付する場合はそれに関する事項

⑥ ⑤の場合には、分割会社の新株予約権者に対する承継会社の新株予約権の割当に関する事項

⑦ 効力発生日

⑧ 分割会社が効力発生日に全部取得条項付種類株式の取得や一定の剰余金の配当を行うときはその事実

会社分割の際に注意すること

　吸収分割において、承継会社が吸収分割の分割会社に一定の種類株式

を交付する場合は、承継会社の種類株主総会決議が必要です。

会社分割の際の注意点は、吸収分割の場合に分割会社は承継会社から適正な対価を受け取らなければならない、ということです。適正な対価を受け取らずに分割会社が会社清算の手続きをするような場合、分割会社は債権者から偽装倒産の疑いで裁判所に訴えられる恐れがあります。最悪の場合、会社分割そのものが無効となる可能性があります。

ただし、承継会社は必ずしも自社の株式を交付する必要はなく、承継会社が親会社株式を取得し、分割会社に交付することが可能です。

なお、会社分割に伴う分割会社の従業員の雇用関係については「会社分割に伴う労働契約の承継等に関する法律」（労働契約承継法）で規定されています。具体的には、分割の対象になる事業におもに従事していた労働者に対して、異議申立ての方法や承継会社の事業内容などの一定の事項を通知することにより、その労働者の承諾を得ずに、労働契約を承継会社に引き継ぐことが認められています。

PART
2

会社の組織と法務

会社分割の手続き

●新設分割

分割計画の作成

F社（分割会社） → 権利義務を引き継ぐ → G社（新設会社）

G社株式を交付 ㈱

●吸収分割

分割契約の締結

H社（分割会社） → 権利義務を引き継ぐ → I社（承継会社）

I社株式を交付 ㈱

相談　会社分割と債権者保護規定

Case　会社分割が行われた場合に、承継会社や分割会社の債権者を保護するための規定は存在するのでしょうか。

回答　会社分割では、会社の資産が不当に外部へ流出して、債権者が自己の債権を回収できなくなるおそれがあるため、会社法は、債権者を保護するための規定を設けています。具体的には、会社分割に異議のある債権者に対して、会社は、債務の弁済、担保の提供、相当の財産の信託などを行う必要があります。また、会社分割に異議のある債権者は、会社分割に重大な法令違反がある場合に、会社分割無効確認の裁判を起こす資格が与えられています。

　承継会社の債権者は、吸収分割について常に異議を述べることができます。そこで、承継会社には、債権者に異議を述べる機会を与えるために、催告・公告を行うことが求められています。債権者への公告は官報によって行い、相手方がわかっている債権者に対しては、個別に催告を行うことも必要です（官報による公告に加え、定款で定めた日刊新聞または電子公告を行う場合は、債権者への個別の催告を省略できます）。一方、分割会社の債権者が異議を述べることができるのは、次の場合です。

① **分割対価として取得した承継会社の株式を、剰余金として分割会社の株主に交付する場合**

　この場合、分割会社の責任財産（強制執行ができる財産）が減少するため、分割会社の債権者の全員が異議を述べることができます。

② **債権者が分割会社に対して債務の履行を請求できなくなる場合**

　会社分割によって分割会社に債務の履行を請求できなくなる債権者は異議を述べることができます。平成27年の会社法改正で、残存債権者（分割会社に債務の履行を請求できなくなる債権者）を害することを知りながら、その債務を不当に免れるために行われる濫用的会社分割について、残存債権者を保護する規定が設けられています（会社法759条4項など）。

12 倒産制度のしくみについて知っておこう

倒産にも私的な手続と法的な手続がある

法的整理と任意整理について

倒産とは、簡単にいえば、経営が成り立たなくなることです。ここでは「個人や企業が経済的に破たんして債務の支払いが困難になった状態」という程度にゆるやかに理解しておきましょう。

会社が倒産状態であれば、何らかの手立て（倒産処理手続）を考えなければなりません。倒産処理手続にもいろいろあります。まず、裁判所の関与を求めて法令の規制に従った手続を法的整理、それ以外の手続を私的整理といいます。

また、危機に瀕した事業者や会社を立ち直りの方向に向かわせる再建型の手続もあれば、最終的に消滅させる方向に向かわせる清算型の手続もあります。再建型の手続として、①特定調停、②民事再生手続、③会社更生手続が挙げられます。①②③の順に、法的規制がだんだん厳しくなっていきます。一方、清算型の手続の代表として、④破産手続があります。さらに、自らの意思で事業を終結させる、⑤通常清算という手続もあります。どの手続を選択するかは、企業が置かれている状況と経営者の意思にかかっています。

私的整理は任意整理とも呼ばれます。この手続は裁判所を通さない、あくまでも関係者の同意に基づくソフトな手続ですから、ロスも少なく柔軟な対応が可能です。再建型としても清算型としても、どちらにも利用可能な方法です。

法的整理に要する時間や費用企業価値の毀損を考えると、できれば、話し合いで解決したいというのが経営者でしょう。しかし、実際は、私的整理は、以下の条件でのみ可能です。

① 公租公課の滞納がない

公租公課の滞納がある場合は、国税等はすぐに差押えをします。

② 債務者と金融機関や大口債権者との間に強い信頼関係があり、金融機関や大口債権者の同意を得ている

私的整理は、裁判所等の監督下で行われないので不正・違法が横行しやすく、関係者から厳しい視線が向

PART 2 会社の組織と法務

77

けられます。

③ 労働組合等の介入の恐れがない

かつては、企業の倒産整理として
は、会社の私的整理が主流でしたが、
今は、多くの弁護士は、会社の私的
整理を敬遠します。後日、関係者か
ら訴えられるリスクがあるからです。
裁判所も、「私的整理は、整理屋の
横行を許す」として私的整理そのも
のに対しては非常に懐疑的です。

しかし、ⓐ弁護士が関与する一方
で整理屋が関係しておらず、ⓑ金融
機関や大口債権者の主導で行われ、
ⓒ公租公課の滞納がなく、ⓓ公明性、
公開性が確保されているのであれば、
合理的な選択方法です。

■ どんな手続きをするのか

弁護士が介入した任意整理につい
ては、①会社財産の保全、②受任通
知の発送、③債権者集会、④同意書
の提出という流れになっています。

① 会社財産の保全

会社に債務の支払いに充てること
ができる財産がどのくらいあるかを
調べて、その確保を図ります。

② 受任通知の発送

会社は、弁護士に依頼して、債務
整理を行う旨の受任通知を債権者に
発送します。受任通知の発送前には、

債務整理の大まかな方針を立ててお
き、債権者から説明を求められた時
に答えられるようにしておきます。

③ 債権者集会

債権者集会は、債務整理に至った
経緯や債務整理案を債権者に説明し、
その債権者の同意を得るために開か
れます。債務整理案は、大口の債権
者や重要な取引先債権者と協議の上
で作成するのが通常で、それからす
べての債権者に提示されます。

④ 債権者からの同意書の提出

債権者の全員から同意書の提出が
あれば、債務整理案は成立し、後は
債務整理案通りに配当や債務の弁済
を行うことになります。同意書を提
出しない債権者がいる場合には、特
定調停や法的整理の利用を検討しな
ければなりません。

■ 再建型手続きには４つある

ここでは、①任意整理、②特定調
停、③会社更生、④民事再生の順に
見ていきましょう。

① 任意整理（私的整理）

法定の手続に拘束されない任意整
理は、現在も多く利用される方法で
す。費用を節約し、迅速に処理する
ことができます。手続は、基本的に
は当事者間の取り決めに従えばよい

だけなので、関係者の状況に応じた柔軟な対応が可能です。

② **特定調停**

経済的に破たんするおそれのある債務者が再生を果たせるように、債務者が負っている金銭債務に関する利害関係の調整を図ろうとする手続です。厳密にいえば倒産処理手続ではありませんが、再建に向けた話し合いのできる方法であるのは確かです。特定調停は個人・法人（会社など）を問わず利用できます。ただ、会社の再建においては、あまり利用されていないようです。

③ **会社更生**

窮地に陥っているが再建の見込みのある株式会社について、破産を避けて維持更生させようとする手続です。大企業の再建型手続としては最適な制度といえます。ただ、経営者は原則として会社から退陣させられてしまいます。もう少し柔軟にできる再建型手続ということで、民事再生という手続きが用意されています。

④ **民事再生**

債務者の事業を再生するため、裁判所の監督の下で、債権者の権利行使を制約しつつ、再生計画の成立・遂行を図る手続です。破産や会社更生とは異なり、原則として債務者が財産の管理処分権を持ったまま民事再生手続を行っていきます。なお、株式会社以外の形態の会社でも、中小・零細企業でも、個人でも民事再生手続を利用することができます。

民事再生は、債務者が「支払不能に陥りそうなおそれがある場合」に申し立てます。支払不能とは、債務者が、支払能力を欠くために、その債務のうち弁済期にあるものにつき、一般的かつ継続的に弁済することができない状態のことをいいます。

法的整理の種類

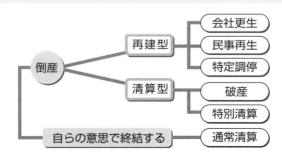

清算型の手続きの全体像をつかむ

清算型の倒産手続について、①任意整理、②破産、③特別清算、④通常清算、⑤休眠会社化の順に見ていきましょう。

① 任意整理

裁判所の介入なしに債務者が多数の債権者と個別に和解をし、倒産手続を行うことです。事業を終結させて、財産関係を清算しようという場合にも、任意整理は利用されます。

法的整理と異なり、任意整理（私的整理）について直接規定する法律はありません。たとえば、各債権者との間に債務の50％を10年で返済するというような個々の合意ができたとします。そのような合意をもとに進めていく手続が任意整理です。

② 破産

破産は、支払不能や債務超過にある債務者について、会社に残っている全財産を裁判所から選任された破産管財人の手で処分し、すべての債権者に公平に配分しようという手続です。破産管財人には、通常は弁護士が選任され、それまでの会社の経営者が破産管財人の任務にあたることはありません。ただ、すべて金銭換価をするので、時間がかかるというデメリットがあります。

③ 特別清算

解散して清算手続に入った株式会社に、清算手続を遂行していくのに著しい支障を生じさせるような事情があるとき、または債務超過の疑いがあるときには、特別清算という手続に移行することがあります。

ただ、清算型の事案が100件あるとすれば、そのうち9割以上は破産手続で行われ、残りの1割弱が特別清算で行われているのが実情です。

④ 通常清算

必ずしも債務超過に陥っているわけではないが、自らの意思で株式会社を解散・消滅させる手続が、会社法の規定する通常清算です。

⑤ 休眠会社化

一切の事業活動を停止させて、会社としての実体をなくしてしまうという方法もあります。会社は、登記簿上は存在し続けますが、目を覚ましてまた活動を始めるということはあまりありません。

中小企業再生支援協議会という手続き

中小企業の救済措置として、中小企業再生支援協議会があります。東京都では東京商工会議所が受託・運営しています。この手続きは私的整

理ですから、企業価値の毀損も最小限に抑えられます。

中小企業の経営者から相談を受けた協議会は、金融機関と企業の仲に立ち、第三者的立場から金融機関に債権の免除を働きかけ、5年以内に債務超過を解消する、3年以内に経常利益が黒字になるという要件をクリアする再生計画案を作成してくれることになっています。

しかし、一方、金融機関が債権を免除することは、現実にはそう多くないため、使い勝手が悪いとして敬遠する経営者もいます。

■事業再生ADRという手続き

中小企業再生支援機構同様、裁判外紛争解決手続で、企業価値の毀損も最小限に抑えられますが、おもに大企業を対象とした手続きです。この制度の最大のメリットは以下のものがあります。

① 債権放棄の無税償却ができる
② 本業をそのまま継続しながら、手続きを続けられる
③ つなぎ資金の融資には、優先的な取り扱いがされている
④ 不成立の場合、法的再生手続きに移行できる

手続きとしては「事前審査→手続き開始決定→債権者に対して債務の支払いの一時停止の通知→債権者会議で計画案等の概要の説明と手続実施者の選任→手続同意→私的整理成立→計画の実行」と進みます。

その一方で、倒産の危機にある企業に、つなぎ融資などしてくれる銀行、債務免除してまで再建させようという銀行が、現実にどの程度あるのか、という疑問の声もあります。

任意整理と法的整理の比較

	メリット	デメリット
任意整理	・費用が安い ・対外的に知られないですむ ・債権者の同意の下に 　弁済計画を立てられる	・一部の債権者の意向に 　引きずられやすい ・整理屋などの介入のおそれがある ・履行が確実に行われないこともある
法的整理（法的な倒産手続）	・財産がすべての債権者に 　公平に分配される ・担保権の実行を中止できる 　ことがある	・申立費用が高く、手続きに 　時間がかかる ・対外的に知られてしまう

※法的な倒産手続には、清算型（破産、特別清算）と再建型（民事再生、会社更生）がある。

13 民事再生手続きについて知っておこう

再生計画案を債権者に納得してもらう

民事再生手続きとは

　民事再生は、原則として、債務者である会社の経営陣が業務執行や財産管理を続けながら、会社の再建を図る手続です。具体的には、債権の支払いを引き伸ばしたり、その一部をカットすることを債権者に認めてもらいます。民事再生手続きが開始すると、債務者は再生債務者、債権者は再生債権者、債権は再生債権と呼ばれるようになります。

　債務者は、以下の2つの場合に民事再生の申立てができます。

① 債務者に破産手続開始の原因となる事実が生ずるおそれがあるとき

② 債務者が事業の継続に著しい支障をきたすことなく弁済期にある債務を弁済することができないとき

　債権者は、上記の①の場合にしか民事再生手続を申し立てることができません。②については、会社の内情に通じた会社自身にしか判断することができないからです。

原則として経営陣が経営を続ける

　破産手続きにおいては、破産管財人が選任されて、手続開始後の財産管理等はすべて破産管財人が行うことになります。

　これに対して、会社の民事再生手続きにおいては、原則として、手続開始後も債務者である会社の経営陣が業務遂行と財産管理を行います。このような手続きを、DIP（Debtor In Possession）型手続きといいます。

　しかし、既存の経営陣が会社に居座ることを常に許容するわけではありません。既存の経営陣の非常に悪質な経営によって会社の財産状況が悪化したような場合においては、既存の経営陣に経営をまかせていたのでは会社を立ち直らせることができる可能性は極めて低いため、既存の経営陣には退陣してもらう必要があります。したがって、民事再生手続きにおいても管財人を選任することができます。管財人が選任されると、経営陣は業務遂行や財産管理をする権利を失い、会社の経営をすること

ができなくなります。

民事再生手続きの申立てを行うことができるのは、債務者と債権者です（これらの者を申立権者といいます）。申立権者から民事再生手続きの申立てが行われ、裁判所がその申立てを認めることを開始決定といいます。この申立てから開始決定までは、通常約1〜2週間程度かかります。

この間、申立てを行った会社の取引先が、会社の財産状況に不安をいだいて、他の取引先を出し抜いて、自分にだけ代金の支払いを求めることなどがないように（これを認めると他の取引先との関係で不公平となります）、保全処分という手続きが裁判所によって行われます。

他に強力な処分として中止命令・取消命令があります。再生債権者が個別に行った仮差押や強制執行（競売等）などについて、中止や取消の命令を裁判所がすることです。さら

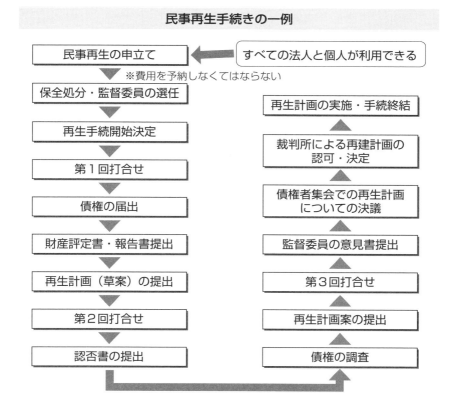

民事再生手続きの一例

に強力な処分として、包括的に再生債権者の権利行使を一切禁止する包括的禁止命令があります。

民事再生手続きは、前ページ図の流れに沿って行われます。開始決定を出してもらうための3つの要件とは、①債務者に手続開始原因があること、②申立権者による適法な申立てであること、③申立ての棄却事由が存在しないことが必要です。①の要件については「債務者に破産手続開始の原因となる事実が生ずるおそれがあるとき」か、または「債務者が事業の継続に著しい支障をきたすことなく弁済期にある債務を弁済することができないとき」に、手続開始原因があることになります。

再生計画の効力が生じるまでの流れ

再生計画案は、再生債務者をどのようにして再生させるかを具体的に定めたものです。この再生計画が再生債権者や裁判所に認められるかによって、民事再生が成功するかどうかが決まります。したがって、再生計画案は非常に重要なものです。

再生計画案は、①再生債務者が作成し、②裁判所に提出した上で、③再生債権者による再生計画の決議を得て、④裁判所による認可決定を受けると、再生計画としての効力が生じます。通常の民事再生手続きにおいては、債権者集会で再生計画案の決議を得なければなりません。再生計画を可決するには、次の2つの要件を充たす必要があります。

・議決権を行使した議決権者の過半数の同意
・議決権者の議決権総額の2分の1以上を有する者の同意

債権者集会によって再生計画が可決されても、裁判所による再生計画の認可決定の確定がなされなければ、再生計画は効力を生じません。

一方、再生計画の認可決定を受けた後、即時抗告期間を経過すると、再生計画は確定し、その効力が生じます。再生債務者は、再生計画の効力発生後は、適正に再生計画を遂行する必要があります。監督委員は、再生計画の認可決定後、3年間は再生計画を監督することによって、再生債務者が不適切に計画を遂行することを防ぎます。

14 破産手続きについて知っておこう

株式会社などは支払不能に加えて債務超過も破産となる

法人が破産するときの手続き

法人の破産とは、支払不能や債務超過にある法人の残っている全財産を裁判所から選任された破産管財人の手で処分し、すべての債権者に公平な配分をめざす手続きです。

破産手続きは、地方裁判所に対する申立て（破産手続開始の申立て）から始まります。申立人が貸主（債権者）である場合を債権者破産、借主（債務者）自身が破産の申立てをする場合を自己破産といいます。

借金の支払いができない状態を広い意味で支払不能といいます。個人の破産の場合は、支払不能が破産原因でしたが、株式会社や合同会社の場合には、さらに債務超過も破産原因になります。債務超過というのは、帳簿上の債務の評価額の総計が、資産の評価額の総計を上回ってしまっていることをいいます。合名会社や合資会社については、債務超過は破産原因ではありません。法人が破産する場合は一般に管財事件になります。

法人が破産手続開始決定を受けれ

ば、その法人は解散しなければなりません。破産手続が終了すれば法人自体が消滅してしまいますから、個人の破産の場合のように、後に免責ということは問題になりません。

以下、破産手続の特色について簡単に見ておきましょう。

① 債務者は管理処分権を失う

財産処分権が、破産管財人に帰属します。したがって、債務者は財産の管理処分権を失います。

② 法人は手続終了後消滅する

総財産を換価し分配してしまうので、法人の場合、破産手続終了後は消滅してしまいます。

③ 公租公課が優先される

破産では、総財産を換価し分配するのですが、公租公課（税金など）の支払いについては優先されます。

④ 担保権者（別除権者）の権利行使は妨げられない

質権や抵当権を持つ債権者は、破産手続によらず担保権を実行できます。担保権を実行して回収できなかった部分は、破産手続において権

利を行使することができます。

⑤　**金銭による平等弁済**

　破産管財人によって、総財産は金銭に換価されます。そしてその金銭が債権額に応じて債権者に平等に分配され、弁済されることになります。

⑥　**配当率は一般的に低い**

　まずは破産者の財産の把握が必要ですが、倒産時の混乱により書類などが散逸している可能性があります。破産手続の終了までには時間がかかり、配当があったとしても本来の債権額の３〜５％程度にしかならないことがほとんどです。

▌管財事件の手続きの流れ

　破産者に配当できる財産や不動産がある場合には、裁判所は破産管財人を選任して、破産者の財産の換価・配当という手続をとります。この手続が本来の破産手続です。破産管財人が選任される場合を管財事件といいます。管財事件は通常、以下のような手続で進行していきます。

①　**予納金の納付**

　破産手続きを行うには予納金を納める事が必要です。予納金が無事に納められれば、破産手続開始決定と同時に破産管財人が選任され、さらに債権届出期間、債権者集会期日（財

産状況報告集会）、債権調査期日が決められます。これ以降は、破産管財人が財産の換価、契約の終了などすべての破産管財業務を行います。

②　**破産管財人の選任**

　破産管財人に選任されるのは、弁護士です。選任は裁判所が行います。破産管財人が選任されると破産者の財産を管理・処分する権限はすべて破産管財人に移ります。破産管財人は破産者の財産を迅速・正確に調査し、すべての債権者に公平に分配できるように手続を進めていきます。

③　**債権届出期間の決定**

　裁判所は破産手続開始決定の日から２週間以上４か月以内の日を債権届出期間として指定します。債権者はこの期間に債権を届け出ることにより破産債権者となり、債権者集会で議決権を行使できます。

④　**債権者集会（財産状況報告集会）の期日の指定**

　破産手続では、破産債権者による決議がなされます。債権者の意思を尊重し、公平を図るためです。そこで、財産状況などを債権者に報告する場として、債権者集会が行われます。原則として裁判所は破産手続開始決定と同時に第１回債権者集会の期日を指定します。ただ、債権者集

会は必ず開催しなければならないわけではありません。

⑤　債権調査期日の指定

債権届出期間の最終日との間に1週間以上2か月以内の間をおく必要があります。債権の存在や債権額・順位などを確定し、将来、債権者に配当するための準備がなされます。

⑥　破産財団の換価・配当

破産者に残っている財産は破産財団という形でまとめられ、やがて売却され金銭に換えられます（換価）。換価の対象となるおもなものは、ⓐ土地・建物などの不動産、ⓑ自動車、ⓒ機械類、ⓓ什器・備品、ⓔ有価証券などです。ただし、不動産は多くの場合、抵当権などの担保権が設定されていて、余剰価値がないことが多いです。破産管財人は裁判所の監督の下で、破産財団に含まれる財産を現金にして債権者に分配する準備をします。破産管財人は、原則として債権額に按分比例（債権額の多さに応じて配当する金額を割り振る）して、届け出ている債権者に順次分配していきます。これが配当です。配当が終了すると破産手続は終了します。

法人の破産手続き

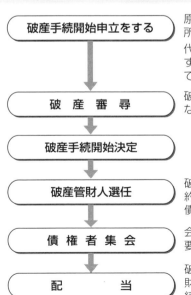

破産手続開始申立をする
- 原則として本店所在地を管轄する地方裁判所に申し立てる
- 代表者以外の取締役は取締役会の決議をせずに1人で会社についての破産の申立てができる（準自己破産）

破産審尋
- 破産手続開始決定前に会社の資産が失われないよう保全処分が行われることがある

破産手続開始決定

破産管財人選任
- 破産管財人は、財産の管理・換価、法律・契約関係の処理・整理、破産債権の調査、財団債権の処理などの業務を行う

債権者集会
- 会社の取締役や執行役は債権者集会で、必要な説明をする義務がある

配当
- 破産手続きの過程で、配当を行えるほどの財産がないことが判明した場合には破産手続きは廃止される（異時廃止）

15 解散・清算手続きについて知っておこう

会社解散後、債権債務を整理して残余財産を株主に分配する

解散とはどのようなものなのか

解散は、会社の法人格を消滅させるきっかけです。あくまで「きっかけ」なので、解散すれば直ちに会社が消滅するわけではありません。会社を消滅させるには、解散後に清算の手続きを経る必要があります。

清算とは、債権債務の後始末や、残余財産の株主への分配などを行う手続きです。

なお、解散しても清算手続きが行われない場合もあります。会社の破産や合併の場合です。破産の場合は、破産手続きによって処理されます。一方、合併の場合は、被合併会社（消滅会社）が解散と同時に消滅し、清算は行われません。

会社法では、会社が解散する原因について、①定款で定めた存続期間の満了、②定款で定めた解散事由の発生、③株主総会の決議、④合併により会社が消滅する場合、⑤破産手続開始の決定、⑥裁判所による解散命令、⑦休眠会社のみなし解散の制度という7つを規定しています。

株式会社が①から③までの事由によって解散した場合には、清算が完結するまで、株主総会の決議によって、株式会社を継続（会社継続）することができます。なお、③株主総会決議による解散が実務上最もよく行われています。

清算手続きとは

会社を作るときには、会社の種類によって決められた手続きを踏んで、設立登記をすれば会社は成立します。しかし、会社を終わらせる場合には、解散登記をすればそれで終わりというわけにはいきません。会社などの法人が事業活動を終わらせることが解散ですが、その後に残務処理や財産整理が残っています。

解散した会社について、債権債務の後始末をして、残った財産を株主に分配する手続きが**清算**です。清算に関する業務は清算人が担当します。清算中の会社は、清算の目的の範囲内でのみ存続を許されているため、営業活動を行うことができません。

88

なお、清算手続中に、後述の特別清算や、破産などの清算型の倒産処理手続きに移行する場合があります。具体的には、債務超過の「疑い」がある場合は特別清算に移行し、債務超過であることが「明らか」になった場合は破産手続きに移行するのが一般的です。

　清算の手続きにより、解散会社についての法律関係を整理し、会社財産を換価処分します。会社法には、①清算人の職務や員数（人数）、②清算人を選ぶ方法、③代表清算人を選ぶ方法、④清算人会の設置、⑤監査役・監査役会の設置などが規定されています。

　また、清算の手続きには、通常の清算の手続き（通常清算）と特別清算があります。清算会社は、清算の目的の範囲内で権利義務をもちます。清算会社の職務を行うため、清算人が置かれます。定款や株主総会の決議による場合以外は、原則として取締役が清算人になります（弁護士などが清算人から委任を受けて清算の手続きを行うこともあります）。定款の定めにより、清算人会、監査役、監査役会を置くこともできます。

　会社法では、清算人は１名以上いればよいとされています。ただし、監査役会設置会社は、清算人会の設置が義務付けられているため、清算人が３名以上必要です。

　会社法では、清算人会が置かれた場合は代表清算人を選ぶ必要があり、その人が清算会社を代表します。清

PART 2　会社の組織と法務

解散事由の発生後の手続き

清算手続中、債務超過の疑いが判明した場合は特別清算、債務超過が明らかな場合には破産の対象になる

解散後、清算結了に至っていない会社が事業を再開するとき

解散事由の発生

↓

解　　散

↓

清算手続き

破産・特別清算

会　社　継　続

清　算　結　了

算人会を置かない場合には、清算人全員が清算会社を代表します。

清算人は、①現務の結了（完結）、②債権の取立て・債務の弁済、③残余財産の分配を行う他、清算会社を代表します。清算人は、任務を怠って会社に損害を与えたときは、その損害を賠償する責任を負います。会社を代表すべき清算人が、解散及び清算人就任登記や、清算結了の登記の申請を行うことになります。

清算手続きの流れ

株主総会決議によって解散した場合を例にとって、清算手続きの流れを見ていきましょう。

まず、株主総会で解散決議を行いますが、この決議の際に清算人の選任も併せて行う場合が多いようです。

清算人が解散決議後すぐに行うべきことが２つあります。解散及び清算人の登記の申請と、債権者に対する官報公告等です。債権者に対する公告期間の経過後、債権者に債務を弁済します。そして、債務の弁済後に、残った財産があれば、株主に分配します。

残余財産の分配が終わり、清算事務が結了すると、清算人は決算報告を作成して、株主総会の承認を得ま

す。決算報告が株主総会で承認されると清算の手続きは終了となり、会社（法人格）は消滅します。清算人は、株主総会で決算報告が承認された日から２週間以内に、清算結了の登記を申請しなければなりません。

特別清算に移行することもある

清算人により、現務の結了、債権の取立て・債務の弁済、残余財産の分配が行われた後に、決算報告を行い、株主総会の承認を受け、清算結了の登記を行います。

もっとも、清算の遂行に著しい障害をきたす場合、または債務超過の疑いがある場合には、申立てにより、特別清算の手続に移行します。特別清算では、裁判所の監視の下、会社債権者間の実質的な平等を図りながら、厳格に手続が進められます。債権者集会が招集され、清算会社と協定をし、裁判所の認可を受けて協定内容が実行に移されていきます。

なお、特別清算開始後、協定の見込みや協定の実行の見込みがないとき、または特別清算によることが債権者の一般の利益に反するときには、裁判所は、破産手続開始の決定をしなければなりません。

PART 3

雇用と法務

1 法定労働時間のルールと働き方改革について知っておこう

週40時間、1日8時間の労働時間が大原則である

「働き方改革関連法」との関係

長らく労働法制においては、長時間労働の是正と、形態としての多様な働き方に関する法制化が求められてきました。そこで、これらの目的を達成しようと、2018年通常国会にて、**働き方改革関連法**（働き方改革を推進するための関係法律の整備に関する法律）が成立しました。働き方改革関連法は、長時間労働の是正に関する事項については、2019年4月より施行されます。そして、多様な働き方を認め、公正な待遇の確保に必要な事項については、2020年4月から施行されます。

長時間労働の是正策として、「労働時間等の設定の改善に関する特別措置法」の改正により、労働者の健康や福祉の観点から、使用者（事業主）は、前日の終業時刻と翌日の始業時刻との間に一定時間の休息を労働者のために設定するように努めることが明記されました（勤務間インターバル制度の普及促進）。また、労働基準法改正では、労働時間の是

正策として、罰則付きの時間外労働の上限規制などが設けられました。

その他にも、時間外労働に対して支払われる割増賃金率について、月60時間を超える分の時間外労働に関しては割増賃金率を50％以上とするという規制について、2023年4月から中小企業も対象に含めることになりました。また、10日以上の年次有給休暇（年休）が与えられる労働者に対して、使用者は、そのうちの5日について毎年時季を指定し、労働者に付与することが義務付けられます。

もう一つ、働き方改革関連法の目玉となるのは「特定高度専門業務・成果型労働制」（高度プロフェッショナル制度）の創設です。この制度は、少なくとも年収1000万円以上の労働者が、高度な専門的知識が必要である業務などに従事している場合、年間104日の休日を確保する一方で、労働時間・休日・深夜労働に関する割増賃金などの規定を適用しません。

その他、フレックスタイム制については、従来は1か月であった清算

期間について、3か月まで延長が可能になりました。

法定労働時間に関するルール

労働基準法には「法定労働時間（週40時間、1日8時間）を超えて働かせてはならない」という原則があります。使用者は法定労働時間を守らなければならないのが原則であり、例外的事由もなく使用者が法定労働時間を超えて労働者を働かせることは、刑事罰（6か月以下の懲役または30万円以下の罰金）の対象となります。

例外的な事由として、災害をはじめ臨時の必要性があり許可を得ている場合や、三六協定の締結・届出がある場合には、例外的に法定労働時間（週40時間、1日8時間）を超えて労働者を業務に従事させることができます。法定労働時間を超える労働を**時間外労働**といい、時間外労働に対しては割増賃金の支払いが必要です。

もっとも、終業後の残業について、8時間の枠を超えていなければ、時間外労働にはなりません。この場合の残業を**法定内残業**といいます。法定内残業は時間外労働ではありませんから、使用者は割増賃金ではなく、通常の賃金を支払えばよいわけです。

なお、働き方改革関連法に伴う労働基準法改正で、原則として月45時間、年360時間という時間外労働の上限が明示されました。また、①年間720時間を超えてはならない、②月45時間を超える月数は1年に6か月以内にしなければならない、③1か月100時間未満に抑えなければならない、④複数月の平均を月80時間以内に抑えなければならない、という長時間労働の上限規制に従わないと罰則の対象になることも明示されました。

勤務間インターバル制度

勤務間インターバル制度とは、労働者が1日の勤務が終了（終業時

割増賃金を支払う義務が生じる場合

93

刻)してから、翌日の勤務が開始(始業時刻)するまでに、一定時間以上経過しなければならないとする制度をいいます。終業時刻から翌日の始業時刻までに休息時間(勤務間インターバル)を確保し、労働者の長時間労働を解消することが目的です。

企業が勤務間インターバル制度を導入すると、労働者は、一定の時間(＝勤務間インターバル)について、いわば強制的に休息時間を確保することが可能になります。

もっとも、勤務間インターバル制度は、あまり普及していません。そこで、厚生労働省は、勤務間インターバル制度を導入した企業のうち、一定の条件を満たす企業に対して、企業の申請に応じて、勤務間インターバル制度を導入するにあたり、企業が負担した費用の一部を助成する「時間外労働等改善助成金(勤務間インターバル導入コース)」という制度を設けています。

なお、勤務間インターバル制度によって始業時刻が繰り下げられた場合、繰り下げられた時刻に相当する時間の賃金に関する問題が生じます。たとえば、繰り下げられた時間については、労働免除とするという方法が考えられます。労働免除が認められると、繰り下げられた時間分については、労働者は賃金を控除されません。

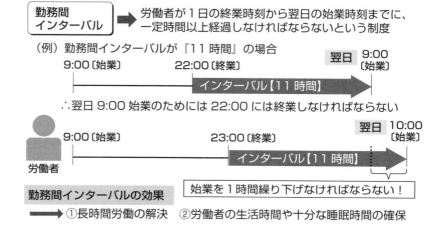

2 変形労働時間制について知っておこう

労働時間を合理的に使うことができる

変形労働時間制とは何か

業種に応じては、忙しいときは労働時間を長くして、逆に暇なときは労働時間を短くしたり、休日にしたりする方が合理的といえます。そこで考えられたのが**変形労働時間制**です。

変形労働時間制とは、一定の期間を通じて、平均して「1週40時間（特例措置対象事業場は44時間）」の範囲内であれば、特定の日や特定の週に「1日8時間、1週40時間」を超えて労働させてもよいとする制度です（特例措置対象事業場とは、従業員数が常時10人未満の商業、制作事業を除く映画・演劇業、保健衛生事業、接客・娯楽業の事業場です）。

1か月単位の変形労働時間制とは

1か月以内の一定期間を平均して、1週間の労働時間が40時間を超えなければ、特定された日または週に、法定労働時間（1週あたり40時間、1日あたり8時間）を超えて労働させることができる制度です。1年単位の変形労働時間制や1週間単位の変形時間労働制とは異なり、各週・各日の労働時間については、上限が規定されていません。

1か月単位の変形労働時間制を導入するとよい企業は、たとえば月初や月末だけ忙しくなる仕事のように1か月の中で仕事量に繁閑のある業種や職種における利用が考えられます。

PART 3

雇用と法務

変形労働時間制と時間外労働

【原則】法定労働時間 ⇒ 1日8時間・1週40時間

∴ 4週間（1カ月）では … 40時間×4週間 ＝ 160時間

【変形労働時間制】（例）単位を4週間（1カ月）として月末に忙しい商店の場合

【第1週】 ⇒40時間	【第2週】 ⇒40時間	【第3週】 ⇒32時間	【第4週】 ⇒ 48時間

4週間（1カ月）を通じて
〈40時間＋40時間＋32時間＋48時間＝160時間〉

∴時間外労働にあたる労働時間は発生しないと扱われる！

95

もっとも、変形期間の法定労働時間の総枠を超える時間は時間外労働にあたりますので、当然ですが割増賃金の支払いが必要です。

1年単位の変形労働時間制とは

1か月超1年以内の中で設定した対象期間における労働時間の平均が1週間あたり40時間を超えない範囲で、特定の週や日において法定労働時間（1週40時間、1日8時間）を超えて労働者を労働させることが認められている制度をいいます。なお、週40時間の法定労働時間については、特例措置対象事業場では週44時間による運用が認められていますが、1年単位の変形労働時間制を採用する場合は、この特例が適用されません。

1年単位の変形労働時間制を採用するためには、事業場の労働者の過半数で組織する労働組合（そのような労働組合がない場合は過半数代表者）との間で締結する労使協定で、一定の事項を定めなければなりません。さらに、締結した労使協定は事業場の住所地を管轄する労働基準監督署に提出する必要があります。

1年単位の変形労働時間制には、対象期間中の労働日数と労働時間について上限があります。労働日数に

ついては、対象期間が3か月を超えるときは、1年あたり280日が限度となります（3か月以内のときの限度は設けていません）。労働時間については、対象期間の長さに関係なく、1日あたり10時間、1週あたり52時間が限度になります。また、原則として、対象期間が3か月を超えるときは、対象期間中の労働時間が48時間を超える週が連続する場合の週数が3以下であり、かつ、対象期間を初日から3か月ごとに区切った各期間において労働時間が48時間を超える週の初日の数が3以下である、という制限があります。

また、対象期間において連続して労働させることができる日数は6日が限度です。ただし、特定期間は1週間に1日の休日が確保できればよいとされていますので、最長で連続12日間労働させることができます。

以上の労働時間の上限を超える労働は時間外労働（または休日労働）として割増賃金の対象になります。

1週間単位の非定型的変形労働時間制

日ごとに繁閑の大きな差があり、就業規則などで各日の労働時間を特定することが困難な事業の場合、1

週間を単位として所定労働時間を調整できるとした方が効率的です。そこで、小売業など接客を伴う常時30人未満の限定された事業場では、1週間の所定労働時間が40時間以内（特例措置対象事業場も同じです）であれば、1日の労働時間を10時間まで延長できることにしました。この制度が「1週間単位の非定型的変形労働時間制」です。

この制度により、1日あたり10時間、1週間あたり40時間の枠組みの中で、比較的自由に労働時間を設定することが可能になります。

ただし、1週間単位の非定型的変形労働時間制の導入には、事業場の労働者の過半数で組織する労働組合（そのような労働組合がない場合は過半数代表者）との間で労使協定を締結し、事業場の住所地を管轄する労働基準監督署への届出が必要です。

もっとも1週間単位の非定型的労働時間制においては、1日あたりの労働時間が10時間以内で定めなければなりません。これを超過する場合は、1週間の労働時間の合計が40時間以内に収まっていても、割増賃金の支払いが必要になります。

1週間単位の非定型的労働時間制は、事前に労使協定を結ぶ必要があると共に、書面での各日の労働時間の通知が毎週必要になるため、零細事業者には手間がかかる制度といえます。そのため、実際にはあまり活用されていません。

1か月単位の変形時間労働制における労働時間の変更

【シフト表】

月	火	水	木	金	土	日
1日 ⑦	2日 休日	3日 ⑥	4日 休日	5日 ⑦	6日 ⑥	7日 ⑦
8日 ⑦	9日 休日	10日 ⑥→⑧	11日 休日	12日 ⑦	13日 ⑥→⑧	14日 ⑦
15日 ⑨	16日 休日	17日 ⑩	18日 休日	19日 ⑨	20日 ⑩	21日 ⑨
22日 ⑨	23日 休日	24日 ⑩	25日 休日	26日 ⑨	27日 ⑩	28日 ⑨
29日 ⑧	30日 休日	31日 ⑧				

※○内の数字は労働時間を表す

〔労働時間〕

⇒ **22日間で176時間**

∴週平均40時間に収まる

（例）10日と13日の労働時間を6時間から8時間などに変更できない

⇒ **変形時間の途中での変更は原則許されない**

∴事前に全労働日の労働時間を労働者に通知する

3 フレックスタイム制について知っておこう

就業規則などに制度を定めて、労使協定を結ぶ

始業と終業の時刻を選択できる

　事業の内容によっては、労働者が自分で出退勤の時刻を決めることが適している場合があります。このような事業について有効な制度が**フレックスタイム制**です。労使協定を締結すると共に、清算期間が1か月超の場合は、労働基準監督署への届出が必要になります。

　フレックスタイム制は、3か月以内の一定の期間（清算期間といいます）内の総労働時間を定めておいて、労働者がその範囲内で各日の始業と終業の時刻を選択することができる制度です。2018年の労働基準法改正で、フレックスタイム制の清算期間の上限が1か月から3か月に延長されました。フレックスタイム制が、いくら比較的自由に、労働時間のやりくりを労働者が行うことができるといっても、ある程度、拘束された計画の中で、仕事を進めていかないと、労働者は、決められた労働時間分の労働に満たないということが起こる可能性がありました。しか

し、清算期間が3か月に延長されると、ある特定の月において、労働者の事情により、十分に労働に従事できない場合であっても、他の月にその分の労働時間を振り分けることで、定められた労働時間を、より幅広い裁量の下で、労働者が仕事をこなしていくことが可能になります。

　フレックスタイム制を導入する場合、事業場の労働者全員が必ず労働しなければならない時間帯を設けるのが一般的です。この時間帯を**コアタイム**といいます。もっとも、コアタイムなしという形でフレックスタイム制を採用することも可能です。また、コアタイムの上限時間もありませんが、コアタイムを定める場合には、必ず労使協定を結ぶ必要があります。そして、コアタイムの前後の一定の範囲で、労働者が自由に始業時刻と終業時刻を選択できる時間帯を**フレキシブルタイム**といいます。フレキシブルタイムの中では、労働者は自由に始業・終業の時刻を決定できますが、労働者の健康面からも深夜に

労働に従事させることは好ましくないため、終業時刻を22時程度に設定している企業が多いのが実情です。

割増賃金の支払義務が生じる場合

フレックスタイム制を採用した場合、割増賃金の支払義務が生じるかどうかは、清算期間が1か月以内であるか、それとも1か月超であるかで取扱いが異なります。

① 清算期間が1か月以内の場合

清算期間を平均して1週間あたりの労働時間が週40時間（週44時間の例外あり）の法定労働時間の枠を超えなければ、1週間または1日の法定労働時間を超えて労働させても割増賃金を支払う必要はありません。

② 清算期間が1か月超の場合

次の2つの要件を満たす範囲内であれば、1週間または1日の法定労働時間を超えて労働させても割増賃金を支払う必要はありません。

ⓐ 清算期間を平均して1週間あたりの労働時間が法定労働時間の枠を超えないこと。

ⓑ 清算期間を1か月ごとに区分した各期間（最後に1か月に満たない期間が生じた場合はその期間）を平均して1週間当たりの労働時間が50時間以下であること。

総労働時間と賃金支払いの関係

フレックスタイム制を採用するときは、清算期間における「総労働時間」（労使協定で定めた総枠）を定めなければなりません。清算期間における実際の労働時間が総労働時間と異なる場合には調整が必要ですが、特に上回っていた場合には、過剰した部分の賃金は、その期間の賃金支払日に支払わなければならず、支払いを翌月に繰り越すことはできません。

フレックスタイム制度の例

相談　事業場外みなし労働時間制

Case 営業職でほとんど外勤の社員について、賃金の算定の基礎である、労働時間の管理はどのようにすればよいでしょうか。

回答 労働基準法は、労働時間の算定が困難な労働者について、**事業場外みなし労働時間制**という制度を採用することを認めていいます。

事業場外での勤務をおもに行い、労働時間の具体的な管理が難しい事業場外労働者について、労働基準法は、「事業場外（事業場施設の外）で業務に従事した場合において、労働時間を算定しがたいときは、所定労働時間労働したものとみなす」（38条の2第1項本文）と定め、容易な労働時間の算定方法を提示しています。事業場外みなし労働時間制の採用が考えられる例として、外勤の営業職や報道関係などの記者、出張中の場合などが挙げられます。

労働基準法は、「当該業務を遂行するためには通常所定労働時間を超えて労働することが必要となる場合には、当該業務の遂行に通常必要とされる時間労働したものとみなす」（38条の2第1項但書）とも規定しています。これは、所定労働時間内に終了できない仕事である場合は、始業時刻から終業時刻まで労働したとはみなさず、その仕事をするのに通常必要な時間労働したとみなすことを意味します。

事業場外みなし労働時間制を採用するためには、その旨を就業規則に規定することが必要です（労働者が常時10人以上の事業場では、労働基準監督署への就業規則の届出も必要です）。基本的には事業場外で労働に従事する事業場の労働者すべてが対象に含まれます。

ただし、外で働く場合に労働時間を算定できるケースがあります。たとえば、労働時間を管理する立場にある上司と同行して外出する場合は、その上司が始業時刻や終業時刻を把握・記録することができますから、事業場外みなし労働時間制は採用できません。これを採用するには、会社が「労働時間を算定しがたい」といえる状況であって、客観的に見て、労働時間の算定が困難な業務内容であると認められることが必要です。

なお、事業場外みなし労働時間制は、事業場外の労働時間の全部または一部を所定労働時間とみなす制度です。その労働が所定労働時間を超えて労働しなければ業務を遂行できない場合もありますので、通常は所定労働時間を超える業務を遂行する場合の「当該業務の遂行に通常必要とされる時間」（通常必要時間）について労使間で労使協定を結んでおくとよいでしょう。

　そして、業務を遂行するのに、通常は所定労働時間を超えない場合は所定労働時間労働したものとみなし、通常は所定労働時間を超える場合は「通常必要時間」または「労使協定で定めた時間」を労働時間とみなすこととしています。これによって、時間外手当の計算が簡単になりますが、時間外手当を支払わなくてもよいわけではありません。労使協定で定めた時間が1日10時間なら8時間超となるため、1日2時間の残業代を支給することが必要です。このように、定められている労働時間が8時間を超えていれば残業代の支払いが必要になります。

　8時間を超えるみなし労働時間を定めた場合は、締結した労使協定を届け出ることが必要となることに注意しなければなりません。

　また、営業担当者の事業場外での労働時間は管理できないとして「営業手当」を支給し、残業代を営業手当に含めている会社もあります。しかし、通常必要時間が8時間を超える場合は、月にどの程度事業場外での労働があるかを把握し、「営業手当は○時間分の残業代を含む」（固定残業代）という形で就業規則などで明記しておかなければ、別途残業代の支払いが必要になります。

午後から外回りに出た場合の労働時間の算定

4 裁量労働制について知っておこう

労使協定により定めた時間を労働したものとみなす制度

裁量労働制とは

労使協定により、実際の労働時間と関係なく、労使協定で定めた時間を労働したとみなす制度が設けられています。このような労働を**裁量労働**といい、裁量労働により労働時間を測る方法を**裁量労働制**といいます。裁量労働制には、専門業務型裁量労働制と、企画業務型裁量労働制の2種類があります。

専門業務型裁量労働制とは

業務の内容が専門的であるために、労働時間の管理などについて、労働者自身に委ねることが適切である場合に、実労働時間に代わり、みなし労働時間を用いて、労働時間の算定を行う制度を、専門業務型裁量労働制といいます。

専門業務型裁量労働制にいう専門業務とは、新商品や新技術の研究開発など、19種類の業務があります。

専門業務型裁量労働制は、会社側にとって、労働時間の算定を容易にする効果があります。ただし、みなし労働時間が時間外労働の場合などに

専門業務型裁量労働制を導入する際に労使協定で定める事項

1	対象業務の範囲
2	対象労働者の範囲
3	1日のみなし労働時間数
4	業務の遂行方法、時間配分などについて、従事する労働者に具体的な指示をしないこと
5	労使協定の有効期間（3年以内が望ましい）
6	対象業務に従事する労働者の労働時間の状況に応じた健康・福祉確保措置
7	苦情処理に関する措置
8	⑥と⑦の措置に関する労働者ごとの記録を有効期間中と当該有効期間後3年間保存すること

は、割増賃金の支払いが必要になります。また、専門業務型裁量労働制は、労働者の労働時間や勤務形態の把握が困難になるおそれもあります。

企画業務型裁量労働制とは

企画型業務型裁量労働制とは、事業の運営（企画、立案、調査及び分析の業務）に関する特定の業務を担う労働者の労働時間に関して、みなし労働時間を用いて労働時間管理を行う制度をいいます。対象になる労働者は、対象業務について使用者から具体的な指示を受けずに、業務を遂行できる知識や技量が必要です。

企画業務型裁量労働制は、専門業務型裁量労働制と同様に、会社側にとって、労働者の労働時間の算定が容易になります。ただし、割増賃金の支払いが必要になる場合がある他、制度の採用にあたり、労使委員会の決議が必要であるなど、手続が煩雑である点には注意が必要です。

なお、2018年の労働基準法改正では実現が見送りになりましたが、対象業務に「課題解決型提案営業」と「裁量的にPDCAを回す業務」という2類型を追加すること、対象労働者の健康確保措置を充実すること、手続の簡素化などが検討されています。

企画業務型裁量労働制の要件

1	対象事業場	②の対象業務が存在する事業場（本社・本店等に限る）
2	対象業務	事業の運営に関する事項（対象事業場の属する企業などにかかる事業の運営に影響をおよぼす事項と当該事業場にかかる事業の運営に影響をおよぼす独自の事業計画や営業計画をいう）についての企画、立案、調査と分析の業務であって、当該業務の性質上これを適切に遂行するにはその遂行の方法を大幅に労働者の裁量にゆだねる必要があるため、当該業務の遂行の手段と時間配分の決定などに関し使用者が具体的な指示をしないこととする業務
3	決議要件	委員の5分の4以上の多数による合意
4	労使委員会	委員の半数は過半数組合（ない場合は過半数代表者）に任期を定めて指名されていることが必要
5	定期報告事項	対象労働者の労働時間の状況に応じた健康・福祉を確保する措置について報告
6	決議の有効期間	3年以内とすることが望ましい

相 談 特定高度専門業務・成果型労働制

Case 私は金融商品の開発を行っていて、年収は900万円程度です。高度プロフェッショナル制度の対象に含まれる場合があるでしょうか。

回 答 2018年成立の労働基準法改正により、**特定高度専門業務・成果型労働制（高度プロフェッショナル制度）が導入されました**（以下「高プロ制度」と省略）。高プロ制度は、職務の範囲が明確である年収の高い労働者が、高度な専門的知識を要する業務に従事するなどの要件を満たすことで、新たな労働時間制度の選択肢となるものです。時間ではなく成果で評価される働き方を希望する労働者の需要に応える目的で創設された一方、長時間労働が常態化するおそれがあるため、使用者は、高プロ制度の対象労働者に対し、一定の休日を確保するなどの健康確保措置をとる義務を負います。

高プロ制度を導入する場合には、事業場において、使用者側と当該事業場の労働者側の双方を構成員とする「労使委員会」を設置しなければなりません。その上で、労使委員会の委員の多数（5分の4以上）により、対象業務や対象労働者などの事項に関する決議をして、行政官庁に届け出ることが必要です。さらに、高プロ制度が適用されることについて、対象労働者から書面による同意を得ることが求められます。同意をしなかった労働者に、解雇その他の不利益な取扱いを行うことは許されません。なお、高プロ制度の適用を受けて働き初めてからも、その適用を労働者の意思で撤回できます。

高プロ制度を導入する際に、労使委員会で決議すべきおもな事項は、①対象業務の範囲、②対象労働者の範囲、③健康管理時間、④長時間労働防止措置といった事項です。特に、高プロ制度の対象業務は、高度の専門的知識等が必要で、業務に従事した時間と成果との関連性が強くない業務です。たとえば、金融商品の開発業務、金融商品のディーリング業務、アナリストによる企業・市場等の高度な分析業務、コンサルタントによる事業・業務の企画・運営に関する高度な助言などの業務が念頭に置か

104

れています。

　また、高プロ制度の対象労働者は、年収見込額が基準年間平均給与額の3倍の額を相当程度上回る水準以上（厚生労働省令により年収1075万円以上となる予定）である必要があります。

　高プロ制度では、①労働基準法上の1日8時間、1週40時間という労働時間の規制、②6時間を超えて働かせる場合の45分以上の休憩、8時間を超えて働かせる場合の1時間以上の休憩を取らせるという休憩時間の規制、③週1回の休日または4週4回の休日を取らせるという休日の規制に加えて、④深夜労働に関する規制の適用も除外されます。これにより、高プロ制度の対象労働者に対しては、時間外・休日・深夜の各労働に対する割増賃金の支払義務がなくなるため、法案審理では「残業代ゼロ法案」であるとの批判もありました。

　さらに、厚生労働省は、高プロ対象者の年収の中に、通勤手当が含まれる場合があるとの立場をとっています。たとえば、新幹線などを用いて通勤している労働者は、収入の内訳として通勤手当に該当する金額が相当な割合におよぶため、通勤手当を含めると年収が上記の水準を超えて、高プロ制度の対象になる可能性があります。

　本ケースの労働者も、新幹線通勤をしており、年間の通勤手当が200万円近くになるような特殊な場合には、通勤手当を含めると年収見込額が1075万円を超えて、高プロ制度の対象になる可能性があります。

特定高度専門業務・成果型労働制

特定高度専門業務・成果型労働制（高度プロフェッショナル制度）

対象労働者

・年収が年間平均給与額の
　3倍以上
・対象業務
　⇒高度な専門的知識など

→

健康確保措置
・年間104日の休日を確保する措置の義務化
・インターバル措置（努力義務）　など

成果型報酬制度の導入
・法定労働時間（週40時間、日8時間）、休憩時間、休日、深夜労働に関する労働基準法上の規制の適用対象外　など

5 割増賃金について知っておこう

残業などには所定の割増賃金の支給が義務付けられている

割増賃金とは

使用者は、労働基準法37条により、労働者の時間外・深夜・休日労働に対して、賃金の割合率に従って求めた、割増賃金の支払義務を負います。

代替休暇とは

長時間労働の代償として割増分の残業代の支払いに代えて、休暇を付与する方法（**代替休暇**）もあります。

代替休暇は労働者の休息の機会を与えることが目的ですので、付与の単位は1日または半日とされています。なお、通常の割増率の部分については、これまで通り25％以上の割増率による割増賃金の支払いが必要です。

代替休暇を付与するには、事業場の過半数組合（ない場合は過半数代表者）との間で労使協定を締結しなければなりません。労使協定で定める事項は、①代替休暇として付与できる時間数の算定方法、②代替休暇の単位、③代替休暇を付与できる期間、④代替休暇の取得日の決定方法、⑤割増賃金の支払日です。

①の時間数の算定方法は、1か月の時間外労働時間数から60を差し引いてから、換算率を乗じます。たとえば、法定通りの割増率の場合、60時間を超えた部分の時間外労働の割増率50％から通常の時間外労働の割増率25％を差し引いた「25％」が換

賃金の割増率

時間帯	割増率
時間外労働	25％以上
時間外労働（月60時間を超えた場合の超えた部分）	50％以上 ※
休日労働	35％以上
時間外労働が深夜に及んだとき	50％以上
休日労働が深夜に及んだとき	60％以上

※労働時間が1か月60時間を超えた場合に支払われる残業代の割増率については、2023年（平成35年）4月1日より、中小企業に適用される。

算率です。③の代替休暇を付与できる期間については、労働基準法施行規則で、時間外労働をした月から2か月以内と定められています。

割増賃金の計算の手順

割増賃金を計算する手順は、まず月給制や日給制などの支払方法にかかわらず、すべての労働者の1時間あたりの賃金を算出します。ただし、1か月の所定労働時間が月によって異なる場合に、月ごとに所定労働時間を計算してしまうと、毎月の給与は同じであっても割増賃金の単価（1時間あたりの賃金）が毎月違う、という不都合が生じてしまいます。そこで、月給制の1時間あたりの賃金を計算する場合、年間の所定労働時間から1か月あたりの平均所定労働時間を計算して、「月給（基本給）÷1か月の平均所定労働時間」で1時間当たりの賃金を求めます。

そして、上記のように求めた1時間当たりの賃金に割増率を掛けた金額が割増賃金になります。

また、個人的事情にあわせて支給される賃金もあります。家族手当や通勤手当がこれにあたります。これらの個人的事情にあわせて支給される賃金は割増賃金の計算の基礎となる賃金から除かれます。

割増賃金の計算の基礎から除く手当としては、①家族手当、②通勤手当、③別居手当、④子女教育手当、⑤住宅に要する費用に応じて支給する住宅手当、⑥臨時に支払われた賃金、⑦1か月を超える期間ごとに支払われる賃金があります。

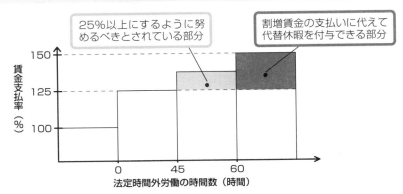

割増賃金の支払いと代替休暇の付与

相談 三六協定

Case 時間外労働に関する「三六協定」には、法的にどのような効果が認められるのでしょうか。

回答 時間外労働は、原則として労使間で時間外労働について労使協定を結び、その範囲内で残業を行う場合に認められます。この労使協定は、労働基準法36条に由来することから**三六協定**といいます。三六協定は事業場ごとに締結しなければなりません。事業場の労働者の過半数で組織する労働組合（過半数組合がないときは労働者の過半数を代表する者）と書面による協定（三六協定）を締結し、これを労働基準監督署に届ける必要があります。三六協定は届出をしてはじめて有効になります。ただし、三六協定は個々の労働者に残業を義務付けるものではなく、「残業をさせても使用者は刑事罰が科されなくなる」（免罰的効果）というだけの消極的な意味しかありません。

三六協定で締結すべき事項に関連して、2018年成立の労働基準法改正で、時間外労働の限度時間が労働基準法で明記されました。つまり、労働者の同意があっても、使用者は、原則として1か月につき45時間、1年間につき360時間を超える時間外労働をさせることはできません。また、2018年成立の雇用対策法改正で、事業主（使用者）に対して労働時間の短縮など労働条件の改善に努力する義務が明記されました。しかし、なお限度時間を超過してしまう場合には、所定の要件を備えた「特別条項付き時間外・休日労働に関する協定」（特別条項付き協定）を締結しておけば、限度時間を超えて時間外・休日労働をさせることができます（2018年成立の労働基準法改正で明記されました）。

もっとも、2018年成立の労働基準法改正で、三六協定や特別条項付き協定を締結したとしても、労働基準法違反の長時間労働（93ページ）をさせたときは、刑事罰の対象になることが明記された（6か月以下の懲役または30万円以下の罰金）ことに注意を要します。

6 配置転換と出向について知っておこう

労働者やその家族の生活に重大な影響を与える

配転命令権の行使と限界

配置転換とは、使用者が労働者の職場を移したり、職務を変更することをいいます。一般的には「配転」と略称されます。配転のうち、勤務地の変更を伴うものを特に「転勤」といいます。配転は労働者やその家族に大きな影響を与えることもありますが、会社には人事権がありますから、原則として業務上の必要性がある場合に、労働者に対し配転を命じること（配転命令）ができます。

ただし、①労働基準法の国籍・社会的身分・信条による差別、②男女雇用機会均等法の性別による差別、③労働組合法の不当労働行為などに該当するような配転命令は無効となります。つまり、使用者が労働者を差別的に取り扱ったり、労働組合の正当な活動を不当に侵害するために配転命令権を行使することは許されないということです。

配転が行われる目的は、人事を活性化させて、社員を適材適所に配置することで、会社の業務の効率を向上させることにあると考えられています。その他、新事業に人材を配置する場合や、職務能力の開発・育成を行う手段として、配転が行われる場合もあります。さらに配置転換により、会社内の各部署の力の過不足を調整することも可能です。

そして、使用者が配転命令を出す場合、労働契約の中で労働者が配転命令を受け入れることに合意しているのが前提であり、そのような合意がなければ配転命令は無効です。ただし、就業規則の中で「労働者は配転命令に応じなければならない」などの規定があれば、配転命令に応じる内容の労働契約が存在すると一般に考えられています（包括的同意）。

なお、最近は配転命令権の行使が労働契約の範囲を超える場合は、使用者側から労働契約の内容を変更する申し出をしたものととらえ、労働者の同意がない場合、配転は成立しないと考える立場が有力です。労働契約の内容の変更に該当するかどうかは、配転による勤務地あるいは職

種の変更の程度により判断されます。

一方、配転は労働者の生活に重大な影響を与えることがありますから、配転命令の受入れに合意している場合でも、正当な理由があれば配転命令を拒否できることがあります。たとえば、老いた両親の介護を自分がしなければならない場合です。労働者が配転命令に納得しない場合、最終的には裁判所で争うことになります。その場合、判決が出るまでには通常長い期間がかかるため、比較的早く結論が出る仮処分（判決が確定するまでの間、仮の地位や状態を定めること）の申立てがいっしょに行われるのが普通です。

なお、労働者は、業務命令に違反したという理由で懲戒解雇されることを防ぐため、仮処分が認められるまでは、とりあえず配転命令によって命じられた業務につくという方法をとることもあります。

また、配転命令は、目的や状況によっては、権利濫用としてパワハラとなる場合があります。なぜなら、パワハラには、たとえば業務上の必要性がないにもかかわらず、能力や経験とかけ離れた程度の低い仕事への配転を命じることなども含まれるとされているからです。

勤務場所の限定

たとえば、新規学卒者（特に大学以上の卒業者）は社員と会社との間で勤務地を限定する旨の合意がある場合は別ですが、全国的な転勤を予定して採用されるのが一般的だといえます。この場合は、住居の変更を伴う配転命令であっても、使用者は業務上必要な人事権として行使することができます。

これに対して、現地採用者やパート社員などのように採用時に勤務地が限定されている場合は、本人の同意なく一方的に出された配転命令は無効とされます。また、勤務地が労働契約で定まっていない場合の配転命令は、業務上の必要性や労働者の不利益を考慮した上で有効性が判断されます。

職種の限定

職種については、採用時の労働契約や、会社の労働協約・就業規則などによって、あるいは労働契約の締結の過程で職種を限定する合意が認められれば、原則として他の職種への配転には労働者の承諾が必要となります。たとえば、医師、弁護士、公認会計士、看護師、ボイラー技師などの特殊な技術・技能・資格をも

つ者の場合、採用時の労働契約で職種の限定があると見るのが通常であるため、労働者の合意を得ずに出された一般事務のような他の職種への配転命令は無効とされます。

また、厳密な職種の概念が定義されていない職場でも、職種の範囲を事務職系の範囲内に限定して採用した場合は、職種のまったく異なる現場や営業職への配転は同様に解釈することができます。実際の裁判例では、語学を必要とする社長秘書業務から警備業務へ職種を変更する配転命令を無効としたケースがあります。しかし、整理解雇（116ページ）を防止するために新規事業を設立して配点させることは許容される傾向があります。単に同一の職種に長年継続して従事してきただけでは、職種限定の合意があったとは認められにくいといえます。

在籍出向と転籍出向がある

一言で**出向**といっても、そのタイプは２つあります。１つは、労働者が雇用先（出向元）に雇用関係（籍）を残したまま一定期間、他の企業で勤務するもので**在籍出向**といいます。単に「出向」という場合は在籍出向を指すことが多いといえます。在籍出向では出向期間終了後に出向元へ戻るのが通常です。もう１つは、雇用先から他の企業に完全に雇用関係を移して勤務するもので移籍出向または**転籍**といわれます。

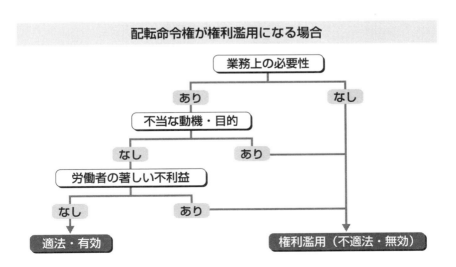

配転命令権が権利濫用になる場合

相談 在籍出向と転籍出向

Case 在籍出向は人事権の濫用にあたらないのでしょうか。転籍との違い意を教えてください。

回答 労働者にとって、労働契約の相手方ではない別の企業の指揮命令下で労働することは、労働契約の重要な要素の変更ということになります。そのため、出向命令をするためには労働者の同意が必要になります。ただ、在籍出向については、雇用関係の変動を伴わないので、就業規則または労働協約に具体的な規定（出向義務、出向先の範囲、出向中の労働条件、出向期間など）があり、それが労働者にあらかじめ周知されている場合は、包括的な同意があったものとされます。そのため、企業は在籍出向について、労働者の個々の同意を得る必要はありません。ただし、実際の判例は、出向規定の整備、出向の必要性、労働条件の比較、職場慣行などを総合的に考慮して、労働者の包括的な同意があったかどうかを判断しています。

ただし、出向の命令が、その必要性や対象労働者の選定についての事情から判断して、権利を濫用したものと認められる場合には、その出向命令は無効になります（労働契約法14条）。有効な出向命令として認められるためには、労働者の（包括的）同意の存在と具体的出向命令が人事権の濫用にあたるような不当なものでないことが必要といえます。

●転籍とはどのようなものか

転籍は雇用先から他の企業に雇用関係（籍）を移して勤務するもので移籍出向ともいわれます。タイプとしては、現在の労働契約を解約して新たな労働契約を締結するものと、労働契約上の使用者の地位を第三者に譲渡するもの（債権債務の包括的譲渡）があります。最近では、企業再編が頻繁に行われており、これに伴って地位の譲渡による転籍も少なくありません。

長期出張、社外勤務、移籍、応援派遣、休職派遣など、社内的には固有の名称を使用していても、転籍は従来の雇用先企業との労働関係を終

了させるものであり、この点が在籍出向と大きく異なります。転籍では、労働契約の当事者は労働者本人と転籍先企業になりますので、労働時間・休日・休暇・賃金などの労働条件は、当然に転籍先で新たに決定されることになります。

こうしたことから、転籍を行う際には労働者の個別的な同意が必要と考えられています。就業規則や労働協約の転籍条項を根拠に、労働者の包括的な同意があるとすることは認められていません。そのため、労働者が転籍命令を拒否した場合でも懲戒処分を行うことはできません。ただし、転籍条項について、①労働者が具体的に熟知していること、②転籍によって労働条件が不利益にならないこと、③実質的には雇用先企業の他部門への配転と同様の事情があること、のすべての要件を充たせば、個別的同意がなくても転籍命令を有効とする判例も見られますが、極めて異例です。

なお、会社分割が行われて事業が別の会社に承継された場合、労働契約承継法により、原則としてその事業に従事していた労働者は、事業を承継した会社（承継会社）で引き続き雇用されることになります。しかし、その事業に主として従事していなかった労働者は、会社分割を理由として承継会社への配置転換（転籍など）を命じられたとしても、会社に対して申し出れば、元の会社に残ることができます。

出向と転籍の違い

	出向（在籍出向）	転籍（移籍出向）
労働者の身分	雇用先企業に残る（雇用先との雇用契約が継続する）	他の企業に移る（新たに他の企業と雇用契約を結ぶ）
期間経過後の労働者の復帰	通常は出向元に戻る	出向元に戻ることは保障されていない
労働者の同意	必要	必要
同意の程度	緩やか（個別的な同意は不要）	厳格（個別的な同意が必要）

相談 懲戒処分

Case 懲戒権の濫用は無効になると聞きましたが、どんな場合に問題となるのでしょうか。

回答 会社では多数の労働者を使用していますから、服務規律や職場の秩序など働く上での会社のルールをしっかり定めて、会社の目的に沿った会社活動を行うことが必要になります。労働者が会社のルールを破って職場の秩序を乱した場合、使用者は職場の秩序維持のために、労働者にペナルティ（制裁）を科すことになります。これを**懲戒処分**といいます。つまり懲戒処分とは、労働者が会社の規律に違反したときに行われる会社が行う制裁です。会社が行う懲戒処分の種類には、次ページ図のようなものがあります。

図中の譴責とは、将来を戒め、始末書を提出させる処分のことです。懲戒処分の中では比較的軽い処分ですが、昇給、昇格、賞与などの一時金の査定上不利に扱われることがあります（同様の処分で始末書までは提出させない処分を一般的に戒告といいます）。一方、懲戒解雇については、処分理由が懲戒解雇の場合よりも少しだけ軽い場合、本人の自発的退職という形での処分（諭旨解雇）が行われることもあります。

懲戒処分をするには、「懲戒事由」や「懲戒処分の種類」を就業規則に定めなければなりません。もちろん、就業規則に定めたからといって、会社の都合で勝手に懲戒処分が行えるわけではありません。懲戒処分に客観的・合理的な理由がなく、社会通念上相当とはいえない場合、その懲戒処分が「懲戒権の濫用」として無効となります（労働契約法15条）。

懲戒事由に該当しない場合が懲戒権の濫用になるのは当然です。懲戒処分が不当に重すぎる場合も懲戒権の濫用になります。その他、懲戒権の濫用が問題となるのは、以下のようなケースの場合です。

まず、懲戒は一種の罰を与えるようなものですから、刑罰が科されるときと似た原則が当てはまると考えられます。前述したように、懲戒の事由・種類・程度が就業規則で明記されていなければなりません。罪刑

法定主義類似の原則です。古い懲戒規定では問題なかった過去の行為を、新しい懲戒規定で処分対象になったからといって、遡って処分してはいけません（不遡及の原則）。同一の規律違反に対して、二度の懲戒処分を行うこともできません（一事不再理の原則）。次に、労働者を平等に扱わなければなりません。同じ懲戒事由には同じ種類の同じ程度の処分をすることが必要です（平等取扱いの原則）。また、処分は規律違反の種類や程度に応じたものでなければなりません（相当性の原則）。たとえば、1分の遅刻に「懲戒解雇」といった処分は許されません。さらに、手続的な正義が要求されます。つまり、就業規則に定められた懲戒処分に関する手続きは守られなければなりません。就業規則に定められていなくても、労働者に弁明の機会を設けるといった、通常取るべき手続きは、当然に取らなければなりません（適正手続）。

●トラブルを防ぐために注意しておくべきこと

懲戒処分に至るまでの記録を残すことで、トラブルになったときの証拠になります。懲戒処分が有効であることを証明する責任は会社側にあるので、証拠を残しておくことは非常に大切です。また、こうしておけば、過去にどのような行為にどのような処分がされたかを知ることができ、将来の懲戒処分のためにも役立ちます。

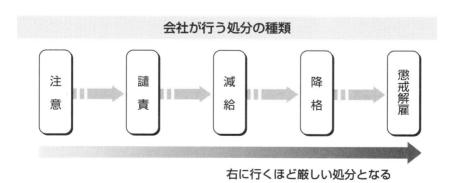

※この他に、謹慎処分（出勤停止）などの制裁がある

7 解雇について知っておこう

解雇と異なり退職勧奨する場合は社員の合意が必要

解雇も辞職も退職の一形態

労働契約が解消されるすべての場合を総称して退職といいます。つまり、辞職、解雇も、退職の1つの形態だといえます。

辞職は、労働者が一方的に労働契約を解除することです。民法では原則として2週間前に申し出れば辞職が可能です（民法627条1項）。

退職は、おもに使用者と労働者双方の合意に基づいて行われる契約関係の終了で、①労働者が退職を申し入れ、会社がこれを承諾した（自己都合退職）、②定年に達した（定年退職）、③休職期間が終了しても休職理由が消滅しない、④労働者本人が死亡した、⑤長期にわたり無断欠勤が続いている、⑥契約期間の満了（雇止め）といった事情がある場合に退職手続きをとる会社が多いようです。

退職に関する事項は、労働基準法により、就業規則に必ず記載すべき事項と規定されています。しかし、その内容についてはある程度各会社の事情に合わせて決めることができます。

解雇の種類

解雇とは、会社が一方的に雇用契約を解除することです。解雇の原因により、普通解雇、整理解雇、懲戒解雇などに分けられます。

整理解雇は経営不振による合理化など経営上の理由に伴う人員整理のことで、リストラともいいます。整理解雇を行うためには、解雇権の濫用にあたらないように、①経営上、人員整理の必要性があること、②整理解雇を回避する努力をしたこと、③解雇対象者の人選に合理性があること、④労働組合、労働者と十分な協議を尽くしたこと、が必要とされています。

懲戒解雇は、たとえば従業員が会社の製品を盗んだといった場合のように、会社の秩序に違反した者に対する懲戒処分としての解雇です。それ以外の解雇を普通解雇といいます。

労働者は解雇によって仕事を失う

ことになるため、労働契約法で使用者の解雇を制限しています。たとえば、いくら不況だからといっても、それだけの理由では解雇ができません。客観的で合理的な理由がなく、社会通念上の相当性がない解雇は、解雇権の濫用として無効とされています（労働契約法16条）。

また、解雇については各種の法律において、様々な制限が規定されています。たとえば、以下の内容を理由とする解雇は、法律上禁止されています。

① 国籍・信条・社会的身分・性別による差別的解雇
② 結婚・妊娠・出産による解雇
③ 産前産後休業や育児・介護休業の申し出や取得による解雇
④ 労働基準監督署に申告したことによる解雇

解雇予告、解雇予告手当とは

社員（労働者）が自分の都合で退職する場合と違い、会社は、①30日前までに解雇を予告した場合、②社員側の責任による懲戒解雇の場合、③やむを得ない事情があって解雇する場合を除いて、むやみに社員を解雇できないことになっています。

社員を解雇する場合、会社は、原則として解雇の予定日より30日以上前に、その社員に解雇することを予告しなければなりません（解雇予告）。しかし、どんな場合でも30日先まで解雇できないとすると、不都合な場合も出てきます。そこで、社員を即日（即時）解雇する代わりに、30日分以上の平均賃金（解雇予告手当）を支払う、という方法も認められています。この場合、会社としては、解雇する旨を伝えた日（即日解

PART 3
雇用と法務

解雇の種類

種　類	意　味
整理解雇	いわゆるリストラのこと。経営上の理由により人員削減が必要な場合に行われる解雇
懲戒解雇	労働者に非違行為があるために懲戒処分として行われる解雇
諭旨解雇	懲戒解雇の一種だが、労働者の反省を考慮し、退職金等で不利にならないよう依頼退職の形式をとる解雇のこと
普通解雇	懲戒解雇のように労働者に非違行為があるわけではないが、就業規則に定めのある解雇事由に相当する事由があるために行われる解雇

117

雇をする日）に、平均賃金（原則として過去３か月に支給された賃金の総額を同じ期間の総日数で割った金額のこと）の30日分以上を支払わなければならないことになります。

なお、解雇予告手当は即日解雇する場合だけでなく、たとえば業務の引き継ぎなどの関係で15日間は勤務してもらい、残りの15日分は解雇予告手当を支払う、という形で行うこともできます。いずれにしても、解雇予告手当を支払った場合には、必ず受け取った社員に受領証を提出してもらうようにしましょう。

懲戒解雇の場合には解雇予告が不要なのか

以下のケースにおいて、社員を解雇する場合は、解雇予告あるいは解雇予告手当の支払は不要とされています。

① 天災事変その他やむを得ない事由があって事業の継続ができなくなった場合

② 社員に責任があって雇用契約を継続できない場合

社員を解雇する際に、①に該当する場合には「解雇制限除外認定申請書」を、②に該当する場合には「解雇予告除外認定申請書」を、管轄の

労働基準監督署長に提出した上で、除外認定を受ける必要があります。

②の「社員に責任があって」というのは、法律上は「労働者の責に帰すべき事由に基づいて」と規定されているものです。懲戒解雇も②に該当するとされています。

ここで「労働者の責に帰すべき事由」とは、解雇の予告期間を置かずに即日解雇されたとしてもやむを得ないと判断されるほどに、重大な服務規律違反あるいは背信行為をした場合であると解釈されています。重大な服務規律違反・背信行為とは、たとえば社内で窃盗、横領、傷害などの犯罪行為を行った場合や、正当な理由もないのに無断欠勤を継続し、かつ出勤の督促にも応じない場合などが該当します。

解雇をする前に、該当する社員や関係者を対象とする聞き取り調査が実施される場合もありますから、事業場を管轄する労働基準監督署長に除外認定を申請する場合には、あらかじめ十分な証拠をそろえておくようにしましょう。

8 退職勧奨や解雇をめぐるトラブルについて知っておこう

社員に辞めてもらうように依頼するもの

解雇の通知は書面で行う

　社員を解雇する場合、口頭で伝えても法的には有効ですが、後の争いを避けるため、書面でも解雇を通知するのが賢明です。解雇の通知を伝える書面には「解雇予告通知書」（解雇を予告する場合）などの表題をつけ、解雇する相手、解雇予定日、会社名と代表者名を記載した上で、解雇の理由を記載します。就業規則のある会社の場合には、解雇の理由と共に就業規則の規定のうち、解雇の根拠となる条項の明記が必要です。

　即時解雇をする場合には、表題を「解雇通知書」などとし、解雇予告手当を支払った場合にはその事実と金額も記載するようにします。

　解雇（予告）通知書に詳細を記載しておくことで、仮に解雇された元社員が解雇を不当なものであるとして訴訟を起こした場合でも、解雇理由を明確に説明しやすくなります。

解雇理由証明書の交付

　「解雇理由証明書」は会社から解雇した社員に対して交付する書面で、解雇後に元社員から求められた場合には、解雇通知書を渡していたとしても交付しなければなりません。また、解雇の予告期間中に予告を受けた社員から交付を求められた場合にも、交付しなければなりません。

　「解雇理由証明書」には、解雇した相手（解雇予告期間中に交付する場合には、解雇の予告をした相手）、解雇した日時（解雇予定日）、解雇の理由を明記します。就業規則を作成する義務のある会社の場合には、解雇理由に加えて就業規則の根拠規定も記載しなければなりません。

　「書面を交付する」ということは、解雇された社員に対して、会社がその社員を解雇した理由を明示することを意味します。仮にその書面に記載した解雇の理由が不当な解雇と認められる内容であった場合には、後に訴訟などを起こされた際に不利な状況となりますので、記載内容には注意しましょう。

PART 3

雇用と法務

119

退職勧奨と合意書の作成

退職勧奨とは、使用者である会社側が労働者である社員に対して、会社を辞めるように頼むことです。

退職勧奨の場合には解雇のような強力な効果がないので、対象者の退職予定日の30日前までに予告するとか解雇予告手当を支払う義務も一切ありません。ただし、従業員が退職勧奨に応じたとしても、その合意が強迫（怖がらせて意思表示をさせること）や錯誤（表示と真意の食い違いに本人が気付いていないこと、勘違い）によると認められるときは、合意の意思表示を取消すことができます。場合によっては、民法上の不法行為（わざと、あるいは不注意によって、他人の身体や財産に損害を与えること）に該当し、損害賠償を請求されることもあります。

なお、雇用保険法による失業等給付（基本手当）の受給手続においては、退職勧奨による被保険者の資格喪失は「特定受給資格者」と認定されます。「特定受給資格者」は、リストラや倒産などによる非自発的離職者であり、一般の自発的離職者のような3か月間の基本手当の支給制限期間がないこと、支給期間が長いことが特徴として挙げられます。

また、退職勧奨により従業員が退職することに同意した場合、「退職合意書」などの書面を作成し、署名押印してもらうことが大切です。後に訴訟などに発展した場合に、会社側の言い分が認められず、不当な退職強要と扱われるおそれがあります。

退職証明書の記載内容の注意点

会社を退職した社員は、どのような経緯で退職に至ったのかを証明する書類（退職証明書）を、会社に交付するよう請求することがあります。請求を受けた場合、会社は速やかに交付しなければなりません。記載内容は、その元社員の雇用期間、従事していた業務、その職場における元社員の地位、賃金または退職の事由です。退職の事由が解雇の場合には、その理由も含まれます。

ただし、会社は退職した元社員が請求している事項だけを「退職証明書」に記載しなければなりません。特にその元社員の退職の事由が解雇の場合には注意が必要です。会社が解雇の理由を記載しようと思っても、その社員が解雇の理由の記載を求めなかった場合には、解雇の理由を記載することはできません。

9 メンタルヘルス対策と休職の取扱いについて知っておこう

休職の要件、取扱いを明確にしておくことが大切

心の病を未然に防ぐ

メンタルヘルス対策といわれる、社員の精神（心）の健康を保つためのケアも、従業員の身体面の健康管理と同様に、今や会社にとって必須の業務となっています。心の病によって、労働力が減少してしまうのは大きな痛手ですので、メンタルヘルス対策を積極的に推進することは会社にとって有効な手段です。

まずは、心の病をわずらう社員を出さないように、未然に防ぐ対策をとることが何より大切です。職場でメンタルヘルス不全を起こす要因は、職場の環境や仕事の質など、その職場で働く人であれば誰でも感じるようなものであり、放置すれば次々と同じような状態になる人が出てくる可能性があります。また、メンタルヘルス不全を起こす人が増えれば、当然職場の雰囲気は悪化します。本人の作業効率が落ちる分、同じ職場で働く人の精神的・肉体的負担は増大します。その結果、企業全体の生産性に影響が出てくるおそれがある

ことに留意して、社員全体のメンタルヘルスのバランスを考慮しながら、必要な防止策を講じていく必要があります。

社員がメンタルヘルス疾患等の症状を発症した場合には、状況に応じた対応が求められます。たとえば社員が「適応障害により3か月程度の療養を要する」という診断書を提出してきた場合、療養を許可することはもちろんですが、それと同時に職場環境を改善しなければ、3か月後に復職しても、再発の可能性が非常に高いといえます。もっとも、すでにうつ病等に罹患している社員については、休職扱いにするといった対策が必要になります。

一般に**休職**とは、労働者側の事由により、働くことができなくなった場合に、使用者が一定期間の労働義務を免除する処分をいいます。

労働基準法に根拠があるわけではなく、各々の企業において労働協約や就業規則で定めるのが通常であり、休職を認めるケースは様々です。

PART
3

雇用と法務

121

①業務外の負傷・疾病で長期間休業する場合の私傷病休職、②私的な事故による事故休職、③刑事事件で起訴された場合に社会的信用の維持や懲戒処分が決定されるまでの起訴休職、④不正行為を働いた場合の懲戒休職、⑤出向に伴う自社での不就労に対応する出向休職、⑥労働組合の役員に専念する場合の専従休職、⑦海外留学や公職への就任に伴う自己都合休職などがあります。

■休職期間中の取扱いについて

休職中も労働関係は解消されずに存続しているため、就業規則は原則として適用されることになります。

休職中は労務の提供はなく、休職事由も使用者に責任があるわけではありません。有給とするか無給とするか、休職期間を勤続年数に算入するかどうかは、個々の休職のケースや企業によって違ってきます。

一般的には「ノーワーク・ノーペイの原則」（労働者が働かない場合には、使用者は賃金を支払う義務がないこと）によって、休職期間中の賃金を無給とするケースが多いようです。休職を認める期間や復職に際しての条件、待遇などについては、休職者に交付する休職辞令に記載し

ておくのがよいでしょう。

なお、私傷病休職の場合、労働者本人には休業4日目より健康保険から標準報酬月額の約6割の傷病手当金が支払われることになります。

ここで注意しなければならないのは、傷病手当金と会社から支給される賃金との兼ね合いです。傷病手当金は、健康保険の被保険者が業務外の事由による傷病のため労務不能となったときに支給される手当です。支給額は1日につき標準報酬日額の3分の2相当額で、最長1年6か月支給されます。

私傷病休職中に会社が1日につき標準報酬日額の3分の2以上の賃金を支給した場合は、傷病手当金が不支給となります。また、会社が1日につき支払った賃金が標準報酬日額の3分の2に満たない場合には、差額が支給されることになります。

つまり、休職している労働者に対して会社が支給する1日あたりの賃金が標準報酬日額の3分の2未満であれば、労働者本人の受け取る総額はほぼ変わらないことになる、ということは知っておくとよいでしょう。

■休職の要件はどうなっているのか

休職は、就業規則や労働協約など

に基づいて、使用者が一方的意思表示により発令するのが一般的です。休職の発令の有無は、個々の企業によって異なり、私傷病休職規程などで定めることになります。

たとえば、「従業員が業務外の傷病により欠勤し、1週間を経過しても治らない場合、会社は従業員からの申請に基づき休職を命じることができる」という形で規定します。入社して間もない社員に長期の休職期間を与えなければならないとなると会社にとって不都合であるため、休職の対象者は一定の要件を充たす者に限定するのがよいでしょう。たとえば、休職者の休職期間について、「勤続年数が3年未満：なし、勤続年数が3年以上10年未満：3か月、勤続年数が10年以上：6か月」などと勤続期間に応じて設定します。

休職中の労働者の賃金については無給としても問題ありませんが、会社は、休職中であっても、休職している労働者の社会保険料については負担しなければなりません。保険料額も休職前の標準報酬月額に基づいて支払わなくてはならず、会社にとって負担となることも事実です。休職期間や休職の要件を決めるにあたって、社会保険料の負担を考慮し

ておく必要があります。

休職後の取扱いについて

休職期間中に休職事由がなくなれば、休職は終了して職場復帰となります。また、休職期間が満了したときも職場復帰となります。いずれの場合も会社は理由なく復職を拒むことはできません。この場合、たとえば「会社が指定した医師の診断を受ける必要がある」旨の規定を就業規則に明記し、その診断書を参考に会社が復職の判断をすることは認められます。

復職をめぐっては労使間のトラブルが多いことから、休職事由消滅の際の取扱い、休職期間満了後の取扱い（復職手続き、休職期間の延長、退職、解雇など）については、就業規則や私傷病休職取扱規程などで明確にしておくことが望ましいといえます。

最近では、特に精神疾患の労働者による私傷病休職を考慮した規定が必要になってきています。同一又は類似の傷病については、休職の利用は1回限りにするなどの制限をつけることも考えられます。

また、復職を支援するプログラムを整備する企業などもあります。

PART
3

雇用と法務

123

10 セクハラ・パワハラと会社の責任について知っておこう

加害者だけでなく会社の責任が問題になるケースもある

どんな問題点があるのか

職場で従業員に対してハラスメント（嫌がらせ）が行われた場合、それは従業員のストレスとなり、従業員の健康に影響を与えることがあります。おもな職場での嫌がらせの内容として、**セクシュアルハラスメント（セクハラ）**と**パワーハラスメント（パワハラ）**があります。

セクハラについては、法律などで厳密に定義付けられているわけではありません。しかし、男女雇用機会均等法11条は、職場において性的な言動がなされることで労働者が不利益を被らないように、事業者は配慮すべきことが定められています。セクハラには、性的な言動などに反抗する態度を示すことで被害者が不利益を受ける「対価型」セクハラと、労働者の就業環境を不快なものにする「環境型」セクハラがあります。

たとえば、①性的な関係を求めたが断られたので部下の給料を下げる、②性的な関係を求めたが断られたので仕事を与えない、③就職活動中の学生に対して性的な関係を強要する、などが対価型セクハラの例です。

一方、①水着・ヌードポスターを掲示する、②「彼氏はいないか」「彼女はいないか」と執拗に聞く、③容姿について論評する、④結婚や出産について尋ねる、⑤不必要なボディタッチをする、といった行為は環境型セクハラに該当します。

次に、パワハラについては、厚生労働省が定義付けをしており、「同じ職場で働く者に対して、職務上の地位や人間関係などの職場内の優位性を背景に、業務の適正な範囲を超えて、精神的・身体的苦痛を与えるまたは職場環境を悪化させる行為」がパワハラに該当するとしています。

具体的には、相手に対する暴行行為や傷害行為がパワハラに該当するのはもちろん、相手を侮辱することや、業務上明らかに不要なことや遂行不可能なことを強制することもパワハラになります。つまり、職場内での立場が上であることを利用して相手に苦痛を与える行為がパワハラ

になります。

なお、セクハラやパワハラは加害者が男性、被害者が女性というケースが多いですが、加害者が女性、被害者が男性のケースや、加害者と被害者が同性のケースもあります。

対象になっている言動がパワハラ・セクハラに該当するかの判断については、被害者・加害者とされる労働者の互いの認識の仕方によって変わります。そのため、互いの労働者の感じ方を重視しつつ、それに加えて「一定の客観性」を考慮した上で、パワハラ・セクハラに該当するかを判断することになります。

たとえば、セクハラが問題となるケースでは、一般的な女性労働者の感じ方、または男性労働者の感じ方を基準にセクハラにあたるかどうかを考えることになりますが、実際にはケース・バイ・ケースによらざるを得ないため、慎重な判断が要求されます。

教育・指導の中でのパワハラ

パワハラが、仕事を教育・指導する中で行われるケースがあります。

たとえば、部下としては遂行不可能な命令を受けているように思えても、上司としては部下の成長のため

に必要だと考えて、多くの量の仕事を与えている可能性があります。また、逆に、部下としてはレベルの低い仕事ばかり担当させられているように思えても、上司としては仕事の基本を覚えさせるという意図があって、あえて誰でもできる仕事を与えているのかもしれません。

仕事の教育・指導なのか、それともパワハラになるのかは線引きが難しいといえます。一応、仕事上で必要な教育・指導の範囲内の行為であればパワハラにならず、「嫌がらせ」であればパワハラになるという基準を用いることができます。しかし、実際にはセクハラが問題となる場合と同じく、ケース・バイ・ケースによらざるを得ないといえます。

いじめがメンタルヘルス疾患の原因になることもある

職場でセクハラやパワハラが行われた場合、それが労働者の体調を崩す原因になることがあります。セクハラ・パワハラがストレスとなり、うつ病などになることがあるのです。セクハラ・パワハラが原因で労働者の健康状態が悪化していると裁判所が認めたケースもあります。

PART
3

雇用と法務

125

セクハラが問題となった場合の会社側の責任

加害者である個人が責任を負うこととは別に、会社は、民事上の責任として、使用者責任（民法715条）を負います。使用者責任とは、従業員が不法行為により他人に損害を与えた場合に、使用者である会社などもその従業員と共に損害賠償責任を負うというものです。セクハラは不法行為に該当しますので、セクハラにより被害を被った者に対しては、会社はセクハラ行為を行った者と共に、被害者に対して損害賠償責任を負います。

また、会社は、従業員との労働契約に基づく付随義務として、従業員が働きやすい労働環境を作る義務を負っています。セクハラが行われるような職場は労働者にとって働きやすい環境とはいえないので、会社が労働契約に基づく付随義務を怠ったとして、債務不履行責任を負う可能性があります（民法415条）。

さらに、会社は男女雇用機会均等法に基づく措置義務を負うため、会社内でセクハラがあり、厚生労働大臣の指導を受けたのに、雇用管理の仕方などを是正しない場合には、会社名が公表されることもあります。

パワハラが問題になった場合の会社側の責任

パワハラの場合もセクハラの場合と同様、パワハラを行った者が個人として負う責任の他に、会社も被害者に対して使用者責任として損害賠償責任を負います。従業員が業務中

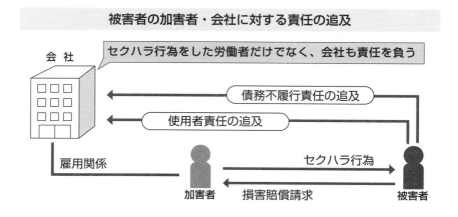

被害者の加害者・会社に対する責任の追及

において第三者に損害を与えた場合には、従業員を雇用している使用者も使用者責任に基づく損害賠償責任を負います。そして、職場の中でのパワハラの被害は、会社の業務中において被害者に生じている損害であるため、会社も使用者責任に基づき損害賠償責任を負うのです。

また、会社は、労働契約に基づく付随義務である「働きやすい職場環境を作る義務」を怠ったとして、債務不履行責任に基づく損害賠償責任を負う可能性もあります。

加害者に対する懲戒処分

社内でセクハラやパワハラの被害が判明した場合、会社は、加害者に対して懲戒処分を行うなど、厳正に対処する必要があります。おもな懲戒処分として、①戒告（注意する処分）、②譴責（注意して始末書を提出させる処分）、③減給、④停職（一定期間出勤させない処分）、⑤解雇（懲戒解雇）といったものがあります。

懲戒処分はあらかじめ会社の就業規則で定めていた場合に限り、これを行うことができる点に注意が必要です。どのようなセクハラ・パワハラ行為が行われたときにどのような懲戒処分を行うかは、各企業で定めることができます。各省庁の職員の不祥事に適用される懲戒処分について、人事院は下図のような指針を定めていますので、参考にしてみるとよいでしょう。

なお、セクハラやパワハラの加害者は、刑事上の責任を負う可能性があるという点に注意すべきです。た

セクハラの加害者に対する懲戒処分

セ ク ハ ラ 行 為	処 分
① 強制わいせつ、上司等の影響力利用による性的関係・わいせつな行為	免職又は停職
② 相手の意に反することを認識の上での性的な言動の繰り返し	停職又は減給
③ ②の行為により執拗な繰り返しにより強度の心的ストレスの重積による精神疾患に罹患	免職又は停職
④ 相手の意に反することを認識の上での性的な言動	減給又は戒告

※人事院「懲戒処分の指針」をもとに作成

127

とえば、被害者が反抗できないような暴行や脅迫を用いて性行為を強要した場合には、強制性交等罪（刑法177条）が成立します。また、被害者に対していやらしい行為をした場合には、強制わいせつ罪（刑法176条）が成立します。女性が嫌がっているにもかかわらずに、無理矢理に胸を触る行為などが強制わいせつ罪に該当します。

他にも、名誉毀損罪や侮辱罪が成立することもあります。たとえば、職場の中で「あの人は不倫をしている」「あの人の異性関係は乱れている」などと噂をすれば、名誉毀損罪（刑法230条）や侮辱罪（刑法231条）が成立する可能性があります。セクハラやパワハラの種類や態様によって、成立する犯罪は異なります。

どのような対策を講じればよいのか

実際にセクハラやパワハラが起こった場合、会社は、それを解決するため、積極的に様々なことを行う必要があります。

最初にやるべきことは、職場内でセクハラやパワハラがあってはならない旨を、会社が労働者に周知させることです。周知を行う過程で、セ

クハラやパワハラに対しては厳しく処分を行うことも就業規則などで定めると、効果的に労働者に対する周知徹底をすることができます。

また、セクハラやパワハラに対する相談窓口を社内に設けることも必要です。セクハラやパワハラの被害者は、被害を誰に相談すればよいかわからないまま泣き寝入りしてしまうことがあります。そのような事態を防ぎ、セクハラやパワハラに対して適切に対応するためには相談窓口の設置が必要になります。

さらに、実際にセクハラやパワハラが起こってしまった場合には、それに対して適正に対応することが必要となります。具体的には、当事者の言い分をよく聞き、事実関係を明らかにして、セクハラやパワハラがあった場合には、加害者に謝罪を要求したり、被害者と加害者の関係改善のための措置を講じることが必要です。事業者には「労働者が働きやすい職場環境を作る義務」があります。そのため、ここで挙げていないセクハラ・パワハラ対策であっても、より効果的な対策があれば、積極的に実施していくべきです。

11 安全衛生管理について知っておこう

労働者の健康維持と作業環境の確保に取り組む

安全配慮義務とは

雇用者は、労働者が職場において安全に労務に従事できる環境を整備しなければならないという義務を負っています。これを**安全配慮義務**といいます。具体的には、労働契約法5条において、「使用者は、労働契約に伴い、労働者がその生命、身体等の安全を確保しつつ労働することができるよう、必要な配慮をするものとする」と定められ、雇用者は労働者に対して安全配慮義務を負うことが明示されています。

安全配慮義務を果たすためにどのような対策を講じていくかについては、様々な場面が想定できるためにケース・バイ・ケースで考えていく必要があります。

どのようなことがチェックされるのか

労働安全衛生法は、事業場の業種や規模によって安全・衛生の管理責任者を選任することを義務付けています。安全・衛生の管理責任者の選任が義務付けられているのは、各事業場で安全や衛生についての知識や経験のある責任者を中心に労働災害を防止し、労働者の健康の保持などに取り組む体制を作るためです。

どんなに事業者が「安全第一」という理想を掲げ、環境整備を試みたとしても、実際に業務を行う労働者にその意図が正確に伝わらず、ばらばらに動いていたのでは労働災害を防ぐことはできません。そこで、安全確保に必要なものが何であるかを把握し、労働者に対して具体的な指示を出し、監督する指揮管理体制の存在が不可欠です。このため、労働安全衛生法では、安全で快適な労働環境を具体的に実現する上での土台として安全衛生管理体制を構築し、安全・衛生に関する責任の所在や、各管理責任者の権限・役割等を明確にするよう義務付けています。

労働安全衛生法は、その事業場の業種や規模によって構築すべき安全衛生管理体制の内容を分類しています。なお、労働災害を防ぐために必

PART 3

雇用と法務

129

要な場合、労働基準監督署長は事業者に対して、安全管理者・衛生管理者の増員・解任の命令を出すことができます。

　安全衛生管理体制には、一般の会社に要求される体制と、請負の関係で働く場合（建設業や土木業など）の体制の2つがあります。

　一般の会社の安全衛生管理体制では、一定の業種、規模（労働者数）の事業場について、管理責任者の選任と委員会の組織化を求めています。設置すべき管理責任者等として、次の種類があります。

① 　総括安全衛生管理者

　安全管理者や衛生管理者を指揮すると共に、労働者の危険防止や労働者への安全衛生教育の実施など安全衛生に関する業務を統括管理します。

② 　安全管理者・衛生管理者

　安全管理者は安全に関する技術的事項を管理し、衛生管理者は衛生に関する技術的事項を管理します。

③ 　安全衛生推進者・衛生推進者

　労働者の危険防止や労働者への安全衛生教育、健康診断などの業務を担当します。衛生推進者は、労働環境の衛生的改善、健康診断その他の健康保持増進のための措置、衛生のための教育など、職場の衛生全般を管理します。安全衛生推進者は、衛生推進者の業務に加えて、施設・設備の点検や使用状況の確認、危険がある場合の応急措置など、職場の安全に関する業務を併せて行います。

④ 　作業主任者

　高圧室内作業などでは労働災害防止のための管理が必要です。政令によって定められた業務において、労働者の指揮等を行います。

⑤ 　産業医

　職場での労働者の健康管理のため、事業者と契約して労働者の健康管理等を行う医師を産業医といいます。

⑥ 　安全委員会・衛生委員会・安全衛生委員会

　安全委員会とは、事業所の安全を確保し、衛生委員会は労働者の健康保持・増進を図り、それぞれ労働災害の発生防止などを目的として、事業所内に設置しなければならない会議体です。安全委員会と衛生委員会の両方を設置しなければならない事業場では、これらを統合して安全衛生委員会を設置することができます。

請負の関係で労働させる場合の安全衛生管理体制

　建設や造船を請け負う業者で、労働者数が常時50人以上（ずい道など

の建設、橋梁の建設、圧気工法による作業では常時30人以上）である場合には、統括安全衛生責任者を選任しなければなりません。その他、必要に応じて、元方安全衛生管理者、安全衛生責任者、店社安全衛生管理者を選任することになります。

労働安全衛生法で要求されている安全管理体制

業　種	事業場の規模・選任すべき者
製造業（物の加工を含む）、電気業、ガス業、熱供給業、水道業、通信業、自動車整備および機械修理業、各種商品卸売業、家具・建具・じゅう器等小売業、燃料小売業、旅館業、ゴルフ場業	①10人以上50人未満 　安全衛生推進者 ②50人以上300人未満 　安全管理者、衛生管理者、産業医 ③300人以上 　総括安全衛生管理者、安全管理者、衛生管理者、産業医
林業、鉱業、建設業、運送業および清掃業	①10人以上50人未満 　安全衛生推進者 ②50人以上100人未満 　安全管理者、衛生管理者、産業医 ③100人以上 　総括安全衛生管理者、安全管理者、衛生管理者、産業医
上記以外の業種	①10人以上50人未満 　衛生推進者 ②50人以上1000人未満 　衛生管理者、産業医 ③1000人以上 　総括安全衛生管理者、衛生管理者、産業医
建設業および造船業であって下請が混在して作業が行われる場合の元請事業者	①現場の全労働者数が50人以上の場合（ずい道工事、圧気工事、橋梁工事については、30人以上） 　統括安全衛生責任者、元方安全衛生管理者（建設業のみ） ②ずい道工事・圧気工事・橋梁工事で全労働者数が常時20人以上30人未満、または鉄骨造・鉄骨鉄筋コンクリート造の建設工事で全労働者数が常時20人以上50人未満 　店社安全衛生管理者（建設業のみ）

PART
3

雇用と法務

131

12 残業代不払い訴訟と対策について知っておこう

不払いは民事上、刑事上の責任を問われる

残業代不払い問題とは

労働者が勤務時間外に労働している場合で、会社がその労働に対する賃金（時間外手当など）を支払わないことを「サービス残業」（賃金不払い残業）と呼んでいます。

残業代不払いの問題は、そのまま放置しておくと、労働者側から請求を受けたり、労働基準監督署から指導を受けたりした場合に、一度に多額の不払い分の残業代相当額の支払いが求められるおそれがあります。特に弁護士に依頼した労働者から、過去2年分に遡って不払い分を請求される場合があります。

また、不払い額と同じ金額の付加金の支払いを裁判所が命じる場合もあります（労働基準法114条）。さらに、これらの金額には遅延損害金が上乗せされます。遅延損害金の利息は、退職者が請求する場合は、民事法定利率（年利5％）よりもはるかに高い年利14.6％が上限となります（賃金の支払の確保等に関する法律6条1項）。一方、在職中の労働者

が請求した場合は、遅延損害金の利息は、2018年7月現在、商事法定利率である年利6％です（商法514条）。遅延損害金の計算は、本来の支払日の翌日から遅延している期間の利息を含めます。2017年成立の改正民法が施行（2020年4月1日施行予定）されると、民事・商事の区別なく法定利率が年利3％（3年毎の変動あり）に統一されます。

また、割増賃金の不払いをした者には、6か月以下の懲役または30万円以下の罰金という刑事罰が科されます（労働基準法119条）。

さらに、残業代の不払い問題に多いのが、営業職や管理職に対する手当の支給についてです。営業職に対して営業手当を支給する際に、歩合制をとる会社は多いですが、その際に、「営業手当に残業代を含める」としている会社は要注意です。営業手当が月々の営業の成果により変動する場合には、残業代と認められません。

また、営業手当に残業手当が含まれる場合には、そのことを労働者に

周知させておくと共に、雇用契約書や就業規則、賃金規程などにもその旨を記載しておく必要があります。その上で、営業手当や諸手当を除いた基本給が最低賃金法が定める最低賃金額を下回ることは許されません。

なお、管理職（管理監督者）については、他の従業員を監督・管理する地位にない役職者に対して役職手当を支払っていたとしても、残業代を支払わなければ違法になります。

どのように対抗したらよいのか

労働者から不払いの訴訟を起された場合、会社としては、まず労働者が主張している残業時間が、本当に労働基準法上の労働時間に該当するかどうかを検討し、該当しないのであれば、それを裏付ける証拠を準備した上で、その旨を主張します。

一方、労働時間に該当する場合には、それが割増賃金を支払わなければならない労働時間にあたるのかどうかを検討します。つまり、裁量労働制や事業場外みなし労働時間制を採用しているなど、残業代の対象となる労働時間ではないことを証明することになります。また、割増賃金をすべて支払っている場合には、そのことを主張する必要があります。

会社は何を立証するのか

まず、雇用契約が成立していることの証拠として、雇用契約書や給与明細書、業務報告書などの書面が提出されます。そして、時間外手当に関する取決めを裏付ける証拠として、就業規則や賃金規程、雇用条件が記載された書面があります。実際に時間外労働を行ったことを証明するた

残業代不払い訴訟で主張する事項

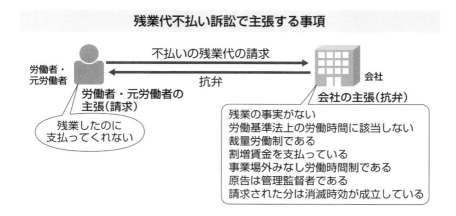

めに、タイムカードや業務日報など
が提出されます。これらの書類など
を根拠に、会社側は、労働者が主張
する残業時間にあたらないと主張し
ていくことになります。

　また、労働者が主張する残業時間
が労働時間にあたるとしても、割増
賃金の対象となる労働時間に該当し
ないことを証明するために、裁量労
働制や事業場外みなし労働時間制を
とっている場合には、その旨を裏付
ける証拠を提出します。訴訟を起こ
した労働者が管理職の地位にある者
であれば、その労働者が監督・管理
の権限を有する管理監督者であるこ
とを裏付ける証拠を用意します。

　退職者が請求してきた場合や、在
職中の者でも長期間の不払い分を請
求してきた場合には、対象となる残
業時間に対応する残業代の請求権に
関する消滅時効（賃金は2年、退職
金は5年、労働基準法115条）の成
否を確認し、成立していれば時効を
援用します。なお、改正民法による
短期消滅時効の廃止に併せて、賃金
の時効の見直しが検討されています。

　さらに、残業時間があったことを
証明する資料には、タイムカードや
業務日報、報告書などを提出するこ
とがあります。しかし、たとえば、

タイムカードなどの証拠を労働者側
が揃えている際に、会社側に反証で
きるものがない場合などには、労働
者が書いた日記や手帳などのメモ、
メールの記録などでも、それを会社
側が作成させていた場合や、上司な
どが内容を確認していた場合には、
証拠としての信用性が高くなります。
また、労働者側が残業時間を立証で
きる証拠がない場合にも同様ですが、
この場合は、本来的に会社側に労働
時間管理の記録義務があるため、記
録がないことは会社に不利に働くこ
とになります。

管理監督者であることの立証

　訴訟を起こした労働者が管理職の
地位にある場合において、その労働
者に残業代を支払わなくてもよいの
は、①その者に与えられた職務内容、
権限、責任が管理監督者にふさわし
いもので、経営者と一体の立場にあ
ること、②勤務態様や労働時間管理
の状況が会社に管理されていないこ
と、③管理監督者としての待遇を受
けていること、という条件を満たす
場合に限られます。

　条件を満たさず、名称だけが管理
職になっている者は、労働基準法上
の管理監督者ではありません。

13 労働組合への対応の仕方について知っておこう

団体交渉の申入れは原則として受けること

たとえばどんな場合に問題になるのか

経営者が頭を悩ませることのひとつに、労働組合からの要求にどう対応するかということがあります。経費の面や対応にかかる時間、労力などのことを考えると、頭の痛い問題だといえるでしょう。

労働者が労働組合を通じて団体交渉を申し入れてきた場合、団体交渉の申入れをその場で断るなどの行為はしてはいけません。団体交渉の申入れを受けた段階で無視したり断ったりすると、会社側が負っている誠実交渉義務に違反する（不当労働行為になる）可能性が高いからです。労働組合への対応に不安がある場合は、申入れのあった段階で労働関係の専門家に相談するのもひとつの方法です。専門家に任せるにしても、自分で対応するにしても、団体交渉の申入れは必ず受け入れるようにします。対応する際にはあまりに人数が多いと収拾がつかなくなるので、多人数で交渉を行わないように

し、交渉の場所は他の社員の動揺を避けるため、通常の就業場所とは離れた場所で行うとよいでしょう。

なお、団体交渉の申入書には、回答期日が記載されていますが、多くの場合、会社の体制が整わないタイミングを狙って、組合側に都合よく早めの期日が設定されています。その場合には、社内の対応策がまとまるまでの時間を考慮して、「諸般の事情により、×月×日の期日までには回答できません。したがって、○月○日までに文書にて回答します」と通知するようにします。

また、団体交渉の申入書に、日時を「△月△日」、場所を「本社大会議室」、参加人数を「労働組合員25名」などと条件をつけてくる場合があります。しかし、これが不相当なものであれば、会社側から「日時は△月△日の1週間後の□月□日の午後1時から1時間30分」「場所は会社の隣にある市民会館の小会議室」「参加人数は双方3名まで」などと、適切と考えられる条件を提示して回答

することは、不当労働行為にあたる
ものではありません。

ユニオンとはどう考証すればよいのか

　ユニオンとは、企業内組合とは異なり、それぞれが異なる企業に勤めている個々人が集合した労働組合のことをいいます。労働組合のない会社の従業員であっても、こうしたユニオンに加入している場合には、労働組合の組合員として活動することができます。もともと労働者には団結権・団体交渉権・団体行動権という労働三権が認められています（憲法28条）。

　この規定を受けて定められた労働組合法によって労働者は保護されています。労働組合法は、会社が組合員に対して不当な扱いをすると不当労働行為（正当な理由のない団体交渉の拒否など、労働者や労働組合の

活動を不当に妨害する行為のこと）に該当すると定めている他、組合員の解雇などをめぐって争いとなった場合に、労働組合から労働委員会に労働争議の申立てを行うことも認めています。ユニオンが会社に対して団体交渉を申し入れてきた場合、会社は無視することができません。

従業員の不安をあおるような発言や行動を控える

　労働者にとって一番困ること、怖いことは、突然解雇されたり、賃下げを告げられたりして、自分たちの身分や生活が脅かされることです。強硬な手段を防ぐためにまず必要なことは、従業員に不要な不安感や恐怖感を抱かせないことです。そのためには、経営者側は厳重に情報管理して不用意に情報を漏えいしないように気をつけなければなりません。

労働組合の種類

企業別組合	同じ企業に勤務する労働者を組合員として組織する組合
産業別組合	鉄鋼業、運送業、建設業など同じ産業に属する企業で働く労働者を組合員として組織する組合
職業別組合	看護師やパイロットなど同じ職業を持つ労働者を組合員として組織する組合
一般（合同）組合	企業や産業、職業などの枠にとらわれず、労働者であれば個人で加入できる組合

PART 4

契約・商取引と法務

契約書の役割と語句の使い方について知っておこう

優れた契約書は契約交渉のよい材料となり、トラブルも防止できる

なぜ契約書を作成するのか

契約書とは、企業間の商取引をはじめとする契約においての当事者間の約束事や意思を記載し、書面化したものです。原則として口頭のみでも契約は有効に成立します（方式の自由）。それでもあえて契約書を作成する理由には、以下のようなものがあります。

① **契約した事実と契約内容を証明する証拠となる**

契約書を作成していれば、契約した事実と契約内容をはっきりと証明することが可能です。

② **契約遵守の意識を高める効果がある**

契約書を作成し、署名や押印をする手続きを踏むことにより、単なる口約束よりも、契約を結んだという事実の重みが増します。その結果として、当事者の契約を遵守しようという意識が高まります。

③ **契約後のルールを明確にすることができる**

契約書には、契約締結後に当事者が守るべきルールを盛り込むことができます。これによって、守るべきルールが明確になります。

契約書を作成するメリットは、以上の他、契約内容を証明する証拠となるため、トラブル予防という点でも重要な役割を果たします。

また、特定商取引法に基づく一般消費者との契約書面（特定商取引法5条など）や宅地建物取引業法に基づく不動産媒介契約書（宅地建物取引業法34条の2など）など、契約書の作成が法律上義務付けられている場合もあります。法務担当者は、作成する契約書が法律上義務付けられているものか、その場合、法律が要求している記載事項に漏れはないか、といった点の確認も必要です。

差別化できる契約書を作る

契約書の全体構造としては、一般的に「表題」「前文」「本文」「後文」「作成年月日」を記載します。この中で、「本文」は「一般条件（一般条項と呼ぶこともあります）」と「主

要条件（主要条項と呼ぶこともあります）」に大きく分けられます。「一般条件」とは契約期間、秘密保持義務など、たいていの契約で定めておく項目のことを指します。「主要条件」は、その契約の特徴的な契約条件です。たとえば、自動車の売買契約では、自動車の型式や値段などを記載し、業務の請負契約であれば、仕様や納入方法を具体的に記載します。ビジネスにおける契約書ではこの「主要条件」を最も注意深く書くべきです。

「主要条件」の中にあいまいな表現を残したまま契約を結んだ場合、契約当事者はそれぞれの側に有利な解釈を主張することになります。双方が譲らず、裁判に持ち込むことになれば、互いにお金や労力を費やさなければなりません。「主要条件」を実際起こり得る様々なケースに即して、具体的で詳細な文面にしておくことは、このような事態を防ぐためにも大切です。

なお、契約条件の決定にあたって、契約交渉では、立場の強い側が有利な条件での契約を勝ち取ることがあります。しかし「強い立場の濫用」といえるような、一方的に利益を追求した契約条件の場合、独占禁止法

（177ページ）違反となるケースがあるので注意が必要です。

反復・継続する業務プロセスを規定する

ビジネスでは、業務プロセスが反復したり継続したりする場合が多くあります。たとえば原材料を仕入れる場合や、継続的に業務を委託する場合などです。契約が継続的である点は商取引の第1の特徴ともいえるでしょう。

長期間にわたって取引するため、お互いの信用が基本となります。それと同時に、取引を円滑にするために具体的で明確な取り決めをすることが求められます。第2の特徴は、取引が大規模な点です。金額が大きくなるため、代金の支払いには細心の注意を払わなければなりません。事前に支払いの条件や方法を決めておく必要があります。さらに損害の発生を想定した対処法を定めておくことも大切です。

取引基本契約書は、反復又は継続する取引のルールを規定する契約書です。「売買取引基本契約書」というように、契約の目的と組み合わせて呼ばれる場合もあります。

取引基本契約書には、相手方と今

契約・商取引と法務

PART
4

139

後継続して繰り返して取引を行う場合に、共通した取引条件や業務プロセスを規定します。具体的な品物の種類、数量、単価、納期などに関する主要条件（取引ごとの個別の取引条件）は、注文書と注文請書、又は個別の契約書などにより、そのつど規定していくことになります。取引基本契約書と個別の契約書、注文書・注文請書などがセットになって1つの契約条件を表すというイメージになります。また、所有権はどちらに属するか、リスクはどちらが負うかなど、あいまいな点をなくし、極力具体的かつ詳細な規定を定めます。

取引基本契約書と注文書と注文請書（または個別の契約書）に異なる規定が置かれている場合、どちらが優先されるのか、といった優劣も、取引基本契約書によって定めておくことができます。トラブル防止のためにも盛り込むことを忘れてはならない重要な項目です。

作成部数について

一般的に、契約を結ぶ当事者がたとえば2名であれば、2部の契約書（数枚に及ぶ場合は、冊子にする）を作成します。そして、各々が2部両方にサインをし、1部ずつ保有し

ます。契約書が1部だけでも契約自体は成立しますが、トラブルが起きた際に、片方の手元に証拠がなく、契約内容を確認できず、著しく不利な立場に追い込まれるといった事態を避けるため、通常は当事者の数だけ契約書も作成します。

なお、「念書」や「覚書」の類も、署名又は押印をしてしまうと、契約書と同じように扱われますので注意が必要です。1枚の簡単な念書や覚書でも、署名または押印をしたときは、コピーをとるなど控えを残しましょう。

条・項・号の表記について

条文を論理的に、そして客観的にわかりやすく伝えるために、「条>項>号」という階層表現で、契約内容を記載します。これは、条文が長くなってしまうことにより、解釈をめぐるトラブルに発展することを未然に防ぎ、契約内容をわかりやすく整理するための手段になります。

まず、条文の見出しである「第○条（○○○）」を書きます。見出し括弧の「（○○○）」は、誰が読んでも、契約についての、何の事項なのかを理解できるように書きます。次に「条」の中身をわかりやすく記載するための「項」を書きます。「項」

は第1項、第2項と、各項に分けて書きます。さらに「項」の中身をわかりやすく記載するために「項」ごとに、第一号、第二号と「号」を書きます。「項」・「号」共に、誰が読んでもわかりやすく、「条」に関連した事項を簡潔にまとめ、すっきりさせる必要があります。

横書きの契約書の場合、慣習として「条」・「項」は算用数字を使い、「号」は漢数字を使うことが多いようです。縦書きの契約書の場合は、「条」・「項」は漢数字、「号」は○書き（①②など）を使います。

また、金額の数字は、改ざんを防ぐために漢字を使う場合もあります。「項」の第1項の「1」という数字は省略することができます。

内容の矛盾や語句の使い方に注意する

契約書は、調印する双方の担当者だけではなく、多くの関係者が参照するものです。契約する双方の事業者においては、代表権者から一般従業員まで、誰でも必要が生じれば参照する可能性があります。

また、内容によっては、弁護士に見せる場合もありますし、監督官庁へ開示しなければならないこともあります。トラブルが起こり、裁判になった場合には、裁判官が契約書を見ることになります。したがって、契約書は誰が見ても同じ解釈ができるように記載する必要があります。複数の解釈がなされる可能性がある用語を使う場合には、契約書上での解釈について定義条項で定義付けしておくようにしましょう。

書面の内容については、論理的に矛盾がないようにしなければなりません。矛盾があると、当事者がそれぞれ都合のよいように解釈したような場合には、トラブルの原因となり

条文の表示

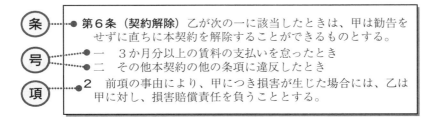

ます。特に多くの条項がある契約書では、条項同士に矛盾がないようにしっかりチェックするべきです。

なお、契約書を含め、法律関係の書類は、接続詞について独特の使い方をします。内容を正確に理解する上で、最低限以下の法律用語の使い方を知っておく必要があるでしょう。

・「及び」「並びに」の使い方

「AとB」のように、2つ以上の複数の語句を結びつける接続詞です。「A及びB」「A並びにB」のように、並列する語句が2つ以上のときに、語句を併合する意味で使います。語句が3つ以上の時は、「A、B、C及びD」のように、最後の語句の1つ前の語句までを「、」で区切り、最後の語句を接続するときに「及び」を使います。

また、特に「並びに」は、「A及びB、並びにC及びD」のように、「及び」を使って並列した語句を、さらにまとめる場合の接続詞として使います。つまり、小さなグループとそれをまとめた大きなグループがある場合、小さなグループの接続には「及び」を用い、大きいグループの接続には「並びに」を用いることになります。たとえば、「住所及び氏名を記入した申込用紙、並びに希望

商品及びその個数を記入した別紙を提出する」とした場合、「住所及び氏名」と「希望商品及びその個数」がそれぞれ小グループとなり、「申込用紙」と「別紙」の2つの用紙が大きなグループを作ることになります。

・「又は」「若しくは」の使い方

「AかB」のように、並列する語句が2つ以上のときに、語句を選択する意味で使います。語句が3つ以上の時は、「A、B、C又はD」のように、最後の語句の1つ前の語句までを「、」で区切り、最後の語句を接続するときに「又は」を使います。

また、特に「若しくは」は、「A若しくはB、又はC若しくはD」のように、「又は」を使って並列した語句を、さらに選択する場合の接続詞として使います。「若しくは」「又は」の区別は、「及び」「並びに」の関係と同様です。小さなグループと大きなグループが組み合わさっているときには、小さなグループに「若しくは」を使い、大きなグループには「又は」使います。

・「乃至」「から」の使い方

「乃至」は、「限界・範囲を述べて、中間を省略する意を表す」とあり、「から…まで」の意味を持つ語です。したがって、契約書の中でも、「第

19条乃至第25条の規定は、本契約が終了した後も有効に存続する」などと用いられることがあります。ただし、「乃至」には、日本語の用法として「又は」の意味もあり、最近では、誤解を避けるためにも、「乃至」は使わずに、その代わりに、「第19条から第25条までの規定は…」のように「…から…まで」を用いるようになっています。

契約書サンプル

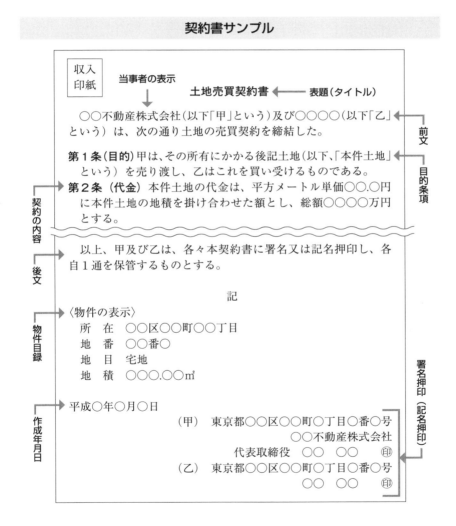

2 契約書に必ず書くことをおさえておこう

誰が読んでもわかるように、詳細に丁寧に書く

契約書の書き方は特殊なものではない

契約書の書式については、決まった書式はありません。契約自由の原則の中の、「契約の形式の自由」により、自由に契約書を作成することができます。しかし、以下の標準的な書式が慣習的によく使われます。

まず表題を書きます。「○○売買契約書」「○○基本契約書」など、契約書の内容が一目見てわかるような表題をつけることが望ましいといえますが、単に「契約書」「念書」などだけでも、契約内容の効力に変わりはありません。もっとも内容とは無関係な表題にすることは、ビジネス上望ましくありません。

次に前文を書きます。「前文」は契約の当事者、契約のあらましを述べる部分です。「本文」で契約の細かい項目を挙げていくので、その前置きとして、誰と誰が、どういう事情で、どのような契約を結ぶのかを簡潔に示します。前文は基本的には簡単な内容でかまいませんが、たとえば、企業間トラブル解決の和解書など、過去に起こった事柄をふまえて契約を結ぶ場合等には事情が異なります。その際は、「前文」で、契約を結ぶに至った前提事項や経緯を明確にしておく必要があります。

つまり、前文は、後から法的トラブルに発展した場合、裁判官などの第三者にもわかりやすいように、契約当事者、契約概要などを記載しておくことが何よりも重要です。もっとも、前文が記載されていない契約書も多いようです。これは日本古来の手法なのですが、近年、国際契約様式にならい、前文が記載されることが多くなってきました。

前文に続けて本文を書きます。その契約書独自の契約条件である主要条件と、どんな種類の契約書でも記載される一般条件を、基本的な契約条件から順番に、詳細に記載します。契約書の最重要項目になるので、記載漏れのないよう、慎重に記載する必要があります。

さらに後文を書きます。作成した

契約書数や、所持する当事者の情報などを記載します。

それから日付を書きます。契約書を作成して、署名をした日付を記載します。日付は、法律適用の基準日となると共に、契約の効力そのものに関わる重要な項目になります。

最後に署名と押印欄です。署名は当事者直筆が望ましいでしょう。当事者本人の筆跡により、契約を当事者が結んだことの証明となります。また、住所も当事者本人が記入することで、筆跡から本人の証明につながります。押印は実印を用いるのが基本です。本人の押印であるのを証明するため、印鑑証明書を添付します。

当事者間の表記の仕方

契約書を作成する上で忘れてはいけないのは、「契約は当事者だけしか拘束しない」という大原則です。契約書の各条項の文章には、主語を必ず明記するようにします。「○○株式会社」のように、具体的な正式名称を用いるのはもちろんですが、「当事者」「相手方」「開示者」など、立場で表現する場合もあります。

また、「甲」「乙」のように、略語を使用して表現する場合もありますが、その場合、甲と乙が誰なのかを混同しないようにする必要があります。契約は相手がいて成り立つものです。対象となる相手の表現も、「○○株式会社」のような正式名称や、「甲」「乙」「買主」「売主」のような略語を使用して表現します。

略語として一般的に用いられている「甲・乙・丙・丁」は、「十干（じっかん）」に由来するものですが、その続きは、「戊・己・庚・辛・壬・癸」となっています。

「○○は甲に」「○○は乙に」という表現を使う場合、「に」という助詞は幅広い意味を持っているため、「○○は甲に対し」「○○は乙に対し」のような表現を使うことが望ましいといえます。

また、契約における当事者が三者以上になる場合は、必ず相手が誰なのかをはっきり明記することが大切です。

目的・定義の書き方

契約締結の目的について述べるのが「目的条項」です。本文の第1条で目的を明確にしておくのが一般的です。たとえば、「第1条　甲はその所有する標記物件（以下「本物件」という）を、居住を目的として乙に賃貸し、乙はこれを賃借することを

PART
4

契約・商取引と法務

145

約する」というような具合です。前述した前文や目的条項は、本文ほど法的には重要ではありませんが、もし契約後にトラブルが起きて、当事者間で契約書の解釈の違いが出た場合には、目的条項にまで及んで検討することがあります。

たとえばソフトウエア使用許諾など、「知的財産権」の分野については、保護する法律など、整備が追いついていない部分もあるため、目的条項が重要な内容を含んでいる場合があります。その例としては、秘密保持契約を挙げることができます。秘密保持契約とは、ある技術等に関する情報を「秘密」として、契約の相手方に対して、当該情報の外部への漏えい等を禁止する契約をいいますが、秘密とされている情報の利用についても、目的外利用は即座に契約違反と扱われるため、目的条項が契約違反の有無を判断する上で、非常に重要な役割を担うことになります。

そして、「定義条項」とは、人によっ て解釈の違いが出てしまいそうな用語を定義付けておく項目です。人によって解釈が異なる用語はきちんとその内容を示しておく必要があります。業界用語は特に要注意です。業界に明るくない第三者でも用語の内容を誤認しないよう、規定しておくことが大切です。用語の定義付けをする際は、民法など法律の条文の定義を参考にして、客観的で信憑性のある条項を作成しなければなりません。

基本事項から記載する

契約書は、第三者が読んでも契約の内容がわかるように、わかりやすい表現で、かつ論理的な文章でなければなりません。契約書をわかりやすく書くために、契約書の条文は、基本事項から順番に記載していきます。その後、個別の事項を順番に記載していきます。

条文では、誰が何をどうするのかということを、はっきりと具体的に明記する必要があります。また、受

定義のサンプル

（定義）秘密情報とは、甲が秘密として指定した乙の管理する情報をいう。

身の文章ではなく、能動態の文章で書くことが重要です。

一般条件は多くの場合に入れる

契約書には、一般条件を記載します。**一般条件**（一般条項と呼ぶこともあります）とは、一般的なビジネスの契約において、必ず規定されている条項のことで、契約の種類にかかわらず、必ず取り決めておかなければなりません。たとえば、支払条件、契約期間、契約解除、期限の利益損失、不可抗力、秘密保持義務、損害賠償、準拠法、個人情報取扱などがあり一般条件に該当します。

このように、一般条件は、ビジネス上の契約だけでなく、一般的な契約においてもほとんど規定されている条項です。しかし、条項の種類が一般的であるからといって、内容を検討しないまま規定することのないようにする必要があります。契約内容によって、一般条件の内容が異な

る場合も多いので、一般条件だからと軽く考えるのではなく、当事者間での交渉過程において、慎重に決定する必要があります。一般条件についても、それぞれリスクを背負う必要があるので、慎重に検討し、契約書を作成することが重要です。

第三者への委託条項を置いた方がよい場合もある

たとえば、顧問契約やコンサルタント契約などは、その業務を第三者に委託（再委託）されてしまうと、契約を結んだ意味がなくなってしまいます。このような契約の履行を、特定の個人や団体のみに限定させたい場合は、第三者への委託はできないことを、契約書に加えておく必要があります。業務を一部的に委託可能とする場合であっても、委託を許可する範囲は明確に記し、委託する第三者の義務についても明記しておきましょう。

PART 4

契約・商取引と法務

再委託についての規定例

> **（再委託）**
> 第〇条　乙は、業務の全部又は一部を第三者に委託し、又は請け負わせてはならない。ただし、一部の委託であって、甲の許可を得たときは、この限りではない。

147

相 談 合意管轄

Case 紛争が起こった場合に、裁判が行われる管轄裁判所を、あらかじめ契約により決めておく、合意管轄条項とはどのような内容なのでしょうか。

回 答 管轄裁判所とは、紛争が起こった場合に、訴えを提起することができる裁判所のことです。管轄裁判所は、民事訴訟法により、通常は、被告の所在地や、債務の履行が行われる場所を管轄する裁判所が、管轄裁判所になります。しかし、第一審の管轄裁判所に限り、契約の際に当事者間の合意で指定することができます。これを合意管轄裁判所といい、契約書にその旨を記載することで、民事訴訟法で決められた管轄裁判所以外の、近くにある裁判所などに訴えを起こすことが可能です。また、契約書に合意管轄条項を記載する際には、必ず「専属的」という言葉を含め「専属的合意管轄裁判所」と書くようにします。専属的合意管轄裁判所とは、訴えを起こすことが認められるのは、合意した管轄裁判所のみということです。逆に「専属的」という文字が入っていないと、契約時に合意した管轄裁判所だけでなく、民事訴訟法で認められている裁判所にも訴えの提起が可能（非専属的合意管轄）とみなされて、合意管轄を指定する意味が失われてしまうためです。特に海外や遠方にいる相手と契約を結ぶ際には、この管轄裁判所がどこであるのかは、とても重要な問題になります。もし裁判になった場合、そこに行かなければならず、時間と費用の面で大きなコストが発生するおそれがあります。

合意管轄条項

（合意管轄）本契約より生じる法律関係の訴訟については、甲の本店所在地を管轄する地方裁判所及び簡易裁判所を第一審の専属的合意管轄裁判所とする。

3 契約内容に関わる重要条項について知っておこう

重要なポイントをおさえておく

PART 4

契約・商取引と法務

目的物・業務内容・対価・支払方法

　契約する上で最も重要な事柄が、①目的物、②業務内容、③対価、④支払方法の記載です。売買契約や賃貸借契約については、目的物がはっきりとしていなければ契約としては成立しません。特に目的物を実際に引き渡す段階で、どのような状態で引き渡すべきなのかという点が、各種の契約において問題になることが少なくありません。

　目的物が市場に代替品が存在するものである場合（不特定物または種類物といいます）には、代替品を市場から調達してでも、傷などがない物を引き渡すべきであることは、特に言うまでもありません。しかし、目的物がその個性に着目して決定されたものである場合（特定物といいます）には、代替品による引渡しは契約の趣旨に反しかねません。平成29年の民法改正（2020年4月施行予定）では、特定物の引渡しについては、契約や取引上の社会通念などに

よっても「引渡しをすべき時の品質を定めることができない」場合に、引渡し時の現状で特定物を引き渡すべきであると規定しています（483条）。そのため、契約条項の中で引渡し時における特定物（目的物）の品質を取り決めておくことが重要です。もっとも、契約などで、特定物の品質を取り決めていることが一般的といえますので、特定物の引渡しが「現状引渡し」で足りる場面はわずかであると考えられます。

　次に、業務内容ですが、これはおもに仕事を完成させる請負契約や、委任などの委託契約に必要な事柄です。どのような内容の仕事を請け負うか、または依頼を受けるのか、これらの対価はいくらか、などを明記しておかなければ、契約の意味はありません。対価とは、売買・賃貸・請負・委託などに対して支払う金銭を指します。対価については、現金で支払うのか、振込にするのか、現金書留代・振込手数料などの負担はどちらか、または手形・小切手で支払うのかを

149

明記しなければなりません。

履行期日・場所・方法

履行期日とは、債務者がその債務を履行しなければならない日時をいいます。「10日までにAは商品を発送することになっている。商品が届いた後、30日までにBは代金を支払う契約になっている」ような場合、A・B共に債務者となり、それぞれに果たさなければならない義務が生じています。Aの債務（商品発送義務）の履行期日は10日となり、Bの債務（代金支払義務）の履行期日は30日となります。

履行地やその方法、条件などについては、契約条項の中に明確に組み入れておいた方が、履行の際のトラブルが少なくなります。債権者と債務者の立場の違いなどによって債務の履行についての場所や期日、条件などが変わってくるからです。

契約期間についての注意点

契約には、①1取引の「単発契約」と、②継続的取引の「継続契約」の2種類があります。基本的に単発契約の場合は、契約期間ではなく契約終了日（契約履行日）が重視されます。一方、賃貸借契約や労働契約、フランチャイズ契約などの長期に渡る継続契約については、契約期間が非常に重要な事項となります。

さらに、継続契約の場合は、自動更新とするのか、そうでないのかも確認しておく必要があります。自動更新は契約者の申し出がない限り契約は終了しませんが、自動更新でない場合は、契約期間の満了により契約が終了するため、期間の設定には十分に気をつけることが大切です。契約期間を明記しておくことで、双方共に契約期間を明確にでき、トラブルを防止できます。有利な条件だからと言って長い契約期間を結ぶと、よりよい条件の契約に切り替えよう

履行条項

（物件の引渡方法）本物件の引渡は、平成○○年○月○日限り、乙の本店所在地においてなすものとする。引渡しは、現実に行うこととする。

150

としてもすぐに契約できないという欠点もあるため、契約期間の長さの設定にも注意が必要です。

その他、継続契約についても、いつ契約が履行されるのかが重要な事項です。特に金銭消費貸借契約の場合は、「○月○日までに○万円を一括で支払う」と契約書に記すことで、契約の履行日が明確になります。

期限の利益喪失条項の書き方

期限の利益とは、おもに金銭の債権債務関係に関わる条項です。これは、約束の期限が来るまでは、債務者に支払いの猶予が与えられるという権利のことです。

ところが、場合によっては、債務者の経済状況の急激な悪化といった理由で、その支払期日を待てない緊急事態が起こることがあります。このような緊急事態では、契約通りに支払期日まで金銭の支払いを待っていると、支払いをまったく受けられ

なくなる可能性があります。それを防ぐために「期限の利益の喪失」についての特約が記されます。

このような条項を期限の利益喪失条項（または期限の利益喪失約款）といいます。この条項がある場合、債務者が契約通りに期限内に支払いを行わなければ、債権者により残金が一括請求されることになります。

民法137条の規定により、債権者は債務者の「極めて限定的な状況」でなければ期限の利益を喪失させることができません。このため、当事者の合意により、契約書には特約として期限の利益が喪失する条件を追加しておく必要があるのです。

秘密保持条項・完全合意条項とは

秘密保持条項とは、契約の履行をする上で知られた重要な企業情報を、第三者に開示したり、漏らすことを禁止する規定です。重要な企業情報とは、外部に知られると被害が及ぶ

PART 4

契約・商取引と法務

期限の利益喪失条項

（期限の利益喪失）乙又は丙が下記の一に該当した場合には、甲は、何ら催告をせず、乙において、当然に期限の利益を失わせ、乙及び丙は、本件契約に基づき甲に対して負担する一切の債務を直ちに支払うこととする。

可能性のある情報のことで、おもに経営ノウハウなどです。最近では、顧客名簿などのプライバシーに関わる個人情報も、注意して扱わなければならない重要な情報となっています。秘密保持条項に違反があった場合は、損害賠償請求をすることになりますが、さらなる損失の拡大を防ぐために、損害賠償請求だけでなく、差止請求（侵害行為や違反行為を止めさせること）も規定しておきます。

また、履行終了後も、情報の漏えいを避けたい場合は、契約の履行後も重要情報の秘密保持義務を課す旨を規定しておく必要があります。

完全合意条項とは、この契約書の記載事項のみが完全な合意であり、契約書に記載されていない内容や、契約が締結されるまでに交わされた合意や約束は、すべて無効とする規定です。完全合意条項を規定することで、契約の内容は特定化されます。そのため、書面によらずに成立した契約や、契約締結前に交わされた合意や口約束などをとり出して起こされるトラブルを、事前に防ぐことができるようになります。

秘密保持条項

（秘密保持義務）
　甲が、職務の遂行上知り得た乙の経営内容、内部事項、秘密情報、その他業務に関する一切の情報は、これを漏えいしてはならない。
2　前項の秘密保持義務は、甲の転職又は退社後も、同様とする。
3　甲が、前2項の規定に違反した場合、甲は、それにより乙が被った損害を賠償しなければならない。

完全合意条項

（完全条項）
　第○条　甲及び乙は、合意によって締結した本契約書、規則及び方針が甲乙間の契約に関する甲と乙の間の完全かつ唯一の合意書であることに同意する。本契約書は、これに先立つすべての契約書や覚書に、それが習慣、慣行、方針又は先例によって成立されたのいかんに関わらず、優先する。

4 契約条項作成にあたって知っておくべきルールがある

法律上のルールを知っておくことが大切である

同時履行の抗弁権とは何か

双務契約（当事者が互いに対価的意義をもつ債務を負担する契約のこと）の当事者の一方が、相手方が債務の履行を提供するまで、自己の債務の履行を拒むことができる権利を**同時履行の抗弁権**といいます（民法533条）。相手方が債務を履行しないからといって、自分自身の債務が履行期を迎えた後も履行をしなければ、債務不履行（履行遅滞）に陥ってしまうことを防ぐ趣旨です。民法の規定により同時履行の抗弁権が認められる場合として、①契約解除による互いの原状回復義務（546条）、②負担付贈与における贈与義務と負担給付義務（553条）などがあります。

一般に同時履行の抗弁権は、①同じ双務契約から生じた両債務が存在し、②相手方の債務の弁済期が到来している場合において、③相手方が自己の債務の履行（平成29年改正民法で「債務の履行に代わる損害賠償の債務の履行」を含む旨が明示されました）をしないで履行を請求してきたときに成立します。

危険負担とは

危険負担とは、双務契約の成立後、債務者に責任なく一方の債務が消滅した場合に、他方の債務はなお存続するのかという問題です。

平成29年改正前の民法は、双務契約においては、双務契約の成立後、一方の債務が債務者の落ち度なく消滅した場合は、他方の債務も消滅するのを原則としていました（危険負担の債務者主義）。しかし、「特定物に関する物権の設定または移転を双務契約の目的とした場合」は、一方の債務が債務者の落ち度なく消滅した場合でも、他方の債務は残るとしていました（危険負担の債権者主義）。

たとえば、家屋の売買契約で、引渡し前に落雷により家屋が焼失しても、売買は「特定物（家屋）の物権（所有権）の移転」にあたるので、債権者主義が適用され、買主は家屋の所有権を取得できないのに、代金を支払わなければなりませんでした。

PART
4

契約・商取引と法務

153

しかし、家屋は全焼しているので、その引渡債務は履行不能の状態です。しかも原因は自然災害ですので、売主には落ち度がなく、買主は売主に対し債務不履行責任を追及できないことから、債権者主義は買主にとって著しく不利な規定でした。

そこで、平成29年の民法改正により、危険負担について「当事者双方の責めに帰することができない事由によって債務を履行することができなくなったときは、債権者は、反対給付の履行を拒むことができる」と規定されました（536条1項）。これは実質的に債務者主義と同じで、民法から債権者主義が削除されたと考えることができます。なお、改正民法では「反対給付の履行を拒むことができる」として、履行拒絶権の形で条文の記載が行われています。

もっとも、改正民法の施行（2020年4月施行予定）前は債権者主義が残っている状態ですので、債務者主義を採用したい場合には危険負担条項を設ける必要があります。

契約不適合責任（担保責任）とは

売買などの双務契約では、両当事者の負担する債務は同等の価値をもつものとされています。つまり、売主の目的物引渡義務と買主の代金支払義務は、目的物と代金のバランスがとれていなければなりません。そうだとすると、目的物にキズや不具合があり、そのバランスが崩れているとき、売主は、損害賠償や代金減額などによって、それを埋め合わせなければなりません。また、キズや不具合により買主が契約目的を達成できないときは、買主に対し契約解除権を認める必要もあるでしょう。

改正前の民法では、このような売買の効力を売主の担保責任といい、売主は故意または過失がなくても担保責任を負います。売主の担保責任には、①他人の権利の売買（全部他人物売買）、②権利の一部が他人に属する場合（一部他人物売買）、③数量の不足または物の一部滅失の場合、④地上権等がある場合等、⑤抵当権等がある場合、⑥瑕疵担保責任といった種類がありました。

平成29年改正民法では、瑕疵担保責任を含む売主の担保責任に関係する規定を削除し、その代わりに**契約不適合責任**という考え方を新たに導入しました。前述の①～⑥もすべて「契約不適合」に含まれて、売主に契約不適合責任が発生すると考えられています。そして、買主の請求権

として、追完請求権、代金減額請求権、損害賠償請求権、契約解除権という4つの手段が用意されています（562条〜564条）。

ただし、売主の担保責任は任意規定（当事者の合意により変更できるもの）ですので、契約書で売主の担保責任を負わないとする特約を定めることができました。この点は、契約不適合責任も同様であると考えられています。

債務不履行とは

債務内容に従った給付がなされないことを**債務不履行**といい、債権者は、債務不履行によって生じた損害の賠償を債務者に対して請求することができます（民法415条）。

債務不履行として債務者が損害賠償責任を負うためには、①債務不履行の事実がある、②履行しないことが違法である、③責任能力のある債務者に帰責事由がある（金銭債務の場合は不可抗力を抗弁とできないので、③の要件が不要です）、という要件を充たすことが必要です。

債務不履行には、①履行遅滞（約束の期日が過ぎても履行されない場合）、②履行不能（履行ができなくなった場合）、③不完全履行（履行はなされたが、どこか足りない場合）の3種類があります。

なお、契約時に損害賠償額の予定（賠償額の予定）をしておけば、計算や立証にムダな時間をとられることがありません（民法420条）。ただし、度を超えた高額の取り決めは民法90条により「暴利行為」とみなされて、無効になることがあります。

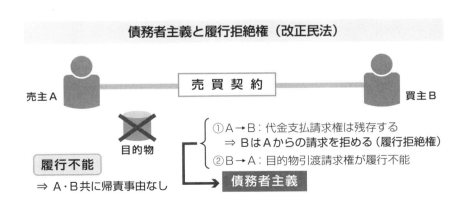

債務者主義と履行拒絶権（改正民法）

売主A ── 売買契約 ── 買主B

履行不能
⇒ A・B共に帰責事由なし

①A→B：代金支払請求権は残存する
⇒ BはAからの請求を拒める（履行拒絶権）
②B→A：目的物引渡請求権が履行不能

債務者主義

相談 解除の種類と手付

Case 契約はどのような場合に解除できるのでしょうか。また契約を解除するために支払われる手付とは、どんな位置づけのものなのでしょうか。

回答 契約の当事者双方が契約を終了したいと考えた場合、合意によって契約を解消できます（合意解除）。また、事前に契約書で解除できる事由を定めておくことで、一方当事者からの通知による解除も可能です（約定解除）。もっとも、合意などがない場合でも、民法の規定により解除ができる場合もあります（法定解除）。たとえば、履行不能となったときは、直ちに解除可能です。しかし、履行遅滞や不完全履行の場合には、解除の前に「催告」といって、債務者に債務の履行をするチャンスを与える必要があります。履行の催告については、契約書に「催告なしでも解除できる」という文面（無催告解除特約）を入れておくことが可能です。

なお、平成29年の民法改正により、債務不履行の事実があれば、債務者に帰責事由がなくても、契約の解除が可能です。また、履行の催告をしなくても契約を解除（無催告解除）できる場合として、①特定の日時や期間内に履行しないと契約目的が達成できない場合（定期行為）、②履行が不可能となった場合（履行不能）、③債務者が履行を拒絶する意思を明確に表示した場合、④履行の催告をしても契約の目的を達する履行が見込めないのが明らかな場合などを定めています（542条2項）。

●手付の法的性格

売買契約の際、主として買主が売主に対して渡す金銭のことを手付といい、証約手付、解約手付、違約手付があります。民法は解約手付を原則として捉えており（557条）、解約手付が多く利用されています。買主は手付を放棄すること（返却不要とすること）で解約が可能であり、売主は手付の倍額を支払うことで解約が可能になります。平成29年の民法改正により、相手方が履行に着手していない段階であれば、自らの履行の着手の有無にかかわらず、解約手付による契約の解除が可能です。

156

5 契約書で問題が起こりやすい箇所とはどんなところなのか

様々なケースを想定して、慎重に対応する

どんなところに不備が生じやすいのか

契約書の訂正の仕方ですが、まず、訂正箇所に二重線を引きます。次に、横書きの場合は上に、縦書きの場合は右横に訂正後の内容を記載します。続けて、削除・加入した文字数を「削除○字」「加入○字」と記入します。最後に、当事者全員の訂正印を訂正箇所に押します。

内容が改ざんされないように、数字は「一、二、三」ではなく、「壱、弐、参」を使います。また、「○文字削除」のように数字を先に持ってくると文字数をつけ加えやすいので避けるようにしましょう。訂正印は欄外に押しても法的には有効ですが、他の箇所を訂正することが可能になりますので、やはり、訂正箇所に押しておくのが確実です。

このように契約書を手書きで訂正するのは気を使う作業です。訂正が生じた場合は、取消線を引いたり、訂正印を押すことなく、可能であれば、契約書を作り直してしまう方がよいでしょう。その方が見栄えがよいだけでなく、間違いも起きにくいといえます。

また、契約書の誤字・脱字にも注意が必要です。ときには契約内容が変わってきてしまう可能性もありますので、最後に文章全体を通して音読し、校正を行いましょう。ページ数が多くなると、どうしても単純な入力ミス等が発生してしまうものです。作成した契約書について、複数の目で確認することも有効な手段です。

そして、署名の欄も重要な箇所ですので、不備のないようにしましょう。特に役職や商号を書き忘れてしまうと、会社ではなく署名者個人との契約とみなされてしまいますので、再度、確認をして、確実な契約を結ぶように心がけましょう。なお、部分的な訂正の場合は、上述の要領で行いますが、より大幅な訂正を、契約書を作り直さずに行う場合には、次のように行います。

つまり、条項を加入する場合は、たとえば、該当する条項周辺の余白

157

に「第○条第□条の間に第○条の2を加入 ㊞」と記載します。これに対し、ある条項を削除する場合は、たとえば、該当する条項周辺の余白に「第△条第3項を完全削除 ㊞」と記載します。

納入・検査のトラブル

納入が遅れたり、納入先の受け入れがうまくいかなかったり、注文していない商品が誤って納品されたりと、物品の売買契約では「納入」に関する部分でトラブルが起きやすくなります。遅延・欠品・誤納など、売主側のミスが多いのですが、受領拒否や誤注文など、買主によるものもあります。これらは、損害賠償や出荷停止などの処置をとることができるように、契約書に対応を明記しておきます。

納入についてのトラブルを回避するためには、注文書や領収書と共に、受領書の受渡しを必ず行うことが有効です。金銭が動く領収書と違い、受領の確認書は怠りがちですので、必ず行うように習慣付けることが大切です。

また、納入に関するトラブルと同様に、「検査」に関するトラブルも多く発生します。不良品が市場に出回ってしまうと、大変な損害になりますので、検査については、検査基準と検査方法を明確に提示しておくことが必要です。また、契約の相手が検査をする場合は、「検査期間」も忘れずに規定しておきましょう。

このように、トラブルの起きやすい「納入」と「検査」ですが、契約書では「検収（納品された品物を検査して受け取ること）」という用語でひとくくりで表されてしまうことがありますので要注意です。納入と検査は、まったく別過程ですので、このような曖昧な「検収」という用語は使用を避けるか、定義付けを明確にしておくことが必要でしょう。

クレームなどへの取り決め

ビジネスにお客様からのクレームはつきものです。契約の段階でも、顧客や第三者からのクレームに対して、誰が対応するか、また、その費用はどちらが負担するかの取り決めをしておかなければなりません。

一般的には、製品についてのクレームは、売主であるメーカー、販売やサービスについてのクレームは買主である小売店というのが妥当ですが、曖昧であったり、責任の所在がはっきりしないケースも発生しま

すので、責任の所在などは具体的に決めておく必要があります。いざ、お客様からクレームが入って、責任のなすり合いという事態は避けなければなりません。もちろん、相手側にクレーム対応をしてもらうことで、面倒な交渉は避けられますが、誤ったクレーム対応で商品や会社のブランド価値を下げてしまう可能性もありますし、製品開発や改善のヒントを得る機会を逃してしまうこともありますので、一概に相手側に任せてしまうのがよいともいえないのが現状です。

対応方法についても具体的に決めておく必要があります。クレーム対応にかかる費用の負担については、訴訟に発展し、損害賠償請求まで話

が及んだときのことも念頭に入れておいた方がよいでしょう。考え得るクレームや訴訟の内容を検討した上で、契約時には責任や費用の分担を決めておくのが賢明です。

また、今日では、著作権、特許権、意匠権、商標権などを含む「知的財産権」に関するクレームも増えています。これらは、重大な責任追及に発展する可能性もあるので、慎重な対応が必要とされます。

契約当事者が顧客や第三者に対して、権利を侵害する場合だけでなく、反対に、第三者に契約当事者が権利を侵害される場合も起こり得るので、どのケースのときに誰が対応するか、可能な限り細かく設定しておく方がよいでしょう。

検査条項

（納品及び検査）

第○条　乙は、物品を納品するときは、甲がやむを得ない理由があると認めた場合を除き、一括して納入しなければならない。

2　乙は、物品を納入するときは、納品書1通を甲に提出し、甲の指定する業者の検査を受けるものとする。検査に要する費用及び検査のために変質、変形、消耗又はき損したものを原状に復する費用は、すべて乙の負担とする。

3　前項の検査の結果、不合格の物品があるときは、乙は、遅滞なくこれを引き取り、速やかに代品を納入しなければならない。

4　甲は、支障のない限り、物品の納入があってから7日以内に検査を完了するものとする。

6 印鑑の押し方や印紙税について知っておこう

契約書の内容の矛盾はトラブルのもと

契印・割印の押し方を知っておく

　ビジネスにおける契約書は、たいてい複数枚にわたります。複数枚となる場合、無断での差替えや改ざんを防ぐため、すべてのページで、隣のページとまたがるように押印します。これを契印といいます。

　契印の押し方としては、①各葉のつなぎ目に契印を施す方法があります。複数枚をホッチキスで止め、各葉のつなぎ目にまたがるように、契約当事者全員の印で押印します。契印は各頁をつなぐ役目をし、各頁が一体であることを示します。

　他に、②契約書の1か所に契印を施すだけで足りる方法もあります。複数枚をホッチキスで止めた後、背を別紙でつつんでのりづけします。そして、のりづけの境目に契印を施します。これで、のりづけされた全体についての契印を施したことになります。特に頁数が多い場合には、①の方法よりも②の方法が簡単です。

　また、契約書に別書類を添付する場合は、割印を施すことによって、それらの添付書類が契約書と一体である旨を示すことができます。割印では、契約書を図（次ページ）のように重ねて、全当事者の印で押印をします。なお、割印は署名者の署名押印に使った印を用いなければなりません。

押印の種類には他にどんなものがある

　契約書についての押印には契印、割印の他に以下のものがあります。

① 訂正印

　契約書上の文字を訂正する場合に、訂正部分の余白に訂正内容を記載して、各当事者の印鑑で押印します。ただ、契約金額を訂正印で訂正するのは好ましくありません。

　契約書を訂正するときは、訂正する文字に二本線を引きます。そして、縦書きの場合はその右に、横書きの場合はその上に正しい文字を書き加えます。

② 捨 印

　文字の訂正に備えて、契約書上欄

余白部分にあらかじめ当事者が押印しておくものです。文字の訂正用として使われる建前になっていますが、捨印は契約書の偽造に濫用されるおそれが多分にあるため、原則として使用しない方が無難といえます。面倒でも、訂正箇所ごとに訂正印を押すようにした方がよいでしょう。

③ 消 印

契約書を作成した場合、それに基づいて取引が行われ、そこから経済的利益が見込まれることから、「印紙税」という税金の負担が求められます。契約書は印紙税の課税対象となる文書（課税文書）にあたり、収入印紙を貼付することにより、納税を行うことになります。

そして、消印とは、契約書に貼付された印紙と契約書面とにまたがってなされる押印のことです。契約書が印紙税法上の課税文書である場合、当事者は納税のため、契約書に所定額の収入印紙を貼付して、消印をする必要があります。

契約印の押し方

・契印と割印

契印

割印

・捨印

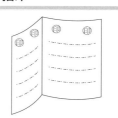

・訂正印

誤った文字の上に二本線を引き、上部に正しい文字を記入する場合	誤った文字の上に二本線を引き、上部に正しい文字を記入する。そして欄外に「削除2字」「加入1字」と記載する場合	訂正した文字をカッコでくくり、これに押印する場合
所在　豊島区池袋1丁目 地番　~~1~~番1 ㊞㊞ 　　　　2	削除2字 ㊞㊞ 　　　　加入1字 所在　豊島区池袋1丁目 地番　5番~~10~~ 　　　　　5	所在　豊島区池袋1丁目 地番　（8㊞7）18番9

相 談 印紙税

Case 契約において用いられる様々な文書の中には、印紙税の支払いが必要になる場合があるのでしょうか。

回 答 印紙税は、文書にかかる税金です。どのような文書が課税対象になるかは「印紙税法別表第一」（課税物件表）に示されています。課税物件によって分けられ、1号から20号まで20種類あります。たとえば、以下のような文書が印紙税の課税の対象になります。それぞれ契約書などの記載金額や領収金額に応じて、印紙税額が決まっています。

① 1万円以上の不動産の売買契約書など（第1号文書）

② 10万円以上の約束手形又は為替手形（第3号文書）

③ 5万円以上の売上代金の領収書や有価証券の受取書（第17号文書）

1号〜20号のどの課税文書に該当するかについては、単に契約書のタイトルで形式的に判断するのではなく、契約書の内容から実質的に判断します。なお、課税物件表に記載されているすべての文書に印紙税が課されるわけではありません。印紙税法の課税物件表に該当するものの、印紙税を課税しないとされている文書のことを非課税文書といいます。

印紙税の課税対象となる文書の典型は「契約書」です。印紙税法上の「契約書」とは、契約証書、協定書、約定書その他名称のいかんを問わず、契約（その予約を含む）の成立または内容変更等を証すべき文書をいうと規定されています（別表第一課税物件表通則5）。

また、手形や小切手の受領事実を証明するために作成された「受取書」も、印紙税法上の課税文書に該当する可能性があります（印紙税法別表第一第17号文書）。「領収書」「預かり書」「レシート」などの名目の文書も、「受取書」の一種として扱われます。なお、収入印紙を貼ることが義務付けられている文書に収入印紙を貼っていない場合、印紙税法上は脱税として過怠税が課されますが、その文書や契約書自体が無効になるわけではありません。

7 公正証書で契約書を強化する

金銭消費貸借契約や賃貸借契約でよく活用される

PART 4
契約・商取引と法務

どんな場合に作成するのか

公正証書とは、公証人という特殊な資格者が、当事者の申立てに基づいて作成する文書で、一般の文書よりも強い法的な効力が認められています。公証人は、裁判官・検察官・弁護士などの法律実務経験者や一定の資格者の中から、法務大臣によって任命されます。

公正証書には、強い証拠力があり、記載された日付には、その日に作られたという公証力（確定日付）が認められます。

たとえば、金銭消費貸借契約を例にとって説明しましょう。返済期限が過ぎても返済してくれない場合には、差押や競売といった強制執行ができるように強制執行認諾文言付の公正証書を作成します。これによって、金銭などの支払いのために債務者の財産について強制執行することができるわけです。

同様に売掛金債権の回収目的や、賃貸借契約における賃料滞納の場合の対抗手段など、広い目的で活用できます。

公正証書が利用される最大の理由は、公正証書に与えられる執行力、つまり、金銭の支払いや有価証券の給付を請求する場合に、公正証書に基づいて強制執行ができる点です。

債権回収をはじめとする法的な紛争では、様々な手を尽くしても効を奏さないときには、最終的に訴訟となり、判決を受けて、これに基づいて債務者の財産に対して強制執行（債務者に義務を強制的に履行させて、債権者の権利を実現する手続きのこと）を行います。強制執行を行うためには、その根拠となるものが必要です。それを債務名義と呼びます。

債務名義には、確定判決の他に、調停証書や和解調書、仮執行宣言付支払督促などがありますが、公正証書も一定の要件を備えれば、債務名義になります。ですから、公正証書に基づいて強制執行を行うことが可能になります。

ただし、どんな契約書でも公正証書にすれば債務名義となり得るわけ

163

ではありません。これには以下のような2つの条件が必要です。

1つは、請求内容が、一定額の金銭の支払いであるか、有価証券などの代替物の一定数量の給付を目的とすることです。そのため、金額についても、公正証書中で判断できるように明記しておく必要があります。

もう1つは、債務者が「債務を履行しない場合には強制執行を受けても文句は言わない」旨の記載がなされていることです。この記載を**執行受諾文言**とか**執行認諾約款**（強制執行認諾約款）といいます。

執行受諾文言は、一般には「債務を履行しないときには直ちに強制執行を受けても異議のないことを認諾します」というように記載されます。この記載があれば、公正証書に記載された一定額の金銭の支払いなどについて、訴訟を経なくても強制執行（207ページ）を申し立てることができるわけです。執行受諾文言は、取引などにおいて売買代金や報酬を請求する際に強力な武器になるので、忘れずに記載しましょう。

また、公正証書には、法律上の効力だけでなく、事実上の効力も見逃せません。公正証書の訴訟における証拠力の高さや、強制執行時の債務名義としての効力は、こうした強力な効力があるという事実が、とりわけ債務者にとって大きな影響を及ぼします。つまり、債務者が、「履行しなければ裁判の場で不利になるかもしれない」と思ったり、「なんとしても債務を履行しよう」という気持ちになる効果があります。

公正証書のメリット

メリット

- 真正に成立した文書であると推定される
- 公正証書の原本が公証役場で厳重に保管される
- 強制執行認諾約款の記載があれば、訴訟を経ずに強制執行を申し立てることができる
- 通常の契約書よりも強力な心理的圧力をかけることができる

相談 公正証書

Case 公正証書の記載はどのようになっているのでしょうか。作成するための手続きについても教えてください。

回答 公正証書の正本には、①全文、②正本であることの記載、③交付請求者の氏名、④作成年月日・場所が記載されます。公正証書の正本に記載されている全文は、さらに2つのパートから成り立っています。1つ目のパートに具体的な内容（本旨といいます）が記載されています。具体的な内容とは、公証人が嘱託人や嘱託人の代理人から聞き取ってそれを録取した契約、事実関係に関する部分のことです。この本旨は、嘱託人が公正証書に記載してもらいたい内容として伝えた内容を、実際に公証人が聞き取って記載したものです。具体的には、不動産の売買などであればその売買契約の内容、遺言書の場合には遺言の内容などです。

法律行為に関する公正証書作成に必要な手数料

（平成30年7月現在）

	目的の価額		手数料	
法律行為に関する証書の作成	100万円以下		5,000円	
	200万円以下		7,000円	
	500万円以下		11,000円	
	1,000万円以下		17,000円	
	3,000万円以下		23,000円	
	5,000万円以下		29,000円	
	1億円以下		43,000円	
	1億円超～3億円以下：56,000～95,000円、3億円超～10億円以下：106,000円～249,000円、10億円を超える場合には249,000円に5,000万円までごとに8,000円を加算する			
その他	私署証書の認証	11,000円（証書作成手数料の半額が下回るときはその額）		外国文認証は6,000円加算
	執行文の付与	1,700円		再度付与等1,700円加算
	正本または謄本の交付	1枚　250円		
	送達	1,400円		郵便料実費額を加算
	送達証明	250円		
	閲覧	1回　200円		

165

もう1つのパートには、公正証書を作成する際の形式についての記載です。この記載を本旨外記載事項といいます。嘱託人の住所・氏名・年齢、公正証書を作成した年月日、公正証書を作成した場所といった事項が本旨外記載事項にあたります。

●公証役場への依頼

公正証書を作成するには、当事者本人であることを確認してもらうため、実印と3か月以内に発行された印鑑証明書など本人確認できるものを用意します。公正証書を作成するには、公証役場へ行きます。債権者と債務者がいっしょに公証役場へ出向いて、公証人に公正証書の作成をお願いします（これを嘱託といいます）。契約当事者双方が出向く必要がありますが、本人ではなく代理人に行ってもらうことは可能です。

会社など法人の場合、持参すべき書類は、代表資格を証明する商業登記事項証明書、届出代表者印、印鑑証明書（発行日から3か月以内のもの）、資格証明書などです。また、代理人に行ってもらうためには、本人が発行した委任状と本人の印鑑証明書、さらに代理人の印鑑と印鑑証明書が必要です。

契約当事者の間では、公正証書にしてもらう文書の内容をあらかじめ決めておきます。契約書があればそれを持っていけばよいのですが、なければ主要な点だけでもメモしたものを持っていくのがよいでしょう。

公正証書の作成方法

申請前に公正証書の作成について当事者の合意が必要

↓

申請書類を再チェック

・公正証書にしたい文面
・法人の場合は代表者の資格証明書・商業登記事項証明書など
・個人の場合は印鑑証明書と印鑑など

↓

最寄りの公証役場へ行く

↓

公証人が文書を作成

8 電子商取引と電子契約について知っておこう

事業者は、消費者が申込内容を確認できる措置をとる

電子商取引と対面取引との違い

　商取引の中でもインターネットなどの電子的なネットワークを介して行われる商取引を電子商取引といいます。特にインターネット上で取引を行う場合（ネット取引）は、ホームページなどの画面にあるフォームの送信機能を利用したり、電子メールを利用して行います。通常、人が取引を行う場合には、相手の様子や企業の雰囲気などを実際に目で見て判断しますが、電子商取引ではそれができません。さらに、売買契約を行ったとして、その契約がいつ成立したものであるか、わかりにくいという問題もあります。

　また、電子商取引の場合、契約が成立していることを示すものは電子データです。電子データは、その性質上、改ざんされたりコピーされやすいため、非常に不安定で、契約の証拠には向かない性質のものです。

ネット取引の危険性と電子署名

　電子商取引の代表例であるネット取引の証拠となる電子メールなどは、電子データであり、改ざんされやすい等の問題があります。ただ、電子署名・電子認証制度といった技術によって、ある程度の対応がなされています。この制度は「電子署名及び認証業務に関する法律」（電子署名法）によって守られています。

　電子署名がなされた電子文書は、本人が自分の意思で作成したものであると推定されます。万一裁判になった場合にも、電子署名つきの電子文書が手元にあれば、簡単に証拠として使うことができます。

　現在、電子署名には「公開鍵暗号方式」と呼ばれる技術が広く使われています。公開鍵暗号方式は、秘密鍵と公開鍵という2つのデータを使います。この2つのデータは、印鑑登録制度と似たしくみで、それぞれ印鑑と印影のような役割を果たします。電子署名が本人のものかどうかの確認は、電子認証という電子証明書の発行によって行います。国税の電子申告や登記のオンライン申請等

PART
4

契約・商取引と法務

167

においても、電子署名が用いられています。電子署名・認証制度は、認証機関が本人確認を行うので、通信の相手方は署名が本物であると信用することができます。

電子契約はどの段階で成立しているのか

ネット取引では、事業者側は、商品の情報をホームページなどに掲載します。これを「申込の誘引」といいます。消費者がこの申込の誘引に応じて商品を注文することを**申込**といいます。消費者の申込の意思表示を受け、事業者が応じることを**承諾**といいます。契約は売主と買主という契約の当事者間で、申込と承諾というお互いの意思が合致して初めて成立するのが原則です。しかし、当事者同士が遠く離れた場所にいて契約をする場合には、申込と承諾の時期にずれが生じます。

このような遠隔者間における契約について、改正前民法は承諾の通知の発信時に契約が成立すると定めていました。しかし、平成29年の民法改正では、承諾の通知が相手方に到達した時点で契約が成立する（到達主義）と規定しています。

ネット取引もお互いに離れた場所

での取引ですが、インターネットを用いることで、通常の遠隔地の契約と異なり、承諾の意思表示は直ちに相手に到達します。この特徴をふまえて、従来から電子契約法は、ネット取引の場合には、承諾の通知が相手方に到達した時に契約が成立するという到達主義を採用しています。

具体的には、ネットショップで商品を購入する場合、顧客は連絡先のメールアドレスを店側に伝え、注文を受けた店舗は、指定されたアドレス宛に承諾の通知を送ります。ここで指定アドレス宛に承諾のメールを送信する場合、メールの情報がメールサーバーに記録された時点で、承諾の通知が到達したと扱われます。

つまり、サーバーに情報が記録されればよく、顧客が実際に承諾メールを読む必要はありません。サーバーに記録された後に、システム障害などによってデータが消滅しても、到達の有無に影響はありません。

一方、サーバーが故障して、承諾メールの情報が記録されていない場合は、到達なしと扱われます。

操作ミスをしても救済される

パソコンやスマートフォンなどでは、瞬時に処理がなされるため、間

違いに気づいたときには、すでに取り返しのつかないことになっていることもあります。

このとき、業者側が悪質に申込を誘引している場合は別として、画面の説明をよく読まずにクリックしたなど、消費者が勘違いしているケースでは、民法が規定する錯誤に基づき、契約を無効にしたいと考えることもあるでしょう。

なお、2020年4月施行予定の改正民法では、錯誤が無効事由ではなく「取り消すことができる」というように取消事由に改められます。電子契約法では、このような消費者の操作ミスの救済が図られています。

民法の規定では、重大なミス（重大な過失）で勘違いをして意思表示をしたときは、錯誤による契約の無効（取消）を主張できません。操作ミスは重過失とされる可能性があります。電子契約法では、この民法上の原則に対する例外を定めています。

具体的には、事業者側には、消費者が申込を確定させるより前に、自分の申込内容を確認できるようにする義務が課せられています。申込内容が確認できない場合で、消費者がコンピュータの操作を誤った場合には、誤って送信した契約申込の意思表示の無効（取消）を主張できます。

他方で、消費者が申込の意思表示をする画面で、申込内容を確認できるように事業者側が作っていた場合は、消費者側で誤って送信した申込の意思表示について、錯誤による無効（取消）を主張できません。また、申込内容の表示を見て訂正可能な状態である場合も、錯誤による無効（取消）の主張はできません。

PART
4

契約・商取引と法務

電子契約法上の契約の成立時期

改正前の民法の原則
契約の成立

申込の発信　　申込の到達　　承諾の発信　　承諾の到達　　時間

契約の成立
電子契約法の定め・改正民法

169

9 消費者保護に関わる法律について知っておこう

おもに消費者契約法・特定商取引法・割賦販売法の規定に注意

消費者契約法とは

消費者契約法は、消費者と事業者が契約する際に、消費者に不当に不利な契約が結ばれないようにするためのルールを定めた法律です。消費者契約法による保護が必要なのは、消費者と事業者との間に情報量や経験、交渉力などの面で、圧倒的な格差がある場合です。つまり消費者契約法の適用により、消費者を事業者と対等な立場に立たせることが目的です。法人だけでなく、飲食店、販売店、塾経営者、弁護士事務所、司法書士事務所などの個人事業主も「事業者」として扱われます。

消費者と事業者の間で締結される労働契約を除く契約は、すべて「消費者契約」となります。つまり、消費者契約法は、強引な売込みを行う特定の業種や業態だけに適用されるものではありません。過去には、私立大学の前納授業料の不返還措置に対して適用された例もあります。一般の消費者に対して営業活動を行うすべての企業は、消費者契約法の規制への対応を十分に検討することが求められているといえます。

消費者取消権とは何か

消費者取消権とは、消費者と事業者の間で締結された消費者契約を、消費者側から取り消すことができる権利です。具体的には、事業者が消費者契約の勧誘をする際に、①消費者に対し重要事項につき事実と異なることを告げた結果（不実告知）、告げられた内容が事実であると誤認した場合、②将来まだどうなるかがわからない不確実な事柄が、あたかも確実であるかのような説明をした結果（断定的判断の提供）、その断定的判断が確定的なものと誤認して取引した場合などに、消費者はその消費者契約を取り消すことができます。

取り消された場合、消費者がすでに支払った代金があれば、事業者はその代金を消費者に返還し、消費者がすでに受け取った商品があれば、消費者はその受け取った商品を事業者に返還することになります。

170

不当な条項は無効になる

事業者としては、後から問題が発覚した際、法的責任を負うことを避けたいため、契約で「後で問題が生じても責任を負わない」特約を設けることがあります。しかし、それでは後で消費者が救済されず、不合理な結果になります。

そこで、消費者契約法は、契約で定めた消費者に一方的に不利益となる条項（不当条項）を無効とする旨を規定しています。具体的には、以

取消が認められるケース

内　容	具体例
重要事項について事実と異なることを告げ、消費者を誤認させること	普通の仏像を「これは特別な仏像」とウソをつき、高価な価格で売りつける場合
物品、権利、役務その他の契約の目的となるものに関し、将来におけるその価額、将来において当該消費者が受けとるべき金額その他の将来における変動が不確実な事項につき断定的判断を提供して、消費者を誤認させること	「この株は必ず値上がりします」と不確定な将来の株価変動に対し断言する場合
消費者に対してある重要事項または当該重要事項に関連する事項について消費者の利益となる旨を告げ、かつ、重要事項について消費者の不利益となる事実を故意に告げなかったこと	先物取引で「大幅に利益が出ます」とだけ顧客に伝え、「商品の値下がりで大きく損をすることもある」ことをわざと言わなかった場合
事業者に対し、消費者が、その住居またはその業務を行っている場所から退去すべき旨の意思を示したにもかかわらず、それらの場所から退去しないこと	セールスマンが「商品を買うまで帰らない」と家に居座る場合
業者が契約の締結について勧誘をしている場所から消費者が退去する旨の意思を示したにもかかわらず、その場所から消費者を退去させないこと	店に鍵をかけ、「帰りたい」と言っている顧客が商品を購入するまで店から出さない場合
契約の目的となるものの分量等が消費者にとっての通常の分量等を著しく超えるものであることを知っていたにもかかわらず、事業者が契約を勧誘したこと	一人暮らしの高齢者に敷布団や掛け布団を何十枚も売りつける場合

※「重要事項」とは、消費者が契約を締結するかどうかについての判断に通常影響を及ぼしている内容のこと。たとえば契約の対象物そのものやサービスの質、その用途、対価などがある。また、契約の目的となるものが消費者の生命、身体、財産その他の重要な利益についての損害又は危険を回避するために通常必要であると判断される事情も含まれる。

下のような条項が問題になります。

① 債務不履行責任の免責特約

事業者の債務不履行について、賠償責任の「全部」を免除する条項を置いたとしても、そのような条項は無効になります。

一方、債務不履行の「一部」免責条項は、事業者に故意（どのような結果を招くかについて理解していること）または重過失（不注意の程度が著しいこと）がある場合にまで、賠償責任の一部免除を認めている場合には、その条項が無効となります。

② 不法行為責任の免責特約

事業者の不法行為により消費者に生じた損害について、賠償責任の「全部」を免除する条項を置いたとしても、その条項は無効になります。

一方、不法行為による損害賠償責任の「一部」を免除する条項は、事業者に故意または重過失がある場合にまで、不法行為責任の一部免除を認める内容であれば、その条項は無効となります。

③ 瑕疵担保責任の免責特約

消費者契約が有償契約である場合、事業者の瑕疵担保責任による賠償責任の「全部」を免除する条項を置いたとしても、その条項は無効となります。ただし、事業者が目的物を瑕疵のない物と交換する場合や、目的物の瑕疵を修理・補修する責任を負う場合は、無効とはされません。

なお、2020年4月施行予定の改正民法では「契約不適合責任」の免責特約が問題とされます。

④ 高額の違約金を定める契約

消費者契約の解除に伴う損害賠償の額や違約金を定めた場合、事業者に生ずべき平均的な損害の額を超える賠償額を予定したとしても、その超える部分を無効としています。

⑤ 消費者の利益を一方的に害する規定

民法や商法などの任意規定（当事者の合意で変更できる規定のこと）と比べて、消費者の権利を制限し、または消費者の義務を加重する消費者契約の条項で、消費者の利益を一方的に害するものは無効となります。

特定商取引法とは

特定商取引法は、消費者と事業者との間で特にトラブルになることが多い取引を特定商取引としてとりあげ、その取引をする際のルールを定めています。全体としては、取引が行われる際に不当な契約が結ばれないようにするため、事業者を規制することを目的としています。

特定商取引は、①訪問販売、②通信販売、③電話勧誘販売、④連鎖販売取引、⑤特定継続的役務提供、⑥業務提供誘引販売取引、⑦訪問購入の7種類です（①～⑦で規制されるおもな商法は下図参照）。また、未購入の商品が突然送り付けられた場合（ネガティブオプション）の取扱

PART 4

契約・商取引と法務

特定商取引法で規制される内容

取引	規制されるおもな商法	クーリング・オフできる期間
訪問販売	・押売り（自宅に突然訪問してきて商品を販売する商法） ・キャッチセールス（駅前・街頭といった場所で目的を隠して営業所に勧誘する商法） ・アポイントメントセールス（販売目的を隠してメール・手紙などで誘い出す商法） ・催眠商法（会場に誘い出した客を話術や雰囲気で高揚させ、商品の販売を行う商法）	8日
電話勧誘販売	・資格商法（家庭や職場に電話をかけて資格取得の勧誘を行い、電話中に契約を結ばせたり、申込書を郵送させたりする販売方法）	
特定継続的役務提供	・無料体験商法（無料体験を誘い文句に客を誘い出し、エステや英会話教室、学習塾といったサービスの受講契約を結ばせる商法）	
訪問購入	・押し買い（自宅を訪れた業者に貴金属やアクセサリーなどを安値で強引に買い取られてしまう商法）	
連鎖販売取引	・マルチ商法・マルチまがい商法（商品等を購入して入会し、新たに入会者を紹介すると手数料が入るシステムで組織を拡大させる商法）	20日
業務提供誘引販売取引	・内職商法（新聞の広告やダイレクトメール、自宅への電話などで勧誘して高額な道具を購入させるが、仕事はまったく紹介しないという商法） ・モニタ商法（収入が得られる仕事を提供するが、その仕事に使うことを理由に商品を販売する商法）	
通信販売	・電話やインターネットといった通信手段を利用して広告することで販売業者と対面せずに契約させる商法	クーリング・オフ制度がない
ネガティブオプション	・送り付け商法（注文していない商品を一方的に送り付け、後から代金を請求する商法）	

173

いに関するルールも定めています。

特定商取引法の規制

特定商取引法は、特定商取引として規制する取引ごとに分けて、必要なルールを定めるという構造を採用しており、特定商取引を行う事業者に対して、広告や書面の交付、不当な勧誘の禁止、クーリング・オフ制度、中途解約権の保障などのルールを設けています。

特に重要なルールが、通信販売を除いた特定商取引に認められている**クーリング・オフ制度**です。

クーリング・オフとは、商品の申込又は購入の後、思い直した場合に申込の撤回または契約の解除ができる権利のことです。事業者は消費者にクーリング・オフという権利があることを伝え、消費者のクーリング・オフの行使を不当に妨害することを避けなければなりません。

割賦販売法が規制する取引

企業が販売した商品やサービスの対価については、クレジットカードなどを利用して決済することがあります。特に、インターネットを利用した通信販売では、クレジットカード決済するのが通常かもしれません。

このような、代金の支払いを何回かに分割して行う販売方式について規定しているのが**割賦販売法**です。割賦払いは支払方法や割賦金利などの点で複雑な契約であるため、当事者が不利益を被らないように、割賦販売法でルールが定められています。

割賦販売が適用される取引は、①割賦販売、②ローン提携販売、③包括信用購入あっせん、④個別信用購入あっせん、⑤前払式特定取引の5種類です。信用取引は代金後払いが多いですが、⑤の前払式特定取引は前払いです。また、①の割賦販売にも代金前払いの前払式割賦販売という態様の取引があります。

割賦販売法の規制する販売形態

割賦販売法が規制する取引の概要は以下の通りです。

① **割賦販売**

割賦販売とは、物品やサービス等の代金を、分割で支払うことを約束して売買を行う販売形態のことです。ただし、割賦販売法の定める割賦販売というためには、対象と支払条件について、一定の要件を充たす必要があります（次ページ図）。

売主と買主の間で、直接割賦販売が行われるため、「自社割賦」と呼

ばれることもあります。代金が後払いのものと前払いのものがあります。

② **ローン提携販売**

自動車や宝石などの高価な物品を扱う店に行くと、店側から「当社が紹介する金融機関を利用すれば、有利な条件でローンを組んで購入することができますよ」などと勧められることがあります。このような提携金融機関を介した販売形態を「ローン提携販売」といいます。

売主は、金融機関で買主が借り受けた金銭から支払いを受けることができるので、「代金を受け取れないかもしれない」というリスクを回避することができます。ただ、買主のローンの返済が滞った場合、売主が金融機関に対し、保証債務を履行し

なければなりません。

③ **包括信用購入あっせん**

消費者が商品の購入やサービスの提供を受ける際に、売主と消費者の間に介在して、代金支払の取扱いを代行することを信用購入あっせんと呼びます。よく利用されるケースとして、消費者がクレジットカードを利用して商品などを購入し、代金を信販会社等が立て替える場合があります。このようにクレジットカード等を利用して、限度額の中で包括的に与信（信用を与えて代金の支払時期を商品等の引渡時期よりも遅らせること）をするタイプを包括信用購入あっせんと呼びます。

④ **個別信用購入あっせん**

包括信用購入あっせんと異なり、

割賦販売法の規制する取引

取　引	対　象	支払条件
①割賦販売	指定商品・指定権利・指定役務に限定	2か月以上にわたり、かつ3回以上に分割して支払うもの
②ローン提携販売	指定商品・指定権利・指定役務に限定	2か月以上にわたり、かつ3回以上に分割して支払うもの
③包括信用購入あっせん	商品・役務・権利のすべて	2か月超にわたるものであれば1回払い・2回払いも対象
④個別信用購入あっせん	商品と役務のすべてと指定権利	2か月超にわたるものであれば1回払い・2回払いも対象
⑤前払式特定取引	商品と政令で定める役務	2か月以上にわたり、かつ3回以上に分割して支払うもの

※ただし、法定の適用除外事由に該当する取引は割賦販売法の規制対象とならない

クレジットカード等を使用せずに、車・宝石・呉服・携帯電話などの商品を買うたびに契約し、与信を行うものを個別信用購入あっせんと呼びます。クレジット契約、ショッピングローンなどとも呼ばれています。

⑤　前払式特定取引

経済産業大臣の許可を受けた特定の事業者に対し、会費などの名目で代金を支払って、特定の物品やサービスの提供を受けることができる取引を前払式特定取引といいます。

たとえば、百貨店やスーパー等の友の会などに入会して月々の会費を支払うと、一定期間後に商品券等が提供される、冠婚葬祭互助会に入会して月々の会費を支払うと、その一部が積み立てられ、結婚式や葬儀の必要が生じたときに積立金を利用して一般より割安で式を行うことができる、といった制度も前払式特定取引にあたります。

事業者が知っておくべきこと

事業者は、まずどのような取引が割賦販売法の対象になるかを正確に把握する必要があるでしょう。

事業者が知っておくべき規制を大きく2つに分けると、取引条件の開示に関する規制と、契約内容に関す

る規制があります。取引条件の開示に関する規制は、広告の方法、必要事項を記載した書面の交付などの規制です。契約内容に関する規制は、消費者が不利益を被るような条項を定めることを禁止する規制です。

割賦販売法の適用対象にならない商品もある

割賦払いで商品を購入すれば、常に割賦販売法が適用されるということにはなりません。まず、割賦販売とローン提携販売については、取引の対象が指定商品(真珠、書籍、化粧品などが指定)・指定権利・指定役務(サービス)でない場合には、割賦販売法の適用対象外です。

包括信用購入あっせんは、すべての商品・権利・役務が適用対象となるのが原則です。一方、個別信用購入あっせんには、権利については指定権利(語学の教授を受ける権利などが指定)に適用対象が限定されていますが、商品・役務はすべての商品・役務が適用対象となるのが原則です。

また、前払式特定取引の適用対象は、すべての商品と指定役務(婚礼・結婚披露のための施設の提供・衣服の貸与など)のみです。

10 独占禁止法について知っておこう

自由競争を妨げる行為を規制している

独占禁止法とは

独占禁止法は、経済全体がうまく回るようにするための企業活動の基本的ルールを定めた法律です。正式には、「私的独占の禁止及び公正取引の確保に関する法律」といいます。

事業者同士が市場の中で競争をすれば、商品の価格が低くなったり、質が向上したりするので、事業者同士の競争は商品やサービスを購入する消費者の利益につながります。しかし、事業者の行為によっては、市場での競争が失われてしまいます。たとえば、事業者同士が話し合って、十分な利益が出るように自分たちで商品の値段を決めてしまうと、価格競争が行われなくなります。その結果、消費者は高い価格の商品を買わざるを得ない状況になります。

そのため、公正な競争を失わせるような事業者の行為を禁止し、消費者の利益を確保し、国民経済の健全な発展を図るために制定されたのが独占禁止法です。

独占禁止法は、おもに次の3つの行為を規制しています。

① 私的独占

私的独占は、事業者が、他の事業者を排除・支配することで、市場での競争を実質的に制限した場合に成立します。

事業者とは、商業・工業・金融業その他の事業を行う者です。具体的には、商品やサービス（役務）の供給に対し反対給付を反復継続して受ける経済活動を行っている者をいいます。このような経済活動を行っていれば主体を問わず事業者となるので、国や地方公共団体も上記の経済活動を行う限りで「事業者」となり、独占禁止法の適用を受けます。また、医師や弁護士といった自由業を営む者も、経済活動を行っている以上「事業者」に該当します。

次に、前述した他の事業者の「排除」や「支配」についてもう少し詳しく見ていきましょう。

排除とは、他の事業者の事業活動に不当な圧力などを加えることで、その事業活動の継続を困難にしたり、

PART
4

契約・商取引と法務

177

新規参入を困難にさせる行為をいいます（排除型私的独占）。

たとえば、市場から締め出したい事業者とだけ取引を拒絶して、その事業活動を困難にさせることが「排除」に該当します。

支配とは、他の事業者の意思決定を拘束して、自分の意思に従わせることをいいます（支配型私的独占）。株式取得、役員派遣などが利用されることが多いといえます。たとえば、Ａ社がＢ社の株式のほとんどを保有していれば、Ｂ社の経営陣はＡ社の意向に従わざるを得ません。このときにＢ社の経営陣がＡ社の指示によってＢ社を動かしていれば、Ａ社の行為はＢ社を「支配」していることになります。

また、私的独占が成立するためには、市場での競争を実質的に制限するという効果が生じることが必要です。したがって、他の会社を市場から「排除」したとしても、それにより市場での競争が失われなければ、私的独占は成立しません。

② 不当な取引制限

不当な取引制限とは、事業者が他の事業者と共同して、市場での競争を失わせる（実質的に制限する）ことをいいます。

不当な取引制限に該当する行為としては、入札談合、カルテルなどがあります。入札談合は、他の事業者と協力して、入札で競争をせずに特定の事業者が高値で落札できるように行動することをいいます。カルテルとは、他の事業者と協力して価格を引き上げたり、販売数量を減らすことをいいます。

また、他の事業者と共同研究開発を行うこと、商品の規格化を行うこと、商品の共同生産・販売を行うことなども、不当な取引制限に該当する可能性があります。事業者同士の情報交換が行われることで、互いの企業内部の情報が筒抜けになってしまいます。その情報交換の過程で、商品の価格や販売数量といった情報も、事業者同士でやり取りされることになるので、結果的に商品の価格が同じになるなど、市場での競争を制限するおそれがあります。

このように、不当な取引制限には様々なパターンがあります。

③ 不公正な取引方法

公正な競争を阻害するおそれのある行為のことをいいます。たとえば、以下に挙げるものなどが不公正な取引方法に該当します。

・優越的地位の濫用

自分が相手の事業者よりも強い立場にあることを利用して相手の事業者に無理な要求をすることをいいます。

・**不当廉売**

商品を不当に安い価格で販売して同業他社を困らせることをいいます。

・**抱き合わせ販売**

人気のある商品に人気のない商品を合わせて必ずセットとして販売することをいいます。

・**排他条件付取引**

自社とだけ取引をして同業他社と取引をしない、ということを条件に取引を行うことをいいます。

また、独占禁止法は、企業結合（合併や事業譲渡など、企業間がお互い

の利益のために様々な形態で結びつくこと）についても規制しています。市場で競争している事業者同士が合併や事業譲渡、役員の兼任といった方法で結びつきを強めてしまうと、事業者同士が協力することで市場での競争が失われてしまいます。

そのため、企業同士が結びつきを強める企業結合も、独占禁止法によって禁止されています。そして、独占禁止法を運用している国の機関は公正取引委員会です。公正取引委員会は、独占禁止法に違反している事業者を摘発して、後述する排除措置命令や課徴金納付命令という行政処分を行います。

PART
4

契約・商取引と法務

不公正な取引方法として独占禁止法が禁止するおもな行為

不公正な取引方法に該当する行為
①特定の事業者と取引をしない、させないこと（取引拒絶）
②同じ製品の価格を場所や人によって差別すること（差別価格）
③不当に安い価格で販売すること（不当廉売）
④買占めなど不当に高い価格で購入すること（不当高価購入）
⑤虚偽・誇大広告、過大な景品により顧客を誘引すること
⑥他の製品と抱き合わせて販売すること
⑦競争者と取引しないことを条件として相手方と取引すること
⑧商品の販売価格を相手方に自由に決めさせないこと
⑨相手方の取引先や販売地域を拘束すること
⑩自己の優越した地位を利用して相手方に不利益な条件をつけること
⑪競争相手の取引を妨害したり、不利益となる行為を誘引・そそのかし・強制すること

179

相談 独占禁止法と罰則

Case 独占禁止法に違反すると罰則を負うこともあるのでしょうか。違反しないために日頃注意すべき点は何でしょうか。

回答 独占禁止法に違反した事業者は、おもに民事責任・行政処分・刑事責任という3つの責任を負います。

① **民事上の損害賠償責任**

独占禁止法違反行為によって損害が生じた場合、被害者から損害賠償請求を受けることがあります。この賠償責任は、故意や不注意がなくても責任を負う無過失責任であることは知っておくべきです。

② **行政処分**

事業者が独占禁止法に違反すると、公正取引委員会から排除措置命令という行政処分が行われます。排除措置命令に従わないと刑事責任を問われます。また、私的独占やカルテルといった独占禁止法違反行為によって得た利益を没収するため、課徴金納付命令という行政処分も行われます。課徴金の金額は違法行為を繰り返す事業者ほど多く課せられるしくみになっています。

ただし、この課徴金制度には、独占禁止法違反となる事実を公正取引委員会に進んで報告した事業者に対する課徴金の額を免除・減額する制度である課徴金減免制度があります。たとえば、カルテルに関する公正取引委員会の調査開始日前に、最初に独占禁止法違反の事実を報告した者については課徴金が全額免除されます。また、2番目に独占禁止法違反の事実を申請した事業者については課徴金の5割が減額され、3番目から5番目に申請した事業者については課徴金の3割が減額されます。

③ **刑事罰**

違法行為によって刑事罰の程度は異なってきますが、私的独占又は不当な取引制限をした者に対しては、5年以下の懲役または500万円以下の罰金が科されます。

●独占禁止法違反となる行為を行わないために

　どのような行為が独占禁止法違反となるかについては、わかりにくい部分が多く、企業内でも、独占禁止法違反に該当する行為を行っている者自身に、違反の認識がないケースがあります。たとえば、不用意に自社と競合関係にある企業との情報交換を行っている企業などが挙げられます。少しでも独占禁止法違反となる疑いがある行為については、法務部門として、積極的に情報収集を行い、独占禁止法に詳しい弁護士なども交え検討しておくことが必要といえます。役員や従業員に対する独占禁止法に関する啓蒙活動を行うことも、法務部門の重要な役割だといえます。また、万が一独占禁止法違反となる行為を行った場合には、適切な事後処理が必要です。まずは社内で事情聴取を行い、正確な事実関係を把握し、弁護士などの専門家に相談します。その結果、独占禁止法に違反することが確実であると判明した場合は、課徴金減免制度の対象となる可能性もあるため、独占禁止法違反の事実を公正取引委員会に迅速に報告すべきです。

　なお、独占禁止法に違反するのかどうかについて、具体的な事実を示して、公正取引委員会に事前に相談することもできます。ただし、事前相談を行った者の名称と相談内容が公表されることに同意しなければなりません。

独占禁止法に違反する行為に対するおもな罰則

違法行為	罰　則
私的独占や不当な取引制限に該当する行為を行った者	5年以下の懲役または500万円以下の罰金（独占禁止法89条）
私的独占や不当な取引制限に該当する行為を行った企業	5億円以下の罰金（独占禁止法95条）
不当な取引制限に該当する談合を行った場合	刑法の談合罪（3年以下の懲役または250万円以下の罰金）（刑法96条の6第2項）
公正取引委員会に対する所定の届出の不提出、または虚偽記載	200万円以下の罰金（独占禁止法91条の2）

11 下請法について知っておこう

立場の弱い企業を守る法律である

下請法とはどんな法律なのか

下請法は、大企業と取引をした下請事業者が、大企業から不当な要求をされることを防ぐ目的で制定された法律です。下請事業者は、大企業が重要な取引先となっているケースが多いので、大企業との関係が悪化してしまうと事業活動が立ち行かなくなってしまいます。そのため、大企業から不当な要求をされたとしても、その要求をのまざるを得ない立場にあります。そこで、下請事業者を大企業などからの不当な要求から守るために、下請法が制定されました。

下請法は、規模の大きな企業が規模の小さい企業と委託契約を締結する際に、規模の大きな企業の側が小さい企業に対して不当な要求をすることを禁止しています。規模が大きいか小さいかについては、相対的な関係で決まります。下請法は、規模の大きな企業を「親事業者」、規模の小さい企業や個人事業者を「下請事業者」と定義した上で、親事業者と下請事業者との間で請負契約を締

結する際に、親事業者が下請事業者に対して不当な要求をすることを禁止しています。たとえば、「資本金が３億円を超える事業者」が親事業者になり「資本金３億円以下の事業者」が下請事業者になる場合のように、事業者の規模に応じた規制を設けています。

独占禁止法との関係

下請法で禁止されている行為の多くは、独占禁止法の優越的地位の濫用の規定によっても禁止されている行為です。たとえば、大企業が元請になり中小企業が下請となった場合に、大企業が下請に支払う代金を不当に減額することは優越的地位の濫用（178ページ）に該当します。

しかし、優越的地位の濫用の規定は抽象的で、どのような行為が優越的地位の濫用に該当するのかわかりにくいという欠点があります。これに対して、下請法では、元請の下請に対するどのような要求が禁止されるのかについて具体的に示されてい

ます。そのため、違反行為に対しても、迅速に規制できます。

適用対象になる取引は4類型ある

下請法が適用される取引は、「製造委託」「修理委託」「情報成果物の作成委託」「役務の提供委託」です。そして、これらの委託契約が、規模が大きい企業を注文者、規模が小さい企業を請負人として契約が締結される場合に下請法が適用されます。

製造委託契約とは、ある事業者が他の事業者に対して、製品の規格等を指定して物品を製造することを委託する契約のことをいいます。物品を販売している事業者が他の事業者に対して物品の製造を委託したり、物品の製造をしている事業者が他の事業者に委託をすることは製造委託契約に該当します。

この他にも、自社で修理している機械の修理に必要な部品の一部の製造を他の事業者に委託することや、自社の工場で使用する機械の製造を他の事業者に委託することも製造委託契約に該当します。

修理委託とは、事業者が業務として請け負う物品の修理を他の事業者に委託することをいいます。たとえば、物品の修理を請け負った事業者が修理の一部を他の事業者に委託したり、自社の工場で使用する物品の修理を業務として行っている場合に、その修理の一部を他の事業者に委託することがこれにあたります。

情報成果物の作成委託とは、事業者が業務として行っている映像やデザインなどの情報成果物の作成を他の事業者に委託することをいいます。たとえば、テレビのコマーシャルを

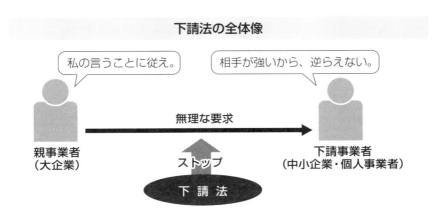

下請法の全体像

製作する広告会社が、コマーシャルの一部の製作を他の事業者に委託することがこれにあたります。

役務の提供委託とは、事業者が業務として行っている役務提供の一部を他の事業者に委託することをいいます。たとえば、ビルのメンテナンスを行っている会社が、メンテナンスに必要な作業の一部を他の会社に委託することがこれにあたります。

なお、建設業を行っている業者には下請法は適用されません。建設業を行っている業者に対しては、建設業法が適用されます。

規制対象になる親事業者と保護される下請事業者

製造委託契約・修理委託契約を締結しているか、情報成果物の作成委託契約・役務の提供契約を締結しているかによって、原則として規制対象となる親事業者と保護される下請事業者の対象は異なってきます。

まず、①製造委託・修理委託及び政令で定める情報成果物の作成委託・役務の提供委託を行う場合について説明します。資本金の総額が３億円を超える事業者が、資本金が３億円以下の事業者に対して①の委託をする場合に、前者の事業者が親事業者として規制され、後者の事業者が下請事業者として保護されます。

また、資本金の総額が1000万円を超えて３億円以下の事業者が、資本金が1000万円以下の事業者に対して①の委託をする場合に、前者の事業者が親事業者として規制され、後者の事業者が下請事業者として保護されます。

次に、②情報成果物の作成委託・

下請法の親事業者、下請事業者として扱われる場合

対象となる取引	親事業者	下請事業者
物品の製造・修理委託及び政令で定める情報成果物・役務提供委託を行う場合	資本金３億円超 　　→	資本金３億円以下
	資本金1000万超３億円以下 　→	資本金1000万円以下
上記の情報成果物・役務提供委託を除く情報成果物作成・役務提供委託を行う場合	資本金5000万円超 →	資本金5000万円以下
	資本金1000万円超5000万円以下 　→	資本金1000万円以下

※下請事業者には個人事業者（個人として業務を行う者）を含む

役務の提供委託（①の政令で定めるものを除く）を行う場合について説明します。資本金が5000万円を超える事業者が、資本金が5000万円以下の事業者に対して②の委託をする場合に、前者の事業者が親事業者として規制され、後者の事業者が下請事業者として保護されます。

資本金の額が1000万円を超え5000万円以下の事業者が、資本金が1000万円以下の事業者に対して②の委託をする場合には、前者の事業者が親事業者として規制され、後者の事業者が下請事業者として保護されます。

なお、業務の執行について親会社Aから支配を受けている会社Bが、親会社Aから請け負った事業を別の会社Cに再委託する場合には、会社Bは、たとえ資本金の額が会社Cより小さな場合であっても、下請法

では親会社Aであるとみなされます。親会社Aが会社Bを通して会社Cに委託することで、下請法の脱法を防ぐために、会社Bを親会社Aであるとみなすことにしているのです。

親事業者の義務と禁止行為

下請事業者が親事業者による行為により不当な不利益を受けないように、親事業者に対しては、以下のような様々な義務が課せられています。

① 書面の交付義務

親事業者には、下請事業者に対して発注する際には、下請事業者の給付の内容、下請代金の額、下請代金の支払期日・支払方法など、契約内容を記載した書面を交付する義務があります。

② 支払期日を定める義務

親事業者には支払期日を定める義

親事業者の禁止行為

禁止行為	
①受領を拒否する行為	⑦報復措置をすること
②下請代金の支払を遅延すること	⑧有償で支給された原材料などを早期決済すること
③下請代金を減額すること	
④返品すること	⑨割引き困難な手形を交付すること
⑤買いたたきをすること	⑩不当な経済上の利益の提供の要請
⑥物の購入やサービスの利用の強制	⑪不当なやり直しなどを行わせること

185

務があります。この期日は、下請事業者から給付や役務の提供を受けた日から60日以内である必要があります。

③　書類の作成や保存義務

親事業者が下請事業者と製造委託契約等を締結した場合には、下請事業者が親事業者に給付した物の内容等を記載した書面を、親事業者は作成・保存する必要があります。

④　遅延利息の支払義務

下請代金の支払遅延があった場合には、親事業者は下請事業者に対して、下請事業者からの給付等があった日から60日が経過した日から年14.6％の遅延利息を支払う必要があります。

また、下請法では、親事業者に以下の11の行為を禁止しています。

ⓐ　受領を拒否する行為

ⓑ　下請代金の支払を遅延すること

ⓒ　下請代金を減額すること

ⓓ　返品すること

ⓔ　買いたたきをすること

ⓕ　物の購入やサービスの利用の強制

ⓖ　報復措置をすること

ⓗ　有償で支給された原材料などを早期決済すること

ⓘ　割引困難な手形を交付すること

ⓙ　不当な経済上の利益の提供の要請

ⓚ　不当なやり直し等を行わせること

たとえ下請事業者の了解を得ていても、これらに触れる場合は、下請法に違反することになるので十分に注意しなければなりません。

下請法に違反した場合はどうなるのか

公正取引委員会は、親事業者が下請法に定められた禁止行為をしていると判断した場合、禁止行為の差止めや原状回復などの方法によって、「その状態を是正せよ」若しくは「再発を防止せよ」などといった内容の勧告をします。

ここでいう「勧告」には、単に注意をするという意味合いだけではなく、正式な法的措置としての一定の効力が認められています。つまり、勧告を受けると、業者名や違反内容、勧告内容がインターネット上などで公表されます。また、勧告を受けた場合、親事業者は改善報告書（若しくは計画書）の提出をしなければならず、勧告に従わない場合は独占禁止法に基づく排除措置命令や課徴金納付命令が行われる可能性があります。

12 景品表示法のしくみについて知っておこう

消費者にわかりやすい表示を心がける

PART 4

契約・商取引と法務

どんな法律なのか

景品表示法（不当景品類及び不当表示防止法）は、一般消費者の自主的・合理的な商品・サービスの選択を邪魔するような「過大な景品類の提供」と「不当な表示」を行う企業活動を制限・禁止するものです。

まず、過大な景品類の提供については、必要があれば、景品類の価額の最高額・総額、種類・提供の方法など景品類の提供に関する事項を制限し、景品類の提供を禁止することができる、としています。

一方、不当な表示については、商品・サービスの品質などの内容について、一般消費者に対し、実際のものよりも著しく優良であると表示すること、または事実に反して競争事業者のものより著しく優良であると表示することを「優良誤認表示」として禁止しています。

また、価格などに取引条件に関して、実際のものよりも著しく有利であると誤認される表示をする、または競争事業者のものよりも著しく有利であると一般消費者に誤認される表示をすることを「有利誤認表示」として禁止しています。

企業としてはどんなことに気をつけるべきか

景品表示法は、以前は公正取引委員会の所管で、事業者同士の競争が公正に行われることを主目的としていました。同等の商品に過剰な景品をつけたり、ウソの表示をしたりすることで、特定の企業が不当に利益を得ることを防止していたわけです。

しかし、2009年施行の法改正により、景品表示法の主目的は消費者保護に変更され、所管も消費者庁に変わりました。不当な表示によって被害を被る一番の弱者の視点から、景品表示法を運用することになったわけです。これにより、正当な表示がされることはもちろんですが、情報や知識に乏しい消費者にもわかりやすい「やさしい表示」をすることがより重要になっています。

たとえば、折り込みチラシや店舗

187

のポップなどで「業界No.1」「国内最高峰」といった文句をよく見かけますが、これだけではどういう基準でNo.1なのかといったことが消費者にはよくわかりません。消費者庁ではこのような表示に対する実態調査を行い、基準の表示策定や企業への指導といったことを行っています。

企業側としては、消費者から表示に関するクレームがあった場合などに、その情報を積極的に収集・分析し、消費者目線の表示をするよう心がけることが必要となります。

景品表示法に違反するとどうなるのか

消費者の立場に立った商品開発、商品販売そして広告を念頭において企業活動を続けていても、時として景品表示法に違反してしまうこともありえます。その場合は、どうなるのでしょうか。

消費者庁は、景品表示法違反の疑いのある事件について調査を行い、違反する事実があれば「措置命令」を行います。なお、景品表示法の規定上は、内閣総理大臣が措置命令などの権限を行使することになっていますが、不当表示や過大な景品類の提供を取り締まるのは、景品表示法

を所管する消費者庁の役割ですので、消費者庁が措置命令に関する手続きを進めていくことになります。

まず、景表法違反の調査は、違反行為として疑われる情報を入手することがきっかけで始まります。違反事件の調査を始めるきっかけとなる情報をつかむことを端緒といいます。端緒としては、一般消費者・関連事業者・関連団体からの情報提供や、職権による探知（自ら事件を探りあてること）などがあります。調査は消費者庁と公正取引委員会の双方がそれぞれ、または共同して行います。

また、景品表示法違反の行為に関する調査のための手続は、一般的な行政調査権と同じ手続によって行われるのが原則です。つまり、行政庁が不利益処分（名宛人の権利を制限し、または名宛人に義務を課する処分）を行う場合には、その処分の相手（名宛人）となるべき者の権利保護のため、事前手続として弁明の機会を付与することが必要です。措置命令も不利益処分ですので、消費者庁は事業者に対し、事前に弁明の機会を付与しなければなりません。

なお、不当表示のうち優良誤認表示が疑われる事実がある場合、消費者庁は、事業者に対して、期間を定

めて表示の裏付けになる合理的な根拠を示す資料の提出を求めることができます。提出できないと、措置命令に際し事業者は不当表示を行ったとみなします。

以上の手続きを経て、事業者が不当表示や過大な景品類の提供を行っていると判断した場合には、措置命令が行われます。措置命令は、過大な景品類の提供や不当表示を行った事業者に対して、その行為の差止めなどの必要な措置を命ずることがで

きる他、消費者庁のホームページなどで事業者の名前、違反の内容などが公表されます。さらに、2016年施行の法改正で、不当表示を行った事業者に対し「課徴金納付命令」を行うことができるようになりました。

措置命令を受けるなどすると、企業は消費者の信用を失うことになりかねません。特に企業の不当表示事件に対しては、マスメディアが強い関心を示します。いったん事件が発覚すると追及は厳しく、企業が対応

不当表示の分類と表示の種類

不 当 表 示

● **商品・サービスを購入してもらうために行われる不当表示を規制**

① 優良誤認
品質・規格・その他の内容に関して不当な表示をした場合

② 有利誤認
価格・その他の取引条件に関して不当な表示をした場合

③ その他誤認されるおそれのある表示
内閣総理大臣が消費者に誤認されるおそれがあるものとして指定した場合

● **対象となる表示の種類**

・容器・パッケージ・ラベル
・看板・ポスター・ネオンサイン
・説明書・パンフレット・チラシ・見本
・新聞・雑誌・出版物・テレビやラジオの放送
・実演販売による広告・店頭での陳列（ディスプレイ）
・訪問による販売・電話によるセールス
・ダイレクトメール・ファックス送信による広告
・ホームページ・メール

※訪問・電話でのセールスなどの口頭表示も不当表示の対象となる

を誤れば、企業自身の存続が危ぶまれる事態も起こり得るといっても過言ではないでしょう。

実際に問題が起きた場合にはどうする

消費者庁・公正取引委員会の調査が入り、自社の商品・サービスに景品表示法違反の疑いがあるとされた場合は、企業の危機と認識しなければなりません。直ちに調査を始め、早急に景品表示法違反の事実の有無について、明確な結論を出す必要があります。また、調査に時間がかかるようであれば、暫定的な処理として、景品表示法に違反しているおそれのある行為などを中止しなければなりません。

事件発覚時にどう対応したかが、社会的な非難を拡大させるかどうかに大きな影響を与えるからです。

不当表示（不当景品）案件が発生した場合に行うべき対応の一般的な流れは、不祥事が発生した場合の対応策を参考にしてみてください。

次に、行うべき具体的な対策を見ていきます。実施を検討すべき具体的な対策には、以下のものがあります。法務部門としては、商品上の不当表示などが事件化した場合の対応

部署は、法的対応とコンプライアンスを担う法務部門が中心となることを想定して、日頃から対応策を練っておく必要があるといえます。

① **マスメディア対策**

マスメディア対応の一元化、プレスリリース作成、記者会見（記者発表）、報道の分析

② **消費者対策**

広告（広告物）の中止（回収）、ホームページ（Webサイト）などの当該表示の削除、謹告（お詫び広告）

③ **商品の回収**

商品回収窓口の設置、対応マニュアルの作成、対応要員の配置（訓練）

④ **官公庁対策**

調査対応、状況説明（報告）

⑤ **取引先対策**

状況説明（報告）、社名での文書配布

⑥ **消費者団体対策**

状況説明（報告）

⑦ **業界（団体）対策**

状況説明（報告）

⑧ **社内対策**

トップからのメッセージ（文書）

PART 5

債権管理・執行・
保全と法務

1 トラブル防止のために気をつけること

トラブルを発生させない、紛争を拡大させないために先手先手で動く

▌証拠の保存や収集はとても大切

　企業における法務部門の役割を端的に一言で表せば、「会社のリーガル・リスクを極小化する」ことだといってよいでしょう。あらゆるトラブルのもとになるものを、まだ小さな芽のうちに摘んでいくことが大事な業務です。一方、企業が日常的に活動を行っていけば、利害関係のある第三者と対立やトラブルが生まれるのはやむを得ないことです。広範な経済活動を続けていけば、複雑な利害の対立が生まれトラブルに巻き込まれるのは、むしろ当然ともいえることです。

　しかし、トラブルや紛争の処理・解決には、大きなエネルギーを必要とし、人的にも物質的にも、コストは多大なものになる可能性を秘めています。企業が抱えるトラブルの数を少なくし、企業活動がスムーズに行われるようにするために、まず法務部員は、法的な事件や紛争を未然に防ぐ「予防法務」を確実にこなしていく必要があります。

　予防法務の要は、契約書の審査です。トラブル予防に積極的に役に立つのが、契約書の作成と早期交換です。後日紛争となった際に一番有効なのは何といっても契約書です。紛争となりやすい部分に関しては、相手方が自分に有利な解釈を行える余地がないように、各条項を吟味して作成・精査することが重要です。契約書がお互いに誤解の入り込む余地がないように作成されていれば、相手方が不当な主張をしてくることをあらかじめ防ぐことができます。

　それと同様に重要なのが、トラブルや紛争が起こることを想定して、事前に、今後証拠となる可能性のあるなモノや情報を収集することです。後々トラブルになるのは、「言った、言わない」のケースが多くを占めています。そこで、取引に関連する文書・証拠は確実に保存し、いつでも使えるようにしていなければなりません。正確に文書化され、証拠として残っていれば、交渉時においても、相手方が自分勝手な主張を行う

192

ことを抑制することができます。また、紛争が拡大して訴訟となった際にも、自社の主張を証明できる証拠がそろっていれば、裁判においても勝訴や自社に有利な和解を得ることができます。地味な業務ともいえますが、証拠を確実に収集し保存することは、トラブルや紛争、そしてそれによってもたらされる労力や時間の空費を未然に防ぐために不可欠な作業といえます。

いきなり訴訟にはしない

トラブルが生じた場合、いきなり裁判を起こすのではなく、最初は相手方との話し合いで解決を求めていくことになります。

裁判のメリットは、判決に基づいて、国家権力による強制執行が行えるという点です。しかし、いくら自分の方の主張が正当であると信じていても、いざ裁判を行うとなると、ヒト・モノ・カネがかかります。また、司法改革によって裁判期間が短縮されたといっても、わが国の場合、裁判には依然として多くの時間を要します。第一審だけでも判決が出るまで1～2年以上かかることはよくあります。さらに、勝訴を確信していたのに敗訴することも少なくあり

ません。そのため、まず和解でトラブルの収拾を図ることを考えるべきだといえます。

それがダメな場合には、近年増えてきた、**ADR（裁判外紛争解決手段）** を活用することを検討します。ADRは、民事上の争いに関して、中立公正な立場の第三者が、専門家としての良識・知見に基づいて、トラブルを柔軟に解決しようとするものです。行政機関だけではなく民間の事業者や各士業の団体（弁護士会など）も行っていて、費用も時間も裁判よりは少なく済みます。いわば、「話し合い」と「訴訟」の中間に位置するものだといえます。

どんな弁護士に依頼するか

弁護士を選ぶ際には、事件の内容、関係する法律分野を分析の上、専門性を有した弁護士に依頼するようにしなければなりません。貸金請求や売買代金請求などの日常的に発生する事件は、多くの弁護士が携わった経験があるため、誰に頼むかについて、それほど悩むことはないかもしれません。しかし、知的財産権問題、海外案件や外国企業との争い、労働問題、会社法に関わる案件などについては、専門性が要求されるため、

どの弁護士に依頼するかが、事件を自社にとって有利に解決できるかどうかの大きな要素となります。その分野に精通した適切な弁護士に任せることができるかどうかが、法務部員の腕の見せ所といっても過言ではありません。また、自社の実情に関してよく知っている弁護士であることも大事な条件のひとつです。そのためには、日頃の情報収集や弁護士とのコミュニケーションが重要だといえるでしょう。

弁護士が受任できない案件もある

法律及び弁護士職務基本規程に基づき、弁護士には受任してはいけないとされる事件が決められています。たとえば、和解交渉や訴訟の相手方と、当の弁護士とが親類縁者だったり、深い信頼関係が築かれている場合です。また、すでに相手方から同じ事件を受任している場合も受任することはできません。さらに、依頼人と弁護士の経済利益などが相反している場合も、受けることはできません。ただし、前述したような場合であっても、依頼人自身が同意すれば、弁護士としては、その事件を受任できる場合もあります。

相談する際に注意すること

事件が発生し、弁護士に相談し、委任する際に大事なことは、任せきりにするのではなく、二人三脚のつもりで進めていくことです。

弁護士は職業柄、受任した案件については、自身の法律的知識と見識に従って、依頼人のために法律事務を行うことに力を尽くします。優れた弁護士であれば、進んで紛争解決の道筋を示すこともあって、適切な時期に適切なアドバイスや行動をしてくれるでしょう。

しかし、自社に有利な方向で問題解決を図るためには、弁護士と積極的に協働していく必要があります。事実関係や社内事情をよく知っているのは、社内の法務部員の方だからです。案件についての資料や事実は、自社に不利なものであっても、事実関係を見誤ることのないように、すべて弁護士に伝えなければなりません。そうでなければ、相手方に対して、有効な「攻撃」も「防御」もできなくなってしまうからです。また、自ら進んで資料や証拠の収集を申し出ることなどによって、自社の案件を弁護士にとって優先順位の高いものとすることも、法務部員として大事な役割だといえます。

相 談 弁護士費用

Case 弁護士事務所と顧問契約を締結しようと考えています。報酬の基本的なルールについて教えてください。

回 答 法律事務所の規模にも様々あり、弁護士が複数人いて、場合によっては2桁を超えているような中堅法律事務所の場合には、知的財産権、国際案件（渉外）や企業法務を得意分野としているところもあります。もっとも所属弁護士を数百名規模で擁し、各弁護士も得意とする専門分野を抱えていている巨大法律事務所は、大型合併の手続き、海外企業の買収や国際特許における係争など、企業法務における出番が多いといえます。

企業は、これらの弁護士事務所と顧問契約を結ぶ場合、顧問料は、月に5万円から10万円程度が一般的だといわれています。事件が発生して、弁護士に和解交渉や訴訟を委任した場合は、顧問料とは別途に報酬が発生します。その場合は、「着手金」と「成功報酬」からなることが一般的です。なお、案件や弁護士事務所によっては、「タイム・チャージ」といって、弁護士の1時間あたりの事務処理単価を設定して、処理にかかった時間をもとに報酬金額を定めることもありますので、事前に確認しておきましょう。

弁護士に相談するときの注意点・ポイント

着手金	着手金は弁護士に事件を依頼した段階で支払う。 事件の結果に関係なく不成功に終わっても返還されない。
成功報酬	事件が成功に終わった場合、事件終了の段階で支払う。 成功というのは一部成功の場合も含まれ、賠償金獲得などの依頼者の経済的な利益に応じて支払う。全面敗訴のような場合は支払う必要はない。
実費	コピー代、印紙代、郵便代等の事件処理にあたって必要な実費実額。
旅費日当	出張が必要となる場合の、移動のための旅費と日当。
顧問料	顧問契約に基づき継続的に行う法律相談、簡単な書類作成等。

PART 5 債権管理・執行・保全と法務

2 債権の管理をして債権回収に備える

取引先の動向はしっかりチェックしておく

債権の管理・回収と紛争処理

「商品と引き替えにその場で代金を受け取る」。これが円滑な債権回収の一番の近道です。しかし、現実の世界ではなかなか理想通りにはいきません。得意先の都合を聞かなければならない事情があったり、事業の規模が大きくなって現金取引が困難になったりと、どうしても売掛金や手形など、時間を置いて回収作業をしなければならない債権が出てきてしまいます。

商品の代金を後払いにして商品を引き渡すことを、**掛**による売買といいます。商品を売って、すぐに支払いを受けない時の金銭債権が売掛金です。商売を行うにあたって、売掛金取引はよく利用されています。

売掛金取引は取引先を信用して行うものです。しかし、期日が来ても支払いが行われずに相手方とトラブルになるケースもあります。また、場合によっては取引後に取引先の信用状況が急激に悪化するというケースもないわけではありません。

債権の管理・回収、及び回収が困難になった時の紛争処理も企業法務担当者として備えておかなければならない業務といえるでしょう。また、平成29年に成立した民法改正は、債権法改正と呼ばれるように、債権回収に与える影響は小さくありません。法務部担当者は、民法の改正内容について把握しておく必要があります。

まずは請求する

債権を回収するには、債務者が請求に任意に応じれば、これに越したことはありませんから、まず債務者である取引先に対して請求することになります。特に請求書を送っても何らの応答がない場合には、請求書を内容証明郵便（254ページ）に代えて再度送付します。債務者が応じない場合には、会社等を訪問し、債務者や相手方担当者と直接会うことになります。

それでも債務者が応じない場合には、最終的には訴訟や財産の差押など、法的手段を検討していきます。

どんな手段があるのか

債権の回収手段としては以下のような方法もあります。

・債務者がもつ債権を譲り受ける

特にめぼしい財産はない債務者でも、商売などをしている場合には、債権を持っていることがあります。そこで、債務者が持っている債権を利用して、回収を図るというのもひとつの方法です。債務者が持っている債権が、手形などではない一般の債権であっても、債務者との合意があれば、譲渡してもらうことができます。

第三債務者（債務者が持っている債権について、債務者にあたる人を指します）の支払能力が確実であれば、むしろ譲渡してもらった債権からの回収が確実かもしれません。

ただし、すべての債権が譲渡できるわけではありません。社会的給付の受給権（労災給付・年金など）のように、法律によって譲渡が禁止されている債権があります。また、債権の性質から譲渡ができない債権もあります。

債権の譲渡を債務者に対抗するには、債権を譲渡する者が、債務者に対して、譲受人に債権を譲渡した旨を通知するか、あるいは、債務者の承諾が必要です。なお、この通知または承諾は確定日付のある証書によって行わなければ、債務者以外の第三者に債権を譲渡したことを主張できません。確定日付のある証書とは、公正証書（163ページ）や内容証明郵便（254ページ）などのことです。

また、平成29年に成立した民法改正では将来債権（将来に発生する予定がある債権）の譲渡が有効であることが明文化されました。これによって、債権回収のバリエーションが1つ増えることにもなります。

・商品や代金との相殺

相殺とは、債権者と債務者とが互いに同種の債権をもっている場合に、対当額について双方の債権を消滅させることです。相手がこちらに200万円の債権を、こちらが相手に300万円の債権をもっている場合、相手の支払期日が過ぎていれば、相殺の意思表示（通知）をするだけで、200万円について相殺することができます。

相殺が禁止される債権というものが若干ありますが、取引関係で生じる債権で問題になるものはほとんどありません。相殺適状といって、相殺できる時期に一定の制限がありま

すが、相手に対する自分の債権が弁済期にあれば大丈夫です。

また、改正後の民法の下では、かつては禁止されていた、相手方のもつ債権（受働債権）が不法行為により生じた債権の場合の相殺について、受働債権の種類に応じて、相殺が認められる場合があるとしています。具体的には、人の生命または身体の侵害（死亡または負傷）による損害賠償債権を受働債権とする相殺は、一律禁止されます。被害者に現実の給付を受けさせる必要性が高いからです。

これに対して、人の生命または身体の侵害以外の不法行為（名誉毀損、物損など）を受働債権とする場合は、現実給付の必要性が当然には高くないため、原則として相殺を行うことが許されます。

時効の更新・完成猶予とは

債権回収を担当する者が、意外と忘れてしまいがちなのが、債権の消滅時効です。改正民法では、かつての短期消滅時効の規定と商事消滅時効の規定が削除され、時効期間を一本化するたなルールが設けられました。具体的には、債権の消滅時効について、従来の一般原則である「権利を行使できる時から10年」が経過したときに加え、「権利を行使できることを知った時から5年」が経過した場合も時効によって消滅すると

不法行為債権等を受働債権とする場合の相殺禁止

【改正前の民法】

不法行為により生じた債権を受働債権とする相殺を一律禁止

損害賠償債権が人の生命・身体の侵害で生じたか否かで区別

【改正後の民法】

人の生命または身体の侵害（死亡または負傷）による損害賠償債権を受働債権とする相殺は一律禁止される

→ 被害者に現実の給付を受けさせる必要性が高い

人の生命または身体の侵害以外の不法行為の場合は、悪意（積極的加害意思）による不法行為に基づく損害賠償債権を受働債権とする相殺のみが禁止される

→ 名誉毀損・物損などは現実給付の必要性が当然には高くない

規定しました。

時効の進行をストップさせるためには、進行してきた時効期間を振り出しに戻すことが必要です。これを時効の中断（改正民法の下では**時効の更新**）といいます。時効を中断（更新）させるには、①請求、②差押・仮差押・仮処分、③承認、のどれかの方法をとらなければなりません。一般に行われる催促などは、裁判外の請求にあたりますが、これは時効が完成するのを6か月間だけ遅らせる効果しかありません。これを時効の停止（改正民法の下では時効の完成猶予）といいます。その間に、他のより強い中断（更新）手続をとる必要があります。もちろん、後に請求の有無が争いにならないために、内容証明郵便を利用することが必要です。

また、債務者が1000円でも1万円でも、債務の一部として支払えば、

これは債務の承認になります。この場合も、控えつきの領収証を作って渡し、債務者にサインをもらい、後日のために証拠を残すようにしておきましょう。

相手方の信用状況が悪化している場合の対応

取引先に信用状態が悪化している兆候が見えているにもかかわらず、なお総合的に判断して取引を継続することにした場合には、まず、債権額をこれ以上増やさないことが大切です。対策の1つは、取引条件を変更することです。取引規模を縮小して、債権額（与信限度額）を引き下げることと、支払期日や支払方法などを、こちらに有利にすることです。

支払いについては、手形サイトを短縮するなどの方法で支払期間を短くしたり、手形を回し手形に切り換えてもらう、つまり、相手方の優良

PART
5

債権管理・執行・保全と法務

消滅時効期間

消滅時効に関する法改正

❶ **各種短期消滅時効期間、商事消滅時効に関する規定の削除**

➡ 時効期間の一本化

❷ **主観的起算点の追加**

➡ 「権利を行使できる時から10年」【客観的起算点】
「権利を行使できることを知った時から5年」【主観的起算点】

な顧客が振り出した手形を裏書譲渡（手形の裏面に書くことによって行われる手形の権利譲渡のこと）してもらったりする方法に切り替えるなどの措置をとることになります。

相手方の信用状況が悪化している場合には、相手方が所有する資産を調査して、その上で、資産を特定して追加での担保（抵当権を設定するなど）を確保することも必要です。

取引にあたって契約書を作成しているはずですが、相手方の信用状況が取引当初と比べて明らかに悪化している場合には、契約書の条項見直しなどを要求することも必要です。

法定利率の変動制について

債権回収において、留意するべき民法改正の内容が他にもあります。その１つが法定利率に関する規定です。**法定利率**とは、利息を生ずる債権（利息債権）や遅延損害金（遅延利息）について、当事者が利率を定めずに契約した場合に適用される利率です。改正後の民法では、民事・商事に関係なく法定利率を施行時に年３％へ引き下げ、３年ごとに市場金利の変動をふまえ、１％刻みで見直す変動制を採用しています。ただし、実際の取引では契約時に利率を定めるのが通常で（約定利率）、その場合は法定利率が適用されません。

受領権限のない者に対する弁済

債権管理において把握しておく制度として、債権者以外の者に対して、債務者が弁済を行った場合に、債権の消滅を認める規定についても、法務担当者が把握しておかなければ、債務者が他人に弁済してしまったために、債権回収がなされなくなるおそれがあります。

改正前の民法では「債権の準占有者に対する弁済」として規定していましたが、改正後の民法では、「受領権者（債権者の他、法令の規定や当事者の意思表示によって、弁済を受ける権限が認められた第三者を指します）以外の者であって取引上の社会通念に照らして受領権者と認められる外観を有するもの」と、より詳しく規定を置きました。その上で、受領権限のない者に対する弁済は、弁済者が、受領権限がないことについて、過失なく知らなかった場合（善意かつ無過失のとき）に有効になる旨を明記しました。

根保証契約に関する注意点

企業の債権回収という観点におい

ては、保証人がいる場合には、債権回収を担保することができます。特に、継続的な取引関係から生じる、一定の範囲に属する不特定の債権を保証する契約（**根保証契約**）は、債権を担保する協力な手段のひとつになっています。

　もっとも、根保証は、一度の契約で将来にわたる複数の契約（複数の貸し借り）を保証することから、保証される債権者側には使い勝手のよい契約である一方で、特に個人が保証人になる場合、保証人側は過酷な負担を強いられます。そこで、改正後の民法の下では、貸金等債務の保証に限定されず、すべての個人が保証人となる根保証契約を「個人根保証契約」と名づけて、書面により極度額を定めない個人根保証契約は無効とする規定が設けられました。つまり、極度額を定めずに締結した、個人根保証契約は無効になってしまいますので、企業の法務担当者は、これらの規定に注意しましょう。

■民法改正の経過措置について

　債権回収という観点から各種法制度において、平成29年民法改正が与える影響を見てきました。改正法は、2020年4月に施行が予定されていま

す。改正法が施行された後に結んだ各種の契約には、原則として新法（改正後の規定）が適用されます。しかし、継続的な取引がある相手方との間で、施行日をまたいで存続する契約関係等については、旧法（改正前の規定）、新法のいずれが適用されるのかによって、取引の内容に大きな影響を与える場合も少なくありません。そこで、改正法は経過措置規定（新旧のどちらが適用されるかなどにつき、社会の混乱を避けるために法の過渡期に定められる規定）を設けて、改正に伴う法律関係を整理しています。

　たとえば時効に関して、新法の下では債権の消滅時効期間が統一されることになりますが、施行日前の債権については新法の適用がありません。したがって、旧法下の各種の短期消滅時効が適用されることになりますので、企業側としては、短期消滅時効期間の経過に注意が必要です。

　また、法定利率に関しても、施行日以後に生じた利息について、新法の規定が適用され、施行日前に生じた利息債権等については、旧法に従って債務者に請求を行うことになりますので、注意が必要です。

PART 5

債権管理・執行・保全と法務

3 訴訟・執行・保全手続きについて知っておこう

権利を保全し、訴訟で決着をつけ、執行することもある

■ 民事訴訟の管轄

　民事訴訟を起こす場合、管轄のある裁判所に訴えを提起することになります。**管轄**とは、民事事件が起こった場合に、どの裁判所がその事件を担当するのか、という裁判所の仕事の分担について定めたものです。管轄は原則として、法律によってきめ細かく定められています。これを法定管轄と呼びます。管轄裁判所がはっきりしない場合に、上級の裁判所が、裁判によって定める指定管轄があります。さらに被告が原告の訴えに応じることによって生じる応訴管轄というものがあります。

　なお、原告と被告が合意により訴訟を争う裁判所を決めた場合には、当事者の意思を尊重し、合意による管轄が認められます。これを**合意管轄**といい、通常契約書に合意管轄条項（148ページ）として規定されます。

　民事訴訟に関わる裁判所の種類は、大きく最高裁判所と下級裁判所（高等裁判所、地方裁判所、家庭裁判所、簡易裁判所）に分類されます。

　通常第一審となるのは地方裁判所か簡易裁判所です。原則として、訴訟で主張される権利の価値が140万円を超える場合には地方裁判所、140万円以下であれば簡易裁判所が管轄になります。

■ 裁判の提起から判決まで

　訴訟の一般的な流れを概観しておきましょう。

① **訴えの提起**

　訴訟を起こすことを決断した場合には、訴状を裁判所に提出します。訴状は、訴える側（原告）が裁判所に提出する書面です。一定の事項を記載して、何について裁判してもらうかを明らかにします。裁判長は訴状を審査しますが、訴状に不備があれば、裁判長は一定の期間を定めて原告に補正を命じることができます。

　期間内に補正がないときは訴状を受理してもらえません。

② **訴状の送達と答弁書の提出**

　訴状が裁判所に受理されたら、裁判所書記官によって訴状が訴えられ

202

た側（被告）に送られます。訴状が被告のもとに届いたときに訴訟が開始されます。これを訴訟係属といいます。訴状を受け取った被告は、答弁書を裁判所に提出します。答弁書は裁判所から原告に送り届けられます。

③　第1回口頭弁論期日

口頭弁論とは、裁判官の前で口頭で訴えについての主張や反論を行うことをいいます。裁判所が判決をするには、必ず口頭弁論を開かなければなりません。裁判所は、原告・被告双方に対して第1回口頭弁論期日を指定します。第1回目の口頭弁論では、通常、原告が訴状に基づいて請求の趣旨を陳述し、被告は答弁書に基づいて訴えの却下や請求棄却を求める陳述を行います。終結するまでに行われた口頭弁論の全体が、判決の基礎となります。

④　口頭弁論の終結から判決まで

裁判所は、口頭弁論で行われた主張や反論、提出された証拠などを考慮して、判決をするのに熟したと判断した場合には、口頭弁論を終結する旨の宣言をし、判決言渡期日を指定します。

判決は言渡しによって効力を生じます。言渡しは、公開の法廷で、裁判長が主文を朗読して行われます。判決の正本は、原告と被告に送られます。判決の言渡しによって、訴訟は一応のしめくくりを迎えます。訴訟当事者がその判決に異存がなければ、判決正本を受け取ってから2週間でその判決が正式に確定します。第一審の判断に納得がいかない場合、当事者が上級の裁判所に対して、裁判の取消・変更を求める不服申立ての制度（上訴）が設けられています。

▌簡易裁判所で行われる手続き

簡易裁判所が取り扱っている紛争解決手段には民事調停や少額訴訟、支払督促があります。

・少額訴訟

少額訴訟で扱われるのは、60万円以下の金銭の支払請求です。少額訴訟では、原則として1回の期日で双方の言い分を確認し、証拠調べを実施して、直ちに判決を言い渡します。

原則として、相手方の住所地の裁判を受け持つ簡易裁判所に少額訴訟を提起します。少額訴訟では、提出できる証拠が出頭している当事者本人、当事者が連れてきた証人、当事者が持参した書証や検証物など、すぐに取り調べることができるものに限られています。

PART 5

債権管理・執行・保全と法務

203

少額訴訟は一審限りで、判決に対して控訴することは認められていません。その代わり、不服がある場合には、判決をした簡易裁判所に異議を申し立てることができ、異議が認められると、手続は通常の民事訴訟手続の第一審手続に移行します。

なお、少額訴訟は、利用回数が制限されており、同一の原告が同一の簡易裁判所に対して行える少額訴訟の申立回数は、年間（その年の１月１日から12月31日まで）に10回までに限定されています。

・**民事調停**

民事調停は、民事に関する紛争について、管轄する裁判所の調停委員会が話し合いの仲介をし、当事者双方の歩み寄りによって紛争を解決する手続です。調停の申立ては、相手方の住所地（所在地）を管轄する簡易裁判所に調停申立書を提出して行います。申立書が裁判所で受理されると話し合いが行われます。調停を申し立てても、相手方が調停期日に出席しない場合や、出席したとしても合意が得られなかった場合には、調停は不成立となります。

民事調停の話し合いがまとまれば、裁判官の立ち会いの下で、合意内容が読み上げられます。調停が成立した場合に作成される調停調書には訴訟による確定判決と同一の効力が与えられます。相手方が調停の内容を履行しない場合は、強制執行に踏み切ることもできます。調停が合意にいたらないで終わっても（調停不調）、２週間以内に訴えを起こせば、最初から民事訴訟を起こしたのと同じことになります。

・**支払督促**

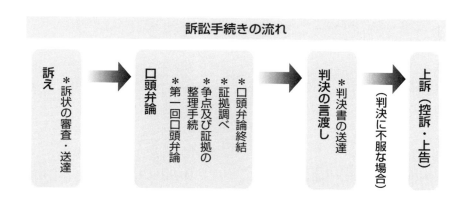

支払督促は、簡易裁判所の裁判所書記官を通じて相手方に対して債務を支払うように督促する手続きです。対象となる債権は、金銭や有価証券などの一定数量の給付請求権です。金額に制限がないため、金額の大小に関係なく利用することができる点が大きなメリットです。

支払督促の申立ては、相手が法人の場合には、事務所や営業所の所在地を管轄する簡易裁判所の裁判所書記官に対して行います。債権者の支払督促の申立てに対して、債務者が素直に支払えば事件は終了します。しかし、債務者が支払おうとせず放置していた場合に、債権者が強制執行をかけるには、支払督促とは別に仮執行宣言の申立てが必要です。

仮執行宣言の申立ては、支払督促の申立てをした裁判所に書面を提出する必要があります。債務者は支払督促に対して一定の期間内に異議を申し立てることができ、適法な督促異議の申立てがあったときは、支払督促は通常の民事訴訟に移行することになります。

まず民事保全の申立てを行う

裁判手続きにより債権を回収するには、勝訴するまでにかなりの時間がかかり、勝訴してからもそれなりの時間がかかります。その時間が経過する間に、債務者が自分の財産の中で価値の高い物を他の債権者や第三者に売却してしまう可能性や財産隠しを行う可能性もあります。

支払督促申立て手続きの流れ

① 債務者の住所地の簡易裁判所へ行く
② 支払督促を申し立てる
③ 異議申立期間の満了
④ 仮執行宣言を申し立てる
　異議があれば民事訴訟手続きへ

⑤ 仮執行宣言付支払督促の送達
　異議があれば民事訴訟手続きへ
　正本送達後、2週間以内に異議申立てがない場合
⑥ 仮執行宣言付支払督促の確定
　債務者が支払いを拒み続けているとき
⑦ 強制執行の申立てをする
⑧ 債務者の財産に強制執行

そのため、実際に訴訟を起こす場合、本来の目的である権利についての事件（本案）とは別に、債務者の財産をあらかじめ確保するための手続きを行います。これを**保全手続き**といいます。保全手続きは大きく仮差押と仮処分の2つに分けられます。

① 仮差押

金銭の支払いを目的とする債権（金銭債権）のための保全手続きで、金銭債権の債務者が所有する特定の財産について現状を維持させる保全手続きです。たとえば、AがBに対して金銭債権を持っているとします。この場合に、AがBの土地を仮差押したときには、Bは自分の土地でも、その土地を売却する処分に制限が加えられます。

② 仮処分

仮処分は、仮差押と異なり金銭債権以外の権利を保全するために必要になります。仮処分には、係争物に関する仮処分と仮の地位を定める仮処分があります。具体的には、占有移転禁止の仮処分や、従業員が不当解雇された場合の賃金の仮払いを求める仮処分などがあります。

保全手続きの流れ

まず、裁判所に「仮差押命令」「仮処分命令」の申立てをします。次に、その申立てを受けた裁判所が債権者に審尋（面接）などをします。審尋では、保全の必要性や保証金の決定などについて裁判所が債権者に質問をします。さらに、裁判所が決定した仮差押・仮処分の保証金を納付します。その後に裁判所が仮差押・仮処分の決定（保全命令）をしてから、実際の執行がなされます。債務者に保全手続きを命じるのは裁判所です。

保全命令の申立ては、書面（申立書）によって行います。申立書には、被保全債権の内容と保全の必要性を明らかにする資料、目的物の目録・謄本などを添付します。申し立てる裁判所は、原則として、本案の管轄裁判所です。

民事執行とは

和解や調停、支払督促又は訴訟による判決であっても、そこで定められている内容を具体的に実現するには、債権者は、最終的には民事執行という手段をとらなければならないことになっています。

民事執行とは、国家権力による民事上の強制手段で、強制執行や担保権の実行としての競売（担保執行）などの総称です。

強制執行は、任意に義務が履行されない場合に、国家権力によって強制を加えて、履行があったのと同じ状態を作り出す手続きです。強制執行をするには、裁判所に申立を行わなければなりません。強制執行の手続きに関与する裁判所を特に執行裁判所と呼びます。執行裁判所となるのは、原則として地方裁判所です。具体的にどこの地方裁判所に申し立てるかは、金銭執行の対象となる財産によって異なります。債権者は不動産執行・動産執行・債権執行のどの申立をしても、またすべての申立をしても大丈夫です。

民事執行の申立てと前提条件

不動産執行をする場合には、その不動産の所在地を管轄する地方裁判所に申し立てます。動産執行をする場合には、目的動産の所在地を管轄する地方裁判所に所属する執行官に対して申し立てます。

不動産執行(不動産競売)をする場合の手続きの流れは下図の通りです。強制執行には各種の手続きがありますが、その申立てをするには、共通の前提条件があります。①債務名義、②執行文、③送達証明書の3点セットが必要になります。

債務名義とは、強制執行によって実現される請求権(債権)が、確かに存在するということを公に証明する文書で、執行力、つまり強制執行してもよいという効力を認めたものです。証書の形式やそれを作成する機関などの違いに応じて、様々なものがあります。

債務名義には、①少額訴訟の確定判決、②仮執行宣言付少額訴訟の判決、③仮執行宣言付支払督促の3つを除いて、さらに**執行文**をつけてもらうことが必要です。執行文は、債務名義に記載されている請求権が、ある特定の債務者に対して、現在執行できるものであることを公に証明

民事保全の流れ

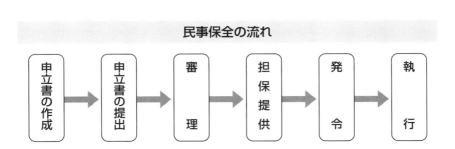

する文言です。裁判所書記官や公証人に申し立て、債務名義正本の末尾に付記してもらいます。

この2つがそろって、債権者はやっと執行力のある債務名義の正本（判決正本）を手にしたことになるのです。執行文が付与された債務名義は、強制執行の絶対的条件です。

最後に、強制執行を開始する際には、債務者に債務名義が送達されたことが必要です（送達証明書）。債務者にどのような内容の強制執行がなされたのかを知らせ、強制執行に違法な点があった場合に備えて防御の機会を与えるためです。

担保執行の場合は債務名義が不要

不動産を競売にかけて、売却代金から配当により債権を回収する方法は、強制競売（強制執行）だけではありません。もともと不動産についた抵当権などの担保権の設定を受けている債権者であれば、担保権の実行としての不動産競売手続を利用することができます。これを**担保不動産競売（担保執行）**といいます。強制競売も担保権の実行としての不動産競売も、結局のところ不動産を競売にかけて売却し、その代金を元に債権の回収を図るという点では同じです。民事執行法上も、担保権の実行としての不動産競売の手続きについては、強制競売の手続きを準用する形をとっています。

ただし、債務者の不動産を売却する場合、強制競売では、債務名義を取得するために裁判を提起しなければなりませんが、担保権不動産競売では、あらかじめ担保物権を取得しているため、債務名義は必要ないという違いがあります。

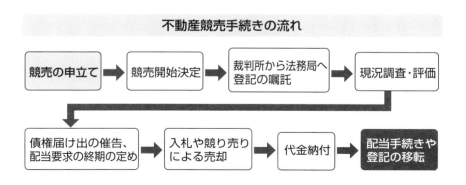

不動産競売手続きの流れ

PART 6

不正や事故への
対応と法務

1 企業不祥事についての認識をもとう

企業不祥事は対応を誤ると、企業存続の危機を招くこともある

企業不祥事はなぜ起こるのか

企業不祥事とは、企業にとって、忌まわしく、起こってはならない事件です。一般的には企業の不正や犯罪行為、重大な事故などを指しますが、広く消費者や社会の信頼を損なう事件やスキャンダルなども含むといってよいでしょう。

企業不祥事の原因には、「顧客満足」「社会貢献」などの掛け声とは裏腹に、①実際は「売上第一主義」「利益至上主義」を貫き、②法令を軽視する道を走り続けてきたといえます。また、③「効率」や「成長」を追求し続けた結果として不祥事が多発する事態を招いた、といっても過言ではないでしょう。

もう1つの理由は、これまでは事件が起きても、企業の中で秘密裏に処理され、社会に公表されないまま闇に葬られてきた、ということが挙げられます。

企業不祥事は、従業員によるマスメディアや監督官庁などへの内部告発によって発覚することもあります。

その他、FacebookやTwitterに代表されるSNS（ソーシャル・ネットワーキング・システム）の飛躍的な普及・発展により、誰もが情報発信することができる状況も、企業不祥事の発覚を促す力になっています。

どんな場合があるのか

最近の大規模な企業不祥事といえる事例を整理すると、次のようなものが挙げられます。

① 製造物責任などの製品に関するもの（人的被害の例）

② 独占禁止法違反にあたるもの

③ 不正会計にあたるもの

④ 反社会的勢力との取引に関するもの

⑤ 偽装事件にあたるもの

⑥ 業務上過失・横領・背任など刑事事件となる問題

⑦ セクハラやパワハラなど労務関連の人権問題

⑧ 個人情報や企業秘密の漏えいなど情報管理に関する事件

⑨ （二次的な企業不祥事としての）

社会インフラの基幹となる企業（金融機関、通信会社、公共交通機関など）におけるシステム障害など

不祥事によるデメリットは大きい

企業にとって、不祥事は大きなデメリットをもたらします。大きくいうと、次の4点が考えられます。

① 売上げの減少

不祥事が起こると、取引先が商品や原材料の納品を停止したり、消費者が企業に対する不信感から商品の購入を控えたり、時には不買運動を起こしたりすることがあります。

② ブランドイメージの低下

永年営々と築いてきた企業ブランドも、崩れるときは一瞬だといってもよいかもしれません。いったん地に墜ちたイメージを回復するのは容易なことではありません。

③ 株価の下落

企業は、消費者や取引先に責任があるのと同時に、株主に対しても大きな責任を持っています。会社は株主のものだという考え方も一般的です。株主の評価を端的に示すものが株価です。悪質な社会的事件を起こしたり、粉飾決算などの不正行為を行ったりすれば、株価は大きく下落

します。しかも、株価はその影響が即日顕著に現れます。場合によっては、上場契約違反を理由として、証券取引所が上場継続不適と判断し、投資者保護の目的から上場廃止とすることもあります。

④ 行政や司法によるペナルティ

不祥事を起こせば、監督官庁などから、措置命令、業務改善命令、業務停止命令を受けることになり、企業ブランドが損なわれることはもちろんのこと、それを遂行するための組織的なコストは莫大なものとなる可能性があります。また、現在の裁判所は、消費者やマスメディアを含めた世論を重要視する傾向があるため、企業が起こした不祥事に対しては、きわめて厳しい態度で臨むことが多くなっています。不祥事を起こした経営者や従業員だけでなく、企業そのものに対しても重い罰則を科するケースが増えていいます。

どんな対策をとったらよいのか

不祥事対策は、2つの観点から考える必要があります。1つは、不祥事を起こさないためにはどうしたらよいか、もう1つは、もし不祥事が起きた場合にどのように対応すべきなのか、という観点です。

① 不祥事が起きる前の対策

まず、不祥事を起こさないため、会社運営の舵取りを行う経営者が果たすべき役割には大きなものがあるといえます。自らが高い倫理観を持ち、企業が社会的存在であることを大前提とした上で利益を追求するというメッセージを社内に送り続けなければなりません。そうすることではじめて、不正・犯罪行為は許さないという企業風土が醸成されていくことになります。

また、法務部門が中心となるなどして、全社的に実効性のあるコンプライアンスに対する意識改革を進めていく必要があります。

さらに、組織的には相互監視・牽制体制を確立することや、公益通報制度を社内的に徹底して、情報拡散前に対策を講じることなどが不可欠な対策といえます。

② 不祥事が起きた後の対策

万全な対策を講じたつもりでいても、不祥事が起きることは避けられないといえます。不祥事が発生した場合に誤った対応をすれば、企業の存続そのものが危うくなります。

そこで、ⓐ事実関係の調査や原因の究明、ⓑ対応方針の検討・決定、ⓒ対応体制の確立、ⓓ公式見解の検討・作成、ⓔ是正措置や再発防止対策の実施、ⓕ信頼回復策の企画・実施などを適切に、しかも最大限のスピードをもって実施しなければなりません。平常時から不祥事への対応体制を作っておく必要があるといえるでしょう。

利害関係人ごとの個別対応

企業の事業活動に対して直接的・間接的に利害が生まれる関係者のことをステークホルダーといいます。具体的には、消費者、得意先、従業員、株主、行政機関などが挙げられますが、ここでは、消費者、得意先、従業員について考えることにします。

① 消費者

消費者の生命・健康・財産に被害が及ぶ可能性がある（または被害がすでに生じている）場合は、被害の発生または拡大を一刻も早く阻止することに全力を注がなければなりません。回収窓口を設置して商品の回収を行ったり、新聞・テレビなどで商品の内容をいち早く知らせたりして、消費者の不安を解消することが極めて大事だといえます。

初動対応を誤って被害が拡大すれば、企業ブランドの著しい低下を招くことになります。逆に、迅速かつ

誠実な対応を行ったため、消費者の信頼を獲得したケースもあります。

② **得意先**

最近では不祥事が起こると、その企業と従来から長年付き合いのあった企業があっさりと取引を中止することも多くなっています。不祥事を起こした企業と取引を続けることによって、自社の企業評価が低下することを恐れるためだといえます。

そのような事態を防ぐためには、得意先への状況説明・報告を迅速に実施することです。不祥事に関する正確な情報と対策について、社名での文書配布を行う必要もあります。

③ **従業員**

不祥事を起こした企業は、組織としてのパワーが下がり、従業員の士気も低下します。マスメディア対応を誤って社会的な厳しいバッシングを受けると、会社を辞めていく人間が出てくることもありえます。

危機的な状況に際して、従業員に向けて経営陣がメッセージ（文書）を発し、すべての従業員が一丸となって、冷静かつ適切な行動を取るように呼びかけることは、士気の低下を防ぐためにも不可欠だといえます。

株主総会での対策

株主総会で株主がもっとも関心を持つのは、不祥事が株価へどう影響するのかという点です。監督官庁からの行政処分がどうなるか、業績の変化の見通しについて、わかりやすく誠実に説明すべきでしょう。

不祥事発生後の株主総会を簡単にセレモニー的に終わらせようとすると、株主の不信を買い、かえって事態が悪化することがあるので、留意する必要があります。

不祥事が会社にもたらす悪影響

不祥事 → 売上げの減少／ブランドイメージの低下／株価の下落／行政や司法によるペナルティ → 深刻なダメージ

行政機関への対応

行政機関（監督官庁）には、事実に基づいた適正な報告をしなければなりません。そのためには、関係者へのヒアリングなど、徹底的に調査を行い、不祥事の正確な実態を把握した上で、報告を行わなければなりません。また再発防止策を提示することは必須といえます。

訴訟への対策

不祥事により被害を被った消費者から裁判を起こされることも予想しなければなりません。被害者団体を結成するなどして、集団的に訴訟提起をしてくるのかを事前に把握しておくことが望ましいといえます。また、経営陣（旧経営陣を含む）が善管注意義務に違反したとして、株主から株主代表訴訟（62ページ）を起こされることも想定されます。

消費者からの訴えや、株主代表訴訟は、顧問弁護士なら誰でもそつなくこなせるという種類のものではありません。こうした訴訟への対応では、弁護士（代理人）を誰にするかが重要な鍵となります。

不祥事が生じた場合の関係者への対応とその他会社の対策

不祥事を起こさないために
- 経営者の高い倫理観　・社会的存在への意識
- コンプライアンスに対する意識改革
- 相互監視・牽制体制　・公益通報制度　など

それでも

対策

対　策
①事実関係の調査・原因の究明　②対応方針の検討・決定
③対応体制の確立　④公式見解の検討・作成
⑤是正措置・再発防止対策の実施　⑥信頼回復策の企画・実施

相談 内部告発が起きた場合

Case 公益通報者保護法の内容とポイントを教えてください。

回答 ある組織に属する人間が、組織内ですでに行われていたり、行われようとしている不正行為について、行政機関等に通報することを**内部告発**といいます。ただ、従業員が内部告発をすることで、会社から報復的な措置を受けてしまうということになると、違法行為を察知しても通報することを控えてしまうのが心情です。そこで、企業の法令違反行為などを通報した者（内部告発者）を解雇や減給などの制裁措置から保護することを目的とする**公益通報者保護法**が制定されています。公益通報とは、公益のために事業者の法令違反行為を通報することです。合理的な理由のない解雇は「解雇権の濫用」として、労働契約法においても禁止されていますが、公益通報をした者の解雇は、解雇権の濫用にも該当します。

公益通報者保護法により、公益通報を行ったことを理由とする解雇は無効とされ、降格や減給など不利益な扱いをすることが禁止されます。実際に内部告発者の正当性を認めた裁判例もあります。通報先は、①事業所内部、②監督官庁や警察などの行政機関、③マスコミ（報道機関）や消費者団体などの事業者外部などとなっています。ただし、事業者外部への通報が保護されるためには、証拠隠滅の恐れがある、または人の生命や身体に危害が及ぶ状況にあるなど、クリアしなければならない条件があります。

●差別的な取扱いと裁判所の評価

社内で法令に違反するような不正行為が行われているのであれば、その過ちを指摘し、改善を要求することは正当な行為です。

しかし、不正行為を行っていたことが表面化すると、会社は社会的信用を失い、倒産の危機にさらされます。このため、会社の経営陣はもちろん、同僚たちも内部告発者に対し、閑職や遠方に異動させる、正当な評価をせず昇進させない、仕事を与えない、部署内で孤立させる、など

PART
6

不正や事故への対応と法務

215

の差別的取扱いをすることがあります。

このような差別的な取扱いについて、内部告発者が会社を相手取り、損害賠償請求訴訟を起こした際の判例を見てみると、裁判所は、公益通報者保護法の保護対象となる事案だけでなく、たとえその内部告発が保護対象の要件を充たしていなくても、総合的に見て会社側の対応に違法性があると判断される場合には、内部告発者の損害賠償請求を認めるという判断をしています。

会社側は、社会全体が内部告発者を厚く保護する傾向にあるということを十分に認識しておくべきでしょう。このように、公益通報者保護法は内部告発者を保護することを目的とした法律ですが、取引先や退職した元従業員など、部外者は保護の対象とされておらず、税法は公益通報の対象とならない（脱税の内部告発は保護対象とならない）などの問題点も指摘されています。

内部告発者の保護が法的な義務として課されていること、公益通報が違法行為を未然に防ぐ役割を果たすこと、そしてSNSなどの飛躍的な普及によって違法行為を隠し通すことが難しくなっていることなどを考え合わせれば、公益通報を適切に受け止める窓口や手続きを整え、社内に周知させておくことは、企業にとって大事なことだといえます。

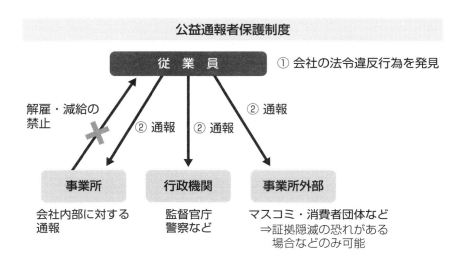

2 法令違反にどんなものがあるのか

様々な法令違反に注意する

おもな法令違反を知る

企業は経済活動を目的とした存在です。そうした経済活動では、他企業や個人（自然人）との間にルール（法律）があります。このルールを破ることが**法令違反**となるわけです。

たとえば、企業間の法令違反として、独占禁止法違反があります。これは競争関係にある企業間の法令違反です。不正競争防止法違反も同様です。著作権法違反は、個人との間でも問題になりますが、企業間でより大きな問題となります。請負などの取引関係にある企業間の法令違反としては、下請法違反があります。

これらは、おもに、経済活動における企業間の競争的側面に着目して、その公正さを保とうとする目的に対する法令違反です。

一方、個人との間の法令違反として、たとえば、製造物責任法に基づく責任があります。これは消費者との間の法令違反です。また、労働基準法違反、労働安全衛生法違反、労働者派遣法違反などは、労働者との

間の法令違反です。そして、金融商品取引法違反は、投資家との間の法令違反になります。

これらは、おもに、企業が組織であり個人に比べて強い立場にあることに着目して、強い企業から弱い個人を守ろうとする目的に対する法令違反です。

一定の企業に課せられる法令違反

独占禁止法は、事業活動の公正かつ自由な競争が有効に機能する条件を確保し、それを通じて、望ましい経済的成果を確保すると共に、経済の民主化を実現し、消費者の利益を確保することを目的とします。

独占禁止法違反の典型例にカルテルがあります。カルテルとは、競争関係にあるべき企業間で協定を結び、競争を避け、価格を引き上げ、維持し、あるいは生産量の制限を行ったりすることです。競争原理による市場経済を阻害することから、不当な取引制限として禁止されています。

また、優越的地位の濫用というも

PART
6

不正や事故への対応と法務

217

のがあります。これは取引上優越的
地位にある者が取引先に対して、不
当に不利益を与えることです。たと
えば、購入しなければ今後の取引を
打ち切るといって無理矢理購入させ
るような行為です。不公正な取引方
法の一態様として禁止されています。

　下請法は、親事業者が下請事業者
を抑圧する行為を防止し、下請事業
者の利益を保護するための法律です。
製造委託、修理委託、情報成果物作
成委託（ソフトウェア開発など）、役
務提供委託に関する取引が対象です。

　下請法違反とされる行為に、不当
な下請代金減額があります。下請事
業者に責任がないにもかかわらず、
下請代金を減額する行為です。買掛
金支払いの前倒しに対して代金を減
額する「仕入割引」が商慣習となっ
ていますが、これも親業者が仕入割
引名目で不当に減額要求すれば、下
請法違反となることがあります。

　また、市価に比べて著しく低い下
請代金を不当に定める買いたたきも
禁止されています。たとえば、明ら
かに原材料が高騰していて下請事業
者が価格引上げを求めているにもか
かわらず、十分な協議もせず、価格
を据え置いた場合、その価格決定方
法が不当であれば、下請法違反にな

ることがあります。

　この他、有価証券報告書等に虚偽
の記載をする粉飾決算は、金融商品
取引法違反になります。有価証券報
告書等をもとに投資判断をする投資
家にとっては、正確な情報が不可欠
だからです。また、会社の役員・職
員・主要株主等が、その地位又は職
務によって知り得た会社の内部情報
が未公表であることを利用して、有
価証券の売買取引を行うことをイン
サイダー取引といい、これも禁止さ
れています。証券市場の公正を害し、
証券市場への投資家の信頼を失うか
らです。

知的財産権をめぐる法令違反

　著作物の無断アップロードは気軽
に行ってしまいがちですが、著作
権法違反です（違法アップロード）。
また、無断転載も許されません。著
作物は引用の要件を充たさなければ
利用してはいけません。法令違反の
意識が希薄なまま行われていること
が多々ありますので注意が必要です。

　メーカーの許可なくソフトウェア
をコピーすることも著作権法違反の
ひとつです（不正コピー）。1枚の
ソフトウェアを購入した場合、通常
は1台のコンピュータで使用するこ

218

とのみを許可していますので、複数のコンピュータにインストールした場合は違法となります。これも不正の意識がなく行われることが多いので、注意が必要です。

労働法をめぐる法令違反

労働基準法は、企業に対して従属的な立場にある労働者を保護するため、労働条件の最低基準を定めた法律です。労働者の同意があったとしても労働基準法に違反する労働条件は無効となります。

残業代不払い問題は労働基準法違反の典型例です。本来は支給対象の労働者であるのに、支払対象とならない管理監督者（名ばかり管理職）として取り扱い、残業代の支払いを免れるのは労働基準法違反です。管理監督者にあたるかどうかは、職務内容、責任と権限、勤務態様、待遇などで実態的に判断されます。

年次有給休暇は、給料が減らされないで取得できる休暇です。年次有給休暇も労働基準法が定めているので、それを付与しないことは労働基準法違反です。派遣社員、パート、アルバイトの労働者にも、条件は違

おもな法令違反のまとめ

企業活動		対　他企業
カルテル、優越的地位の濫用　など	→	独占禁止法違反
下請代金減額、買いたたき、受領拒否　など	→	下請法違反
違法アップロード、無断転載、不正コピー　など	→	著作権法違反
産業スパイ、内部者による漏えい　など	→	不正競争防止法違反

		対　個人
製品の欠陥による人の生命や財産への被害	→	製造物責任法違反

		対　投資家
粉飾決算、インサイダー取引　など	→	金融商品取引法違反

		対　対労働者
残業代の不払い、名ばかり管理職　など	→	労働基準法違反
過労死、労災隠し　など	→	労働安全衛生法違反
偽装請負、二重派遣　など	→	労働者派遣法違反

いますが年次有給休暇を与えなければなりません。

労働安全衛生法は、職場における労働者の安全と健康を確保することを目的とした法律です。事業者が取るべき措置などが定められています。

過労死は労働安全衛生法違反が問われる典型例です。ここでは、使用者の労働時間管理や健康管理が問題となります。労働安全衛生法は、事業者に対し、医師による健康診断を労働者に受けさせる義務を定めています。違反した場合は犯罪として50万円以下の罰金となります。

労災隠しも労働安全衛生法違反の典型例です。労災（労働災害）とは、労働者が業務中や通勤中に被る災害のことです。労災隠しとは、事業者が、労災が発生したにもかかわらず労働基準監督署に報告書を提出しないことです。たとえば、建設現場で労災が起こった場合、被害者が下請企業の従業員であっても、弱い立場の下請企業は、元請企業への配慮から労災隠しをすることが多々あります。労災隠しも犯罪として50万円以下の罰金となります。

労働者派遣法は、派遣労働者の雇用の安定その他福祉の増進に資することを目的としています。この目的達成のため、労働者派遣事業について許可制を採用しており、許可を受けないで労働者派遣事業を行った場合には1年以下の懲役または100万円以下の罰金に処せられます。

その他こんな法令違反もある

不正競争防止法は、不正競争行為を列挙し、それに対する差止請求権や損害賠償請求権などの措置を講じ、不正競争を防止しようとしています。産業スパイによる営業秘密の取得行為は、不正競争防止法違反の典型例です。営業秘密が記載された書面を窃取したり、不正に情報システムにアクセスして、営業秘密を取得したりするような行為が該当します。

内部者による営業秘密の漏えいも不正競争防止法違反です。営業秘密に通じている内部者が、任務に背いたり、横領などにより、外部の第三者に営業秘密を売却するような行為がそれにあたります。

また、企業の製造物に欠陥があるために、人の生命・身体・財産（製造物以外の財産）に被害を与えることもあります。この場合、企業は製造業者として製造物責任法に基づく責任を負うことになります。

3 不正が起こった場合にどう対処するか

不正が起こった場合には早期の是正措置が必要

PART
6

不正や事故への対応と法務

なぜ不正が起こるのか

不正とは、組織の役員、従業員、管理者、責任者又は所有者など（以下「従業者等」と記す）が、社会のルールを破り、社会やその組織に不利益を及ぼすことをいいます。たとえば、裏リベート、架空残業、売上げ操作、在庫商品横流しなど、社内で横行しがちな不正の種類は多岐に渡るのに、事件が公になった後からの対応では、すでに企業に多大なダメージが生じているという場合も少なくありません。そのため、効果的な取締りを図り、厳重に不正防止線に目を見張る必要があるのです。

近年、メディアをにぎわせている大企業の起こす不祥事には、信用ある企業における業績を優良に偽装する粉飾決算問題や、大手の自動車会社において、製品の出荷前に法律で規定されている検査について、無資格者が検査を行うなどが挙げられます。そのうちの多くは、社内での管理体制に大きな問題が潜んでいます。経営者の自覚が足りないことはもち

ろん、問題があっても指摘しにくいような経営体質が蔓延しているなど、原因は一様ではありません。

組織が不正を犯せば、刑事上・民事上の責任を負うばかりか、社会的批判の的となり、果ては、信用失墜に伴う業績の悪化により、廃止や倒産に追い込まれる場合すらあります。それほどのリスクを伴うものでありながら、組織には絶えず不正が発生する可能性を持っています。

そこで、組織やその従業員等による不正を予防し、またはその被害を最小限に抑える手法として、組織には不正が付き物であるとの認識を持つことが大切です。その認識の下、組織の実態を日常的に調査しつつ、不正のきっかけをいち早くつかもうという試みも行われています。

不正のきっかけをつかむ手法には、予兆をつかむ手法と、実態の調査から得られる実績から不正の存在を察知する手法（実績調査）があります。

予兆をつかむ手法とは、不正発生の予兆となる現象をケーススタ

221

ディや統計データ等であらかじめ学び、そこから得た不正発生の予兆となる現象の有無を定期的にチェックすることで、不正の発生を未然に防止する手法です。一方、実績調査とは、予兆がなく発生が予測できない不正に対して有効な手法で、具体的には、不正の発見を目的とした内部調査、外部専門家による調査、第三者委員会による調査などが挙げられます。

このように、不正の予兆をつかむことができれば、不正の発生を未然に回避することができ、実績調査で不正を早期に発見できれば、組織が自ら対策を講じ、その組織に対するイメージの失墜や多大な損失を緩和することができます。

まずは実態調査をする

不正が発覚した場合には、速やかで適切な対応が求められます。具体的には、不正に関する証拠保全の徹底や、情報開示の方針決定などの対策です。不正の組織自体に対する影響だけでなく、その関連組織、さらには社会全体への影響を考慮すれば、不正に関する情報を、適切な情報源を選択して採取し、それを早急にかつ正確に把握・検討し、結果を適切

な時期に適切な相手へ開示すべきだからです。

内部調査は、組織内に内部調査委員会などを設置して、組織の自浄作用を促すものですが、不正が大規模でかつ複雑になってくると、内部調査による自浄作用が働かない場合も多く存在します。その時は、外部から招いた専門家による調査を加えることによって、より専門的でかつ実効性の高い調査を早期に実施することが可能になります。

さらに、不正の影響が広く社会に及ぶと思われる場合には、第三者委員会による調査を実施することもできます。不正を起こした組織から独立する第三者から、それぞれの専門分野に関する知見や提言を収集することによって、大局的視野に立った調査や措置が可能になります。

第三者委員会を立ち上げる

第三者委員会には、不正が発生した組織からの独立性が確保され、中立的、客観的な観点から調査、検討、提言を行うことが求められます。

そのような第三者委員会の構成員として、組織の業務分野に精通した学識経験者、法律に精通した弁護士、会計処理に精通した公認会計士など

を招集する必要があります。これらの委員は、各々の専門分野について情報収集を行い、調査報告書とそれに基づく提言書を作成し、不正が発生した組織へ提出します。

第三者委員会を立ち上げた組織は、第三者委員会が提出した報告内容や提言内容を利害関係人に報告し、それらに沿った是正措置を速やかに講じることによって、組織の自浄能力を社会に対して客観的に示し、自らの信用が回復するよう、社会に働きかけることができます。

関係者の処分について

多くの組織には、その組織を円滑に運営するための就業規則等が置かれています。不正の行為者や関係者は、就業規則等に明記された「懲戒手続」と「処分の理由となる事由と

不正が起こったときの対処の仕方

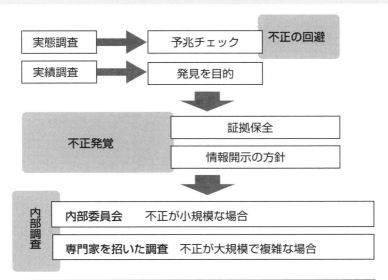

これに対する懲戒の種類・程度」に沿って処分されます。

組織は、一定の規律や秩序に基づいて維持・運営されています。そのため、不正を行った者に対して何ら懲戒処分がなされないようでは、組織内の士気やモラルが低下し、不正の横行によって組織の運営が維持できない状態となります。懲戒処分は不正の行為者に対する懲罰としての意味をもっています。また、同時に再度の不正を抑止し、更生を促す手段としての意味もあります。

さらに、組織内の他の従業員等に向けては、不正の行為者に対する毅然とした態度を表明することで、将来的に不正の行為者にならないとも限らない予備軍的存在に対する抑止効果を期待する意味もあり、その結果として組織内の秩序やモラルを高めるという効果が得られます。

そして、就業規則等の懲戒規定が有効に機能していることを組織内に示すという意味もあります。

管理者や経営者の処分

不正が発生した際には、行為責任だけではなく、不正が発生する環境を作り出し、不正を未然に防止できなかった管理者や経営者の管理監督責任も問われる必要があります。

管理者や経営者は、部門や組織の責任者として、常日頃から所掌領域の秩序を維持し、従業員等の規範意識を醸成する責務を担っています。管理者や経営者への処分は、そのような管理監督責任を怠ったことの重大さを表明することになります。このことは、不正防止に対する組織の真摯な姿勢を内外に発信し、組織の自浄能力を社会に向けて客観的に示す上で大きな意義があるといえます。

行政処分や刑事罰

行政的な制裁として、不正を起こした組織は、発生した不正を所掌する行政機関から、不正行為の停止命令や是正命令等の行政処分、または是正勧告等の行政指導などを受けることになります。

その不正が、刑事罰を伴う場合には、不正の行為者や関係者またはその組織に対し、法律に基づき刑罰が科される場合もあります。

不正を起こした組織は、行政処分や行政指導、そして刑事罰を受けたことが公表されると、その組織の持つ社会的信用を大きく損なうことになります。

4 製造物責任法について知っておこう

被害者側の立証の負担が緩和されている

製造物責任法とは

商品の製造や販売を手がける企業が知っておくべき法律として、1995年に制定された**製造物責任法**（PL法）があります。

日常生活で使っている製造物（製品）の欠陥が原因で、消費者や利用者などが生命・身体・財産に損害を被った場合に製造業者等が負う責任を、製造物責任（Product Liability＝PL）といいます。

民法上の不法行為に基づく責任追及では、被害者側（消費者や利用者など）が、加害者側（製造業者等）の故意または過失、さらには製造物の欠陥と損害との間の因果関係を立証しなければなりません。しかし、この立証は容易ではなく、被害者側の負担が重すぎるなどの問題点があります。そこで、製造物責任法は、被害者側が製造物の欠陥と損害の事実を証明しさえすれば、加害者側の故意または過失や因果関係を立証しなくても、加害者側に対して損害賠償を請求できるようにしました。

具体的には、製造業者等は、製造・加工・輸入等をした製造物の欠陥により、他人の生命、身体または財産を侵害したときは、「これによって生じた損害を賠償する責めに任ずる」として、原則として、他に充足するべき要件もなく、製造業者等が損害賠償責任を負わなければならない旨を明示しています。もっとも、科学・技術の知見から欠陥を認識できない場合等、製造業者等が免責される場合も規定しています。

製品の欠陥とはどのようなものか

製造物責任法による場合、原告である被害者が主張・立証するのは、製造物に欠陥があったことと、その欠陥によって損害が生じたことです。PL法でいう「欠陥」とは、その製造物が有するべき安全性を欠いていた状態を指します。単に壊れていたとか、うまく操作できないといったことだけではなく、たとえば「上下逆にして置いたら破裂する危険性があるのに、それを注意書きしていな

PART
6

不正や事故への対応と法務

225

かった」など、取扱い上の注意点の表示の不備などについても欠陥として扱われます。

　製造業者等が損害賠償責任を免れるためには、欠陥がなかったこと、欠陥が知りえないものであったことなどを主張・立証する必要があります。もし製造業者等が欠陥の不存在や無過失であったことを証明できなければ、製造物責任を負うことになります。つまり、企業側が「まさかこんな使い方はしないだろう」「こんなことは書かなくてもわかるだろう」と思うようなことでも、欠陥として指摘され、損害賠償責任を負う可能性があるということです。

民間のPLセンターはどんなことをするのか

　PL法による製品クレームについ

ては、裁判所が関与しない形で、種々の紛争処理機関を通じて解決される場合がよくあります。その理由としては、企業側に、訴訟で徹底的に争うことによる企業イメージの低下を避けたいという思惑があることが挙げられます。また、被害者にも、迅速な救済が得られ、かつ訴訟にかかる経費を節約できるというメリットがあります。製品の安全についてのトラブルを解決するADRとして、家電製品PLセンターなど、各種の業界団体が設置しているPLセンターがあります。民間のPLセンターでは、製造物のトラブルについて、あっせん・調停・仲裁を行っています。詳細については、それぞれの機関に問い合わせてみるとよいでしょう。

製造物責任法の「欠陥」の意味

設計上の欠陥	（例）テレビ内部の熱源付近に、熱に弱い材質部品をあつらえ、これが溶けて破損、ショートして火災を起こしたような場合
製造上の欠陥	（例）自動車組立の際に、指示とは違う部品を用いたため、ブレーキに異常が生じるなどの事故が起こった場合
指示・警告上の欠陥	（例）ある洗剤を他の洗剤と併用して使うと、ガスが発生して目やのどを痛めることがあるのに、その指示・警告を怠ったために事故が発生した場合

226

5 リコールはどのような場合に行われるのか

製品欠陥が見つかった場合に全消費者を対象に行われる

リコールとは何か

製品の欠陥が原因となって事故が発生することがあります。**リコール**とは、このような事故が起こった場合にできる限り新しい事故の発生をなくすため、企業がすべての消費者に対して行う行動をいいます。具体的には、①消費者への注意喚起、②製品の回収、③製品の無償交換や修理、安全確認、引き取り、④製品の販売中止などの一連の行動すべてを指します。リコールというと、②以降の行動を思い浮かべる人が多いと思いますが、①も含まれます。

リコールの実施は、法律や政省令で義務として定められています。製品が一般消費者を対象に非常に広範囲に販売されるような場合、欠陥が原因で事故が1件でも起こってしまうと、その事故は製品を購入した全員に起こる可能性があります。購入者が多いだけに社会に動揺を与える恐れもあります。ですから、国が実施を義務付けているのです。

リコールを実施するのは、製品の安全に責任を持たなければならない者です。具体的には、「最終製品の製造者」がこれにあたります。欠陥が特定の部品にあることがわかっても、リコールの義務を負うのはあくまでも最終製品の製造者です。また、輸入品の場合、輸入業者にも責任が負わされています。

OEM生産（相手先ブランドによる生産）やPB（プレイベート・ブランド）製品は、販売業者や流通業者がリコールを行うこともあります。これは、生産委託の契約時に契約書に明記される事項です。それ以外の販売・流通業者にはリコールの責任はありませんが、消費者に最も近い立場にあるのも確かですので、消費者からリコールの恐れのある情報を得た場合はリコールの責任のある者に知らせることが必要です。現在は、これらの情報を独立行政法人・製品評価技術基盤機構（NITE）にも通知するように経済産業省が定めています。

PART
6

不正や事故への対応と法務

227

リコールはどのように行うのか

まず、「製品の安全性に疑いがある場合」は速やかにリコールに着手するのが原則です。

一方で、原因が究明されなければ最終的な対応も取りにくいという難しさもあります。そのため、リコールにはいろいろな段階が設けられているのです。どの行動を取るかも非常に判断の難しいところですが、スタンスとしては想定される最悪のケースを前提とすることです。リコールは多少「やり過ぎ」の面があっても、その行動自体が消費者から評価され、会社の信用が上がるというケースがあります。目先のコストに気を取られ過ぎてはいけません。

また、「リコール促進の共通指針―消費者の視点から望まれる迅速・的確なリコールのあり方―」（内閣府国民生活局）など、国の示した指針などを参考にするのもよいでしょう。この指針ではリコールの方法を決める目安として、以下のように規定しています。

① 死亡や重篤に陥るなど、不可逆的な被害を被る（おそれがある）場合や、速やかにリコール開始の判断が必要になるような被害が発生する（おそれがある）場合には、製品の回収などあらゆる手段を迅速に実行し、事故の拡大を防ぐ。

② 軽度・治癒可能な被害が発生する（おそれがある）場合は、被害の拡大可能性・多発性・特異性などの要素を考慮して、速やかにリコール開始の判断を行う。おもに消費者への情報提供と流通・販売段階からの製品回収に務め、修理や安全確認を行う。

判断する際に必要な基準とは

国は判断基準の指針（経済産業省や内閣府国民生活局の指針）を提示しています。これらの指針によれば、リコールを実施するかの判断基準は、①被害の質や重大性が高いか、②同じような事故が多発しているか、③事故原因が製品の欠陥以外のものであることが明白か、の３点とされています。

本部を設置する

リコールは、経営トップを責任者とする、名実共に全社一丸となって対応しなければならない非常事態です。したがって、会社組織とは違った形での対応体制を作らなければなりません。それが、リコール対策本部です。本部の役割は、①本部長と

なる経営トップに迅速で的確な情報を上げる、②組織の縄張り意識を排除し、事故拡大の防止と会社の危機回避を図る、の２つです。本部に参加する部署は、製造部門、営業部門、品質保証部門、お客様対応部門の現業部門と広報及び法務の管理部門になります。各部署の責任者である部長を兼務させることに加え、各部署からはさらに必要な人員を出します。本部に配属された社員は自分の従来の所属部門の専門知識を活かしながら、チームの一員として職務にあたります。

また、本部の設置と共にリコール実施計画を策定する必要があります。計画に入れる項目は、①リコールに対処する部署と役割分担・協力関係の確認、②各部署の責任者の責任と権限の明示、③リコール対象数、④リコール方法、⑤リコール実施期間、⑥モニタリング方法、です。

クレーム処理でもそうですが、リコールでも対応マニュアルが必要です。リコールを実施した際に関係する各部署がどのような役割を担い、どのような行動をし、他の部署とどう連携を取るか、についてあらかじ

最終製品の製造者とは

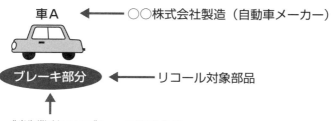

め決めておきます。具体的には、①
リコールの根拠となる事故情報を受
け付ける部署と責任者、②事故に関
係のありそうな欠陥情報を報告する
までの手順と取りまとめ部署及び責
任者、③リコール実施の意思決定方
法、④リコール対策本部の組織及び
メンバー、⑤リコールの際に情報を
提供し、協力を求める外部関係者(マ
スコミ、行政機関、販売・流通業者
など)のリスト、などです。

調査が迅速に行えるようにする

　リコールは迅速な決断、対応がで
きるかが勝負の分かれ目になります。
また、迅速な決断、対応をするため
には、正確な情報が必要です。突き
詰めますと、リコールで最も大切な
のは、正確な情報を迅速に伝えるシ
ステムが社内に構築されているかど
うか、ということになります。その
ためには、事故情報はもちろん、事
故につながりそうな(ヒヤリ・ハッ
ト)情報なども常日頃から責任部署
や会社のトップにまで速やかに届く
ように情報伝達方法や経路を整備し、
徹底しておくことが求められます。

消費者への情報提供

　リコールは消費者にとって重大な

関心事であるため、適切に情報提供
が行われる必要がありますが、その
際の有力な手段として緊急の記者会
見を開くことが考えられます。

　記者会見をする上で大切なことは
「誠実で丁寧な」説明を「経営責任
者」が行うことが必要条件です。そ
して、リコールを起こしてしまった
ことを会社全体で真摯に反省し、真
剣になって、事故拡大を防ごうとし
ている姿勢を示すことが不可欠です。

　具体的には、会見を事故発生の事
実発表と、それに対する心からのお
詫びから始めます。お詫びの際には
会見に臨んでいる全員が立ち上がっ
て頭を深く下げるのが一般的です。

　次に、事故原因の説明です。これ
は、会見場にいる記者はもちろん、
一般消費者の一番の関心事ですので、
説明の際には、原因がわかっている
範囲で正直に説明し、わかっていな
い部分については、すでに原因究明
に着手していること、原因が分かり
次第すぐに会見を開いて説明するこ
となどを説明します。続いてリコー
ルの内容を具体的に詳細に説明しま
す。最後は再発防止策の説明か、原
因を究明した上での再発防止の約束
を表明することになります。

6 個人情報保護法について知っておこう

データの取得や取扱いには制限がある

個人情報の流出について

どんな業種の仕事であっても、個人情報を扱う機会は少なくありません。その一方で、個人情報の流出問題が後を絶ちません。小さなUSBメモリー1本にデータを移す、あるいはメール等で送付するだけで大量の個人情報を簡単に持ち出せてしまうという点で、情報流出が起こりやすくなってしまったことは否めません。

つまり、膨大な量の情報（ビッグデータ）を蓄積・利活用して、新たなビジネスを創造していくことが期待される一方で、ずさんな情報の管理方法では、情報流出などの危険を回避できないという事態にも直面しています。このような社会状況の下で、平成27年9月に改正個人情報保護法（改正法）が成立し、平成29年5月30日に全面施行されました。

改正法を定めるに際には、取扱いの安全性を確保しつつ、ビッグデータに含まれる個人情報につき、特定の個人を識別することができない別の情報（個人情報に該当しない情報）として再構成（匿名加工）すれば、そのビッグデータを複数の事業者の間で利用できるようになりました。

また、個人情報を扱う際には、それぞれが「個人情報が漏えいすれば、第三者に多大な損害を与える可能性がある」「社会での信用を失墜するだけでなく、重大なペナルティを負う可能性がある」ということを認識しておく必要があります。

ガイドラインに基づく運用

改正法では、個人情報の取扱いなどについて、事業分野ごとに各省庁がガイドラインを策定して監督するのではなく、新設された「個人情報保護委員会」がすべての事業分野を監督するしくみを採用したため、ガイドラインも汎用的なものに再編成されました。具体的には、個人情報保護委員会が策定した**個人情報の保護に関する法律についてのガイドライン**が汎用的なものと位置付けられ、おもに「通則編」「外国にある第三者への提供編」「第三者提供時の確

PART
6

不正や事故への対応と法務

231

認・記録義務編」「匿名加工情報編」で構成されています。

個人情報の区分について

個人情報保護法は、個人情報の適正な取扱方法の基本を提示することによって、個人の権利利益を保護しようとする法律です。個人情報保護法における個人情報とは、①生存する、②個人に関する情報で、③特定個人を識別できるもの（他の情報と容易に照合できて特定個人を識別できるものを含む）とされています。③の「特定の個人を識別できるもの」とは、氏名、生年月日などをはじめ、勤務先、役職、財産状況、身体的特

徴など様々なものが含まれます。

なお、改正法では、個人情報の定義を見直して、「個人識別符号」「要配慮個人情報」の概念を新たに導入するなど、より明確な定義付けを行いました。しかし、改正法の下でも死者に関する情報は個人情報に含まれません。

・**従来型の個人情報（特定の個人を識別できる情報）**

特定の個人を識別できるものは、従来通り個人情報に含まれます。

・**個人識別符号型の個人情報**

従来型に加えて、①顔・指紋・DNA配列・虹彩などの身体的特徴をデジタル化した生体認識情報、②

個人情報の意義

個 人 情 報

①生存する個人に関する情報で、特定個人を識別できるか、他の情報と容易に照合できて、特定個人を識別できる情報
②生存する個人に関する情報で、個人識別符号が含まれるもの
（①②の中で、人種・信条・社会的身分・病歴・前科・犯罪被害歴など、本人に対する不当な差別・偏見などの不利益が生じないように、取扱いに特に配慮が必要なものを「要配慮個人情報」という）

個 人 デ ー タ

個人情報データベース等を構成する個々の個人情報

保 有 個 人 デ ー タ

個人情報取扱業者が、開示、内容訂正・追加・削除、利用停止、第三者提供の停止を行える権限をもつ個人データ

個人ごとに異なるよう定められた番号・文字などの符号で、特定の個人を識別できるもの（マイナンバー、運転免許証番号など）が、個人識別符号として個人情報に含まれます。

・要配慮個人情報

要配慮個人情報とは、人種・信条・社会的身分・前科・病歴・犯罪被害歴など、差別や偏見が生じないようにその取扱いに特に配慮を要する情報などを指します。

・匿名加工情報

改正法では、個人に関する情報を顧客管理やマーケティングに活用するなど、その利活用にも配慮しています。たとえば、特定の個人を識別できないように個人情報を加工した情報を「匿名加工情報」として定義し、ビッグデータとして利活用できるように規定が置かれています。特に匿名化した情報を積極的に利活用したいというビジネスニーズに対応するため、これを顧客管理やデータ分析などに利活用できるよう、配慮されています。

ただし、匿名加工情報を利用するには、個人情報保護委員会の定める基準に従った加工を行い、作成した情報の項目の公表が必要です。

通常は、元の個人情報から個人識別符号を削除し、続けて特定の個人を識別できる記述などの削除・置き換えを行って、復元ができない程度まで匿名加工を施します。

おもな改正事項

改正の方針	①一定の安全性の確保
	②個人に関する情報の利活用の促進
定義の明確化	①生体が個人情報に含まれる旨の明記（個人識別符号）
	②要配慮個人情報の新設　等
匿名加工情報に関する規定	①個人情報を加工して特定個人を識別不可にした情報
	②個人識別符号のすべてを削除した情報
個人情報の有用性の確保	取得時に明示した利用目的についての制限の緩和　等
個人情報の適正な流通の確保	第三者提供の確認・記録作成に関する規定の新設 個人情報データベース等提供罪の新設
個人情報保護委員会の新設	特定個人情報保護委員会からの改組（平成28年1月〜）
5000件要件の撤廃	小規模事業者が個人情報保護法の適用対象になった

もっとも、復元できない状態とは、あらゆる技術・手法によっても復元ができない程度まで復元防止を徹底する趣旨ではなく、少なくとも一般的な事業者の能力や手法等を基準に、通常の方法により復元できない状態にすれば十分です。

・個人データ・保有個人データ

個人情報保護法では、個人情報の中に「個人データ」や「保有個人データ」の区分を定め、それぞれの取扱いについて定めています。

個人データは「個人情報データベース等を構成する個人情報」と定義されています。個人情報を含めた様々な情報を容易に検索できるような形に構成したものを「個人情報データベース等」といい、パソコンなどで使用するデータベースをはじめ、検索しやすいようにファイリングされた名刺ホルダーや医療用カルテなどの紙ベースの情報が含まれます。

保有個人データは、個人データの中で「個人情報取扱事業者が開示、内容の訂正、追加または削除、利用の停止、消去および第三者への提供の停止を行うことのできる権限を有するもの」と定義されています。

また、個人情報取扱事業者は「個人情報データベース等を事業の用に供している者」と定義されています。この場合の事業には、営利または非営利の別は関係なく含まれ、規模の大きさも問われません。

なお、改正法の下では、原則として1件でも個人情報を保有する事業者は、個人情報取扱事業者に該当します。そのため、小規模事業者も個人情報取扱事業者として、個人情報の漏えいを防止するための措置等を行う義務が課せられています。これはマイナンバー法ともバランスがとれています。

どんな法律規制があるのか

個人情報保護法では、民間の個人情報取扱事業者に対し、次のような制限を課しています。

① 利用目的の特定

個人情報取扱事業者は、個人情報を取り扱う際に、その利用目的をできる限り特定しなければなりません。また、利用目的を変更する場合には、変更前の利用目的と関連性を有すると合理的に認められる範囲内でなければ変更することができません。

② 利用目的による制限

あらかじめ本人の同意を得ずに①において特定した目的の達成に必要な範囲を超えて個人情報を取り扱う

ことはできません。

③　適正な取得

偽りその他不正の手段による個人情報の取得は許されません。

④　正確性の確保

利用目的の達成に必要な範囲内で、個人データを正確かつ最新の内容に保ち、不要な個人データは消去するよう努めなければなりません。

⑤　第三者提供の制限

原則として、あらかじめ本人の同意を得ずに個人データを第三者に提供することはできません。

個人データの安全管理義務

個人情報保護法は、個人情報取扱事業者に対し、取り扱う個人データの漏えい、滅失または毀損の防止その他の個人データの安全管理のために必要かつ適切な措置を講じること

を義務付けています。また、「個人情報の保護に関する法律についてのガイドライン」では、以下のような措置が定められています。

①　組織的安全管理措置

個人データの取扱い状況を確認するための手段を整備すべき旨の定め、万一の漏えい等が発生した場合などに備えて、適切かつ迅速に対応するための体制の整備を求めています。

②　人的安全管理措置

従業者に対する個人情報取扱に関する指導・監督や必要な教育を内容とするものです。

③　物理的安全管理措置

たとえば、個人情報データベース等を取り扱うコンピュータ等の情報システムを管理する区域（管理区域）などを適切に管理し、取り扱う機器や書類等が盗難・紛失等することを

PART
6

不正や事故への対応と法務

組織的・人的安全管理措置

組織的安全管理措置

①個人データの安全管理措置について、組織体制の整備、規程の整備、規程に従った運用をする

②個人データの取扱い状況を一覧できる手段を整備する

③個人データの安全管理措置の評価、見直し、改善を図り、事故や違反に対処する

人的安全管理措置

①雇用や委託の契約時において、個人データの非開示契約を締結する

②従業員に対して、個人データの取扱いについての教育・訓練を実施する

235

防ぐ措置を義務付けています。

④　技術的安全管理措置

　情報にアクセスできる従業者を制限し、正当なアクセス権を有する従業者を識別するしくみを整えることが求められます。また、昨今は外部からの不正アクセスも問題になっており、適切なウイルス対策等を行うことで、情報への不正アクセスから保護する体制を整えなければなりません。

外部委託と安全管理措置義務

　個人情報取扱事業者である企業が、利用目的の達成に必要な範囲内で、社内における業務の全部または一部を第三者に委託する際に、社内で保有する個人データを提供する必要がある場合、事前に個人データの帰属する本人の同意を得なくても、当該

データを委託先に提供することが可能です。この場合に、安全管理措置義務として、個人情報取扱事業者である企業（委託元）に対し、委託先が個人データを適正に利用するように監督する義務が生じます。

どんな場合に問題になるのか

　情報漏えい事件としてニュース等でよく取り上げられているのが、ウイルスによるデータの流出や、USBメモリなどによる持ち出し・紛失などのケースです。

　また、個人情報データベース等をメール送信する際に誤って別の相手先に送信してしまう、本来BCCで送付すべきメールをccで送信し、メールアドレスを必要のない相手にまで公開してしまう、といったこともよく起こっています。このような事態

物理的・技術的安全管理措置

物理的安全管理措置
①入退室の管理を実施する
②盗難などを防止する
③機器・装置などを物理的に保護する

技術的安全管理措置
①個人データへのアクセスについて、識別と認証、制御、権限の管理を行う
②個人データのアクセスを記録する
③個人データを取り扱うシステムについて、不正ソフトウェア対策、動作確認時の対策、監視を行う
④個人データの移送・送信の対策をする

は情報管理体制やチェック体制の不備によって起こるものであり、個人情報取扱事業者は、個人情報保護法に違反する行為と認識して発生防止に努めなければなりません。

もっとも、個人情報は事業を行う際に有用な情報であり、必要に応じて取得・利活用していくべきものです。ただ、その際には「取扱いを誤れば社会的な信用を失墜させ、罰則が科される危険性もある」ということを念頭に置き、どのように取得するのか、取得した情報はどのような方法で管理・運用していくのかを十分に検討しなければなりません。法令に準拠したマニュアルを作る、定期的に個人情報保護に関する講習を行い、内部規程を徹底して従業員に浸透させていく、などの対策をしておく必要があるでしょう。

違反した場合の措置や罰則

個人情報保護委員会は、個人情報の取扱いについて、必要に応じて事業者に報告をさせることや、助言をすることができます。この報告をせず、または虚偽報告をした場合は、30万円以下の罰金が科せられます。

また、個人情報取扱上の義務違反があった場合、個人情報保護委員会

は、事業者に対し是正を勧告することができ、勧告に応じず状況が切迫していると認められる場合は、措置命令を発することができます。この措置命令に違反した場合は、6か月以下の懲役または30万円以下の罰金が科せられます。

窓口対応について

個人情報保護法は、個人情報取扱事業者が持つ保有個人データについては、当該事業者の氏名や利用目的などの事項を本人の知り得る状態に置くこと、本人からの開示・訂正等・利用停止等の各請求（開示等の請求）に応じる義務が定められています。つまり、企業が個人情報の開示請求等について、窓口対応を行わなければなりません。

さらに、個人情報の取扱いに関する苦情に適切かつ迅速に対応するため、必要な体制を整える努力義務も個人情報取扱事業者に課しています。

保有個人データの開示等の請求が本人からなされた場合は、苦情もあわせて出されるケースが多いので、企業の担当者は、窓口体制を整備するにあたり、そのあたりも考慮しておく必要があります。

PART
6

不正や事故への対応と法務

7 不正競争防止法について知っておこう

個別の法律が保護しきれない知的財産も保護する法律

不正競争行為とは

不正競争防止法が定める「不正競争」がなされた場合に、民事訴訟の手続により「差止請求」「損害賠償請求」「信用回復請求」を行うことを認めています。特に不正競争行為を止めさせるよう求める差止請求や、損害が生じている場合に損害賠償請求を行える点が中核的な請求権といえます。さらに、不正な利益を得るなどの一定の悪質な不正競争行為に対しては、刑事罰も定められています。

不正競争防止法が定める不正競争の類型は、以下の通りです。

① 周知表示混同惹起行為

需要者の間に広く知られている他人の商品などの表示（商標や商号など）と同一・類似のものを使用した結果、その他人の表示と混同してしまう原因となる行為です。

② 著名表示冒用行為

他人の著名な商品などの表示と同一・類似の表示を自分の商品などの表示として使用する行為です。

③ 商品形態模倣行為

他人の商品の形態をマネした商品を売ったりする行為です。

④ 営業秘密に関する不正行為

他人の営業秘密を盗んだり、適法に取得した営業秘密を不正な利益を得る目的で使用、開示するなどの行為です。会社の秘密漏えいにつながる行為といえるでしょう。

会社の秘密を不正な手段で取得したり、何らかの正当な方法で取得した秘密を勝手に開示・使用したりする行為は、不正競争防止法に違反する可能性があります。ただ、自分達が「会社の秘密」だと認識している情報でも、法的には保護の対象とならない場合があります。法の保護を受けるためには、その秘密が法に定める要件を充たした営業秘密であると認められなければなりません。

具体的に、営業秘密とは「秘密として管理されている生産方法、販売方法その他の事業活動に有用な技術または営業上の情報であって、公然と知られていないもの」と規定されています。つまり、営業秘密として

扱われるには、①秘密管理性、②有用性、③非公知性、という３つの要件を充たしていることが必要です。

⑤ 技術的制限手段回避装置提供

音楽・映画・ゲームなどのコンテンツのコピーを制限したり、暗号化する技術（技術的制限手段）を回避する装置やプログラムを、譲渡・提供する行為をいいます。

⑥ ドメイン名の不正取得行為

不正な利益を得る目的で、他人の商品などに使う表示と同一・類似のドメイン名を登録したり、それを保有、使用する行為などです。

⑦ 誤認惹起行為

商品やサービスに関して、内容・品質・原産地等について誤認させるような表示をする行為です。

⑧ 信用毀損行為

競争関係にある他人の営業上の信用を毀損するニセの事実を知らせたり、広めたりする行為です。

⑨ 代理人等商標冒用行為

外国（パリ条約の同盟国など）における商標を、商標権者の承諾を得ずに、その代理人が正当な理由なく使用等する行為です。

PART
6

不正や事故への対応と法務

不正競争防止法の目的と規制範囲

産業の健全な発達 ＝ 消費者の保護

規制　違反者には…

不正競争行為差止請求
損害賠償請求
刑事罰

① 周知表示混同惹起行為

② 著名表示冒用行為

③ 商品形態模倣行為

④ 営業秘密に関わる不正行為

⑤ 技術的制限手段回避装置提供

⑥ ドメイン名の不正目的による取得行為

⑦ 誤認惹起行為

⑧ 信用毀損行為

⑨ 代理人等商標冒用行為

239

8 暴力団対策法について知っておこう

暴力団員による不当な行為を防止する必要がある

なぜ暴力団対策法ができたのか

暴力団対策法（暴対法）は「暴力団員による不当な行為の防止等に関する法律」の略称です。

民事介入暴力（暴力団が一般市民の民事に暴力的威圧をもって介入すること）は、社会の様々な分野において、一般市民生活の安全と平穏を害しています。しかし、暴力団員等が行う暴力的威圧行為に適切に対処することは、一般市民だけの力では困難であることも事実です。

暴力団対策法は、そのような実情を考慮し、民事介入暴力の取締りを効果的に推進すると共に、一般市民の危険防止のために必要な措置を講じ、その自由と権利を保護することを目的として制定されました。

暴力団対策法の特徴としては、集団的あるいは常習的に暴力的不法行為などを行う可能性が高い暴力団を「指定暴力団」として指定（都道府県公安委員会による指定）し、暴力的要求行為等（暴力的要求行為・準暴力的要求行為）について必要な規制を行うことで、市民生活の安全と平穏を確保する点にあります。具体的には、指定暴力団の暴力団員が自らの威力を示して行う行為を「暴力的要求行為」として禁止するだけでなく、暴力団員以外の者が指定暴力団の威力を示して暴力的要求行為に等しい行為を行うことも「準暴力的要求行為」として禁止しています。

暴力的要求行為とは

従来、暴力団との関係遮断を図ろうとする事業者に対する指定暴力団員の不当な取引要求を十分に規制できていないという問題がありました。暴力的要求行為とは、そのような問題があることをふまえ、不当要求を受ける実態が見られる事業者に対して、指定暴力団の威力を示してその意に反する取引を要求することを禁止するために、暴力団対策法に設けた概念です。

暴力的要求行為に該当するのは、次ページ図に掲げる27種類の行為です（9条1号～27号）。暴力団対策

240

法の施行で暴力団排除の取り組みが進行するにつれて、暴力団員との関係を断とうと試みる金融・証券・建設・不動産業界などの事業者に対し、さらに暴力団員の威力行為が助長されるという事実が生じました。そのような実態を考慮し、平成24年の法改正で、従来から暴力団対策法で禁止されていた21種類の行為に、6種類の行為が新たに追加されました。

被害予防や救済のための援助

暴力団対策法上の規制的な援助手法として、暴力的要求行為等（暴力

「暴力的要求行為」に該当する行為

1	口止め料を要求する行為
2	寄附金や助成金等を要求する行為
3	下請参入等を要求する行為
4	みかじめ料を要求する行為
5	用心棒料等を要求する行為
6	利息制限法に違反する高金利の債権を取り立てる行為
7	不当な方法で債権を取り立てる行為
8	借金の免除や借金返済の猶予を要求する行為
9	不当な貸付け及び手形の割引きを要求する行為
10	不当な金融商品取引を要求する行為
11	不当な株式の買取り等を要求する行為
12	不当に預金・貯金の受入を要求する行為
13	不当な地上げをする行為
14	土地・家屋の明渡し料等を不当に要求する行為
15	宅建業者に対し、不当に宅地等の売買・交換等を要求する行為
16	宅建業者以外の者に対し、宅地等の売買・交換等を要求する行為
17	建設業者に対し、不当に建設工事を行うことを要求する行為
18	不当に集会施設等を利用させることを要求する行為
19	交通事故等の示談に介入し、金品等を要求する行為
20	因縁を付けての金品等を要求する行為
21	許認可等をすることを要求する行為
22	許認可等をしないことを要求する行為
23	売買等の契約に係る入札に参加させることを要求する行為
24	売買等の契約に係る入札に参加させないことを要求する行為
25	売買等の契約の入札に一定の価格などで申込等を要求する行為
26	売買等の契約の相手方としないこと等を要求する行為
27	売買等の契約の相手に対する指導等を要求する行為

PART 6 不正や事故への対応と法務

241

的要求行為・準暴力的要求行為）が行われた場合には、都道府県公安委員会が、中止命令や再発防止命令を発出することができます。また、指定暴力団の対立抗争が発生した場合には、関係する指定暴力団の事務所の管理者に対し、一定の要件の下で事務所使用制限命令を発出することができます。

このような規制的な援助手法の他に、民間による暴力排除活動を促進する措置として、公安委員会が「全国暴力追放運動推進センター」「都道府県暴力追放動推進センター」を指定し、これらに暴力団員などによる被害の予防と、被害者の救済活動を行わせるしくみを設けています。

平成24年の法改正により、公安委員会が暴力的要求行為・準暴力的要求行為の「中止命令」または「再発防止命令」を発出した場合に、その暴力的要求行為・準暴力的要求行為の被害者が加害者に対して被害回復を求める際に、必要な援助を申し出ることができる支援規定が設けられています。たとえば、被害者が、警察本部または最寄りの警察署に援助を受けたい旨の申し出をしたときは、公安委員会は、加害者に対する必要な事項の連絡、加害者の連絡先の教

示、被害回復交渉場所としての警察施設の利用などの必要な援助を行うことができます。

その他、暴力団対策法では、暴力団事務所の立ち退きを求める住民に代わって、都道府県暴力追放運動推進センターが原告として暴力団事務所使用の差止請求訴訟を行うことができる制度が導入されています。

暴力団排除条例は暴力団対策法とどう違うのか

暴力団排除条例は、一般市民側を規制対象とする法令です。地方公共団体や地域住民、関係機関・団体や事業所等が一体となり、社会全体で暴力団を排除するという理念の下、暴力団を利用したり、暴力団に協力する行為を規制するものです。また、企業内部でも、暴力団との一切の関係を禁止する体制づくりが必要になります。

一方、暴力団対策法は、おもに暴力団側を規制対象とする法律です。都道府県公安員会から指定暴力団として指定を受けた暴力団の構成員が、その組織の威力を示す「暴力的要求行為」等を規制することを目的としています。このように、暴力団排除条例は、暴力団対策法とは規制対象

が異なる他、その内容や目的の面で
も異なる部分があります。

どんな規定を設けているのか

　暴力団排除条例は、都道府県ごと
に若干の相違はあるものの、一般に
以下のような規定を設けています。

① 　地方公共団体の事務および事業
　からの暴力団を排除する規定です。
　たとえば、暴力団員または暴力団
　密接関係者等に許可や承認などを
　与えないこととしています。

② 　暴力団員等に利益の供与をする
　ことを禁止する規定です。たとえ
　ば、暴力団等の威力を利用するこ
　と、または運営に資するような利
　益の供与を規制しています。

③ 　青少年の対する指導等の措置を
　とるための規定です。たとえば、

青少年が暴力団に加入し、または
暴力団の被害者とならないための
指導や啓発を支援しています。

④ 　暴力団事務所の開設と運営を禁
　止する規定です。違反すれば罰則
　の適用があります。

⑤ 　不動産の譲渡等をしようとする
　者の責務に関する規定です。たと
　えば、不動産が暴力団事務所にな
　ることを知って契約をしてはなら
　ないとしています。

⑥ 　不動産の譲渡等の代理または媒
　介をする者の措置等に関する規定。
　たとえば、前記「不動産の譲渡等
　をしようとする者の責務」の遵守
　に関し助言などの措置を講ずると
　共に、その不動産が暴力団事務所
　となることを知って、代理または媒
　介をしてはならないとしています。

PART 6 不正や事故への対応と法務

暴力団排除条例と暴力団対策法

暴力団排除条例

・利益の供与
・暴力団事務所の開設
　及び運営　など

不当な金品の要求等をする
「暴力的要求行為」など

暴力団　　　禁止　　　　　　禁止　一般市民

暴力団対策法

243

Column

不正競争防止法で保護される営業秘密

　企業が業務を外部の業者などに委託する場合に、自社が持つ様々な情報を委託する業者などに示すため、それを外部に漏えいすることを防止する目的で、目的外利用を禁止する秘密保持契約を結ぶことがあります。また、企業がもつ営業秘密は、内部から流出するおそれもあるため、従業員との間で、雇用契約締結時に、誓約書などの形態により、業務上知り得た情報の外部流出を禁止する旨を取り決めておくことがあります。このように、企業の外部者、内部者双方からの情報流出を、秘密保持契約の形で、防止する取組みが一般的に行われていますが、不正競争防止法においても、営業秘密に関する不正行為について、規制を設けています。もっとも、不正競争防止法上の営業秘密に該当するためには、一定の要件を充たす必要があり、企業においては、上記のような秘密保持契約を締結することが一般的といえます。

　しかし現在では、不正競争防止法における、営業秘密の保護も強化されています。窃取や詐欺などの不正な手段を用いて営業秘密を取得する行為（営業秘密の不正取得）や、不正取得した営業秘密について、使用や開示する行為（不正利用）の他に、自身は不正取得行為を行っていない場合であっても、それ以前の過程の中で、他者の不正取得行為が介在していることを知っているか、重大な過失により知らない場合に、営業秘密取得行為や営業秘密の利用行為を行うと、不正競争行為にあたります。また、仮に自身が営業秘密を取得した時点では、不正取得行為が介在していることを知らず、知らないことについて重大な過失がない場合でも、その後に、不正取得の介在を知った場合には、それ以後の営業秘密の使用などは、不正競争行為に該当します。さらに、技術上の秘密を不正取得・不正利用することによって、製作などされた物について、売買や輸出・入をはじめ、各種取引する行為についても、不正競争行為として、規制の対象に含められています。

PART 7

知的財産権と法務

1 知的財産権について知っておこう

精神的活動から生み出され、権利として保護されるもの

知的財産権とは何か

　人間の精神活動、知的な活動から生まれるアイディアや、人間の五感によって認識された事実などの情報で、財産的価値があるものを**知的財産**といいます。法律は、この知的財産を保護するために、知的財産権について規定しています。

① 知的財産権の種類と内容

　知的財産権は、登録により発生するものと、創作により直ちに発生するものがあります。特許権、実用新案権、意匠権、商標権などの産業財産権は特許庁に、回路配置利用権は経済産業省に、また、育成者権は農林水産省に登録することにより権利が発生します。これに対し、著作権、著作隣接権は、登録することなく創作された時点で権利が発生します。

② 産業財産権とは

　産業は自由で公平な競争の中で、発展や進歩が得られます。苦労して生み出した技術やデザインを盗用されるような状況では、公平な競争とはいえず、産業の発達を妨げられま

す。このように、産業の発達のために認められているのが、特許権、実用新案権、意匠権、商標権の４つの権利です。この４つを**産業財産権**と呼んでいます。

会社法や不正競争防止法によるネーミングの保護

　企業やお店のネーミングを商号といいます。商号は経済取引の主体が名乗る名称であり、取引の安全を図るにあたっては非常に重要なものです。商号は法務省の管轄である登記所で登記の申請を行います。商号については、「商法」と「会社法」により、不正な目的で、他人が紛らわしい商号を使用することを禁止する規定が置かれています。

　また、会社の場合、設立の際に商号を登記することが義務付けられています。商号を登記すると、他人が同一所在地で同一の商号を登記することができません。さらに、不正競争防止法により、周知された商号または著名な商号を他人が勝手に使用し

246

た場合、その使用をした者に対して差止めや損害賠償の請求ができます。

特許権について

発明を保護する法律が特許法ですが、発明＝特許ではありません。特許法に規定されている要件を充たし、特許庁の審査を通過した発明だけが、特許と認められます。特許と認められると、一定の期間（出願日から20年）、一定の条件の下で、その利用を独占できる権利（特許権）が与えられます。このように、特許権について保護期間が定められているのは、おもに2つの理由が挙げられます。

1つは、新たな技術などの発明は社会全体の利益につながるため、その効用は、広く一般の人が、当該発明を利用することができてはじめて、意味があるといえるためです。

2つ目は、発明者が当該技術などを発明する上で、投下した費用に見合う利益を取得することができる期間を保護するためです。つまり、保護期間の間は、当該発明の独占的な利用権が与えられ、経済的利益を単独で取得できるということです。

特許法で保護される発明とは「自然法則を利用した技術的思想の創作のうち高度のものをいう」と定義されています（2条1項）。

そして、このような発明について特許を受けることができる（特許発明となる）ためには、①産業上利用できる（産業上の利用可能性）、②新規性がある、③進歩性（誰も考えていなかったもの）がある、④先願である、⑤公序良俗に反しない、⑥書類の提出や明細書の記載に不備がない、などの要件（特許要件）を備

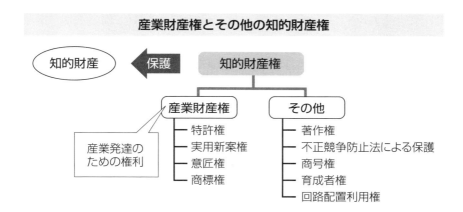

産業財産権とその他の知的財産権

える必要があります。

特許庁への出願

いかにすぐれた発明であっても、特許庁に出願をしなければ特許は取れません。また、同じ発明が存在する場合、先に出願された発明だけに特許が与えられるので（先願主義）、発明をした場合には早急に出願する必要があります。

特許になるまでには、いろいろなステップを踏む必要があります（次ページの図）。出願された発明が特許要件を充たすと判断されると、登録査定がなされます。それから、出願人が特許料を納付することで、その発明は特許原簿に登録されます。

なお、拒絶査定に不服がある場合は、特許庁に拒絶査定不服審判を請求することができます。新しい発明であると思っても、同じアイディアがすでに発表されていたり、特許庁にすでに出願されて公開されている場合は、もはや出願しても特許を取得することができません。出願をする際には、すでに発表されていないかなどについてあらかじめ調査しておいた方がよいでしょう。

調査は、特許庁が発行している公報を利用するのが効率的です。独立

行政法人工業所有権情報・研修館のホームページ内にある「特許情報プラットフォーム（J-PlatPat）」を閲覧するか、東京都知的財産総合センター、一般社団法人発明推進協会などで相談するのがよいでしょう。

法人の特許出願と法律の対応

わが国の特許出願は、圧倒的に法人によるものが多数です。特許制度が産業の発達を支える制度であることが反映されています。

しかし、法人の出願といっても、法人そのものが発明したわけではなく、そこに勤務する従業員などによる研究や開発のたまものなのです。

そうだとすると、経済的な効果も大きい特許権は、企業のような法人のものなのか、それともそこで働く従業員個人のものなのかは、常に問題となります。特許法は、このような従業員の発明を、職務発明、業務発明、自由発明の3つに区分して、調整を図っています。

① 職務発明

職務発明とは、従業員などが、会社（使用者）の業務範囲で、かつ、その現在または過去の職務範囲で行った発明をいいます。家電メーカーで家電製品の研究開発部門に従

事していた従業員の発明はこの典型です。

② 業務発明

業務発明とは、会社の業務範囲であるが、職務発明ではないものをいいます。たとえば、家電メーカーの総務部門の従業員の発明がこれにあたります。

③ 自由発明

会社の業務範囲と関係ない発明です。たとえば、家電メーカーの従業員が新薬を発明した場合です。

実用新案権について

実用新案は、特許法で保護するほどではない「考案」（小発明）を保護する制度です。実用新案権として登録されるには、①「物品の形態」に関するアイディアである、②産業上の利用可能性がある、③新規性および進歩性がある、④公序良俗または公衆衛生を害するおそれがない、⑤先願性がある、が必要です。

登録出願から登録までの手続きは「特許庁への必要書類の提出→書類の方式・基礎的要件の調査」という

PART 7 知的財産権と法務

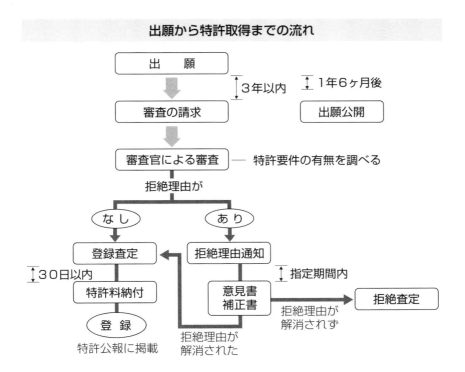

出願から特許取得までの流れ

流れです。実用新案権の有効期間は特許権（設定登録日から20年）よりも短く、出願日から10年です。

商標権について

産業社会では、企業自身及び企業の提供する「商品」「役務」（サービス）の持つブランドイメージが非常に大切です。このブランドイメージを象徴するマークを保護しようとするのが商標の制度です。そして、商標は商標法という法律によって規定されています。商標法によると「商標」とは、①文字、図形、記号、立体的形状若しくは色彩、これらの結合、音その他政令で定めるもの（標章）であって、②指定商品に使用するもの（商品商標）または指定役務に使用するもの（役務商標）、と定義されています（2条1項）。

この商標を保護するための権利が商標権です。商標権は、指定商品又は指定役務について、登録商標を独占的に使用できる権利です。商標権の存続期間は登録の日から10年ですが、更新することで永久に存続させることができます。なお、商標権者は、登録された商標と同一の範囲だけでなく、類似する範囲についても、他人の使用を排除する権利が認めら

れています。

そして、登録商標として認められるには、他人の商品・役務と区別するため、一定の形式を備えたマーク（標章）であることが必要です。具体的には、①文字、②図形、③記号、④立体的形状・色彩、⑤①〜④の組合せ（結合）、⑥音、⑦政令で定めるもの（動き・ホログラム・音・位置）による商標が認められます。平成27年4月以降、④の色彩そのものと、⑥⑦による商標が可能になりました。商標は音を除いて視覚で認識できるもので構成されるのが通常です。香り・味・肌触りなどは商標登録ができません。

出願して登録を受ける

商標権を得るには、特許庁に商標登録出願して登録を受ける必要があります。1つの願書で出願できる商標はひとつです。この原則を「一商標一出願の原則」といいます。出願された商標は、登録のための要件を充たしているかどうかを、専門の審査官が審査した上で決定します。おもな要件は以下の通りです。

① **商標法の規定する商標である**

前述した①〜⑦のいずれかに該当すること、つまり商標法で規定する

商標に該当することが必要です。

② **商標に識別力がある**

商標には、出所表示機能（誰が商品・役務の提供者かを示す）、品質保証機能（商品や役務が同じ品質であることを示す）、広告宣伝機能という3つの機能があります。これらの機能を発揮するには、他人の商品・役務と区別できる「識別力」がなければなりません。

③ **不登録事由がない**

赤十字などの公的機関のマークや、国旗などは登録できません。

意匠権について

発明をした者に対してと同様に、新しいデザインを考え出した者に対しても、相応の保護が必要だといえるでしょう。そのため、さらなる創作と産業社会の発展をめざすために、「意匠法」によってすぐれたデザインを意匠として保護し、権利として

認めることにしたのです。

意匠の正確な定義は、「物品（物品の部分を含む）の形状、模様もしくは色彩またはこれらの結合であって、視覚を通じて美感を起こさせるもの」（2条1項）とされています。

なお、意匠制度には、①部分意匠制度（物品の一部を意匠として保護します）、②組物の意匠制度（複数の物品の組み合わせによる意匠）、③関連意匠制度（類似する意匠を保護する制度）、④秘密意匠制度（登録した意匠を最長3年間秘密にして保護するもの）といった制度があります。

意匠権は、登録された意匠及びこれに類似する意匠の実施を独占排他的に行うことができる権利です。そして、視覚に訴えるデザインを保護するための権利ですから、まったく同じでなくても、類似のデザインによって元の意匠が侵害される可能性

PART 7 知的財産権と法務

商標出願から登録までの流れ

出願 ▶ 方式審査 ▶ 実体審査 ▶ 登録査定 ▶ 登録料納付 ▶ 登録

251

があります。そのため、類似する意匠も保護の対象とされているのです。意匠権の存続期間は、設定登録日から20年です。

デザインが意匠権によって保護されるとはいっても、すべてのデザインが権利として保護されるわけではありません。産業の発達に貢献し、保護に値するだけの意匠でなければなりません。①工業上利用できる、②新規性を有する、③創作が容易ではない、④意匠登録を受けることができない意匠でない、という要件を充たす必要があります。

著作権について

すぐれた芸術（絵画、音楽、映画、小説など）は、人を感動させ、生きる希望を与えてくれます。このような知的創造物である著作物を守るために認められているのが著作権であり、著作権を保護するために定められた法律が著作権法です。

著作権法では、著作物のことを「思想又は感情を創作的に表現したものであって、文芸、学術、美術又は音楽の範囲に属するもの」と定義しています。具体的には、小説、音楽、舞踊、美術、建築、図画、映画、演劇、コンピュータプログラムなどが

その対象となります。そして、著作権とは、このような著作物を直接支配して、排他的・独占的に利用できる権利をいいます。

著作権には、複製権以外に、上演・演奏権、上映権、公衆送信権、口述権、展示権、頒布権、譲渡権、貸与権、翻案権、二次的著作物に関する原著作者の権利などが含まれています。著作権を侵害された場合は、差止請求、損害賠償請求の他、刑事罰も用意されています。

著作権の存続期間は、現在の規定では、原則として権利者の死後50年となっています。しかし、本名以外での公表や、法人名義の著作物の場合は起算点が公表時を基準として50年になることや、映画の著作権の特例の他、権利の存続期間が長いために、条約や戦争による存続期間の調整が複雑になることなどから、慎重な確認が必要です。

また、著作権の特色として、著作物を創作した人を保護するだけではなく、その伝達や創作活動を助ける立場の人を保護する規定もあります。実演家、レコード製作者、放送事業者、有線放送事業者がこれにあたり、彼らを保護する権利は著作隣接権と呼ばれています。

252

2 コンテンツビジネスと知的財産権侵害への対処方法

ビジネスとして利用する場合には権利者の許諾を得ることが大切

特許権や著作権も認められる

デジタルコンテンツとは、「デジタル情報によって構成されている表現物」を意味します。たとえば、CDやDVDの中の映像や音声がデジタルコンテンツです。デジタルコンテンツ（以下「コンテンツ」といいます）にも、著作権法、特許法、商標法によって権利が認められます。

著作権については、コンテンツが、人の思想・感情を創作的に表現したものとして著作権法上の著作物に該当すれば、著作権が認められ、保護されます。特許権については、コンテンツが、新たな創作的な技術であり、特許法の定める登録を受けていれば、特許権が認められます。商標権については、コンテンツが、商品またはサービスに使用する標章であり、商標法で定める登録を受けていれば、商標権が認められます。

知的財産権侵害に対する対処法

コンテンツビジネスに関わる際には、特に権利侵害の問題を起こさないように、権利者を把握して権利者からの許諾を得る必要があります。

特許や商標の場合、特許庁に特許権者・商標権者として登録されている者が権利者ですので、特定は比較的容易です。登録しなくても権利が発生する著作権については、著作権者の特定が困難な場合もあります。

特許権・商標権・著作権など、知的財産権に対する侵害が行われた場合、権利者は、差止請求、損害賠償請求、不当利得返還請求をすることができます。また、侵害者は刑事上の責任を負う可能性があります。

・差止請求

侵害行為が行われると、知的財産権の権利者には、侵害行為に対する差止請求権が発生します。

・損害賠償請求・不当利得返還請求

権利者に損害・損失が生じた場合には、侵害者に対して損害賠償請求権・不当利得返還請求権（正当な理由なしに他人の損失によって利益を得た者に対し、自分の損失を限度としてその利得の返還を請求できる権

PART 7

知的財産権と法務

253

利）が発生します。

・刑事上の責任

たとえば、特許法は、特許権の侵害者に対し、1000万円以下（法人は3億円以下）の罰金または10年以下の懲役（両方の併科もあり）を定めています。著作権法も、著作権などの侵害者に対し、原則として特許権侵害と同じ処罰を定めています。ただし、著作権侵害は著作権者の告訴がないと処罰できません（親告罪）。

内容証明郵便を活用する

権利侵害について、相手方に対して差止請求や損害賠償請求を検討している場合、まずは書面でこちら側の言い分を伝えることになります。

内容証明郵便は、誰が・いつ・どんな内容の郵便を・誰に送ったのか、を郵便局（日本郵便株式会社）が証明してもらえる特殊な郵便です。郵便物を発信した事実やその内容、さらには配達証明をつけることで、相手に配達されたことまで証明をしてもらえます。これは、後々訴訟になった場合に、強力な証拠になります。

内容証明郵便は、受取人が1人の場合でも、同じ内容の文面の手紙を最低3通用意する必要があります。ただし、全部手書きである必要はなく、コピーでもOKです。郵便局ではそのうち1通を受取人に送り、1通を局に保管し、もう1通は差出人に返してもらえます。同じ内容の文面を複数の相手方に送る場合には、「相手方の数＋2通」用意することになります。用紙の指定は特にありません。ワープロソフトで作成してもよいことになっています。

知的侵害権の侵害に対する法的手段

民事	差止請求	侵害行為を止めるように求める
	損害賠償請求	被った損害について賠償金の支払を請求する
	不当利得返還請求	侵害者が不当に得た利得について返還を求める
	謝罪広告	新聞に謝罪広告を掲載するように求める
刑事	権利を侵害した者には懲役刑や罰金刑が科される	

相 談 内容証明郵便の書き方・出し方

Case 内容証明郵便の書き方や郵便局への出し方についてポイントを教えてください。

回 答 内容証明郵便を作成するにあたっては、対象が文書であることや、字数・行数制限など一定の条件（詳細については下図参照）に従って作成する必要があります。加筆・修正箇所が発見された場合には、作り直すべきですが、時間がない場合などには、訂正印を用いて加筆や修正を行うことも可能です。

窓口では、書面に「確かに何日に受け付けました」という内容の証明文と日付の明記されたスタンプが押されます。その後、文書を封筒に入れて再び窓口に差し出します。引き替えに受領証と控え用の文書が交付されるので、これを保管することになります。

内容証明郵便の書き方

用　紙	市販されているものもあるが、特に指定はない。 B4判、A4判、B5判が使用されている。
文　字	日本語のみ。かな（ひらがな、カタカナ）、 漢字、数字（算用数字・漢数字）。 外国語不可。英字は不可（固有名詞に限り使用可）
文字数と 行数	縦書きの場合　　：20字以内×26行以内 横書きの場合①：20字以内×26行以内 横書きの場合②：26字以内×20行以内 横書きの場合③：13字以内×40行以内
料　金	文書1枚（430円）＋郵送料（82円）＋書留料（430円） ＋配達証明料（差出時310円）＝1252円 文書が1枚増えるごとに260円加算

※平成30年3月1日現在の料金

【監修者紹介】
森　公任（もり　こうにん）
昭和26年新潟県出身。中央大学法学部卒業。1980年弁護士登録（東京弁護士会）。1982年森法律事務所設立。おもな著作（監修書）に、『図解で早わかり　倒産法のしくみ』『不動産契約基本法律用語辞典』『民事訴訟・執行・保全　基本法律用語辞典』『契約実務　基本法律用語辞典』など（小社刊）がある。

森元　みのり（もりもと　みのり）
弁護士。2003年東京大学法学部卒業。2006年弁護士登録（東京弁護士会）。同年森法律事務所 入所。おもな著作（監修書）に、『図解で早わかり　倒産法のしくみ』『不動産契約基本法律用語辞典』『民事訴訟・執行・保全　基本法律用語辞典』『契約実務　基本法律用語辞典』など（小社刊）がある。

森法律事務所
弁護士16人体制。家事事件、不動産事件等が中心業務。
〒104-0033　東京都中央区新川2－15－3　森第二ビル
電話 03-3553-5916
http：//www.mori-law-office.com

事業者必携
入門図解　最新
中小企業のための
会社法務の法律常識と実務ポイント

2018年8月30日　第1刷発行

監修者	森公任　森元みのり	
発行者	前田俊秀	
発行所	株式会社三修社	
	〒150-0001　東京都渋谷区神宮前2-2-22	
	TEL　03-3405-4511　FAX　03-3405-4522	
	振替　00190-9-72758	
	http://www.sanshusha.co.jp	
	編集担当　北村英治	
印刷所	萩原印刷株式会社	
製本所	牧製本印刷株式会社	

©2018 K. Mori & M. Morimoto Printed in Japan
ISBN978-4-384-04791-2 C2032

JCOPY 〈出版者著作権管理機構　委託出版物〉
本書の無断複製は著作権法上での例外を除き禁じられています。複製される場合は、そのつど事前に、出版者著作権管理機構（電話 03-3513-6969　FAX 03-3513-6979 e-mail: info@jcopy.or.jp）の許諾を得てください。